数字法学评论

DIGITAL JURISPRUDENCE REVIEW

第 1 辑

主办单位：华东政法大学数字法治研究院
山东科技大学数字法治研究院

主　编：马长山

副主编：孙法柏　张文龙　韩旭至

编委会

主　任：何勤华

副主任：王　轶　时建中

委　员（以姓氏笔画为序）：

丁晓东　马长山　王锡锌　左卫民　龙卫球

申卫星　齐延平　孙法柏　杨建军　张　欣

张凌寒　陆宇峰　陈景辉　周尚君　於兴中

郑智航　胡　铭　彭诚信　程　啸

商务印书馆
The Commercial Press

本书受上海市高水平地方高校（学科）建设项目资助

发刊词

人类迄今漫长的发展史上，共经历了三次重大革命。第一次是农业革命，它使人类走出了动物界，过上了真正自主的属人生活；第二次是工业革命，它使人类摆脱了繁重的体力劳动，创造了现代的文明生活；第三次是当今的信息革命，它打破了"上帝"为人类设定的边界，开启了虚实同构、人机交互、智慧泛在的数字生活。每一次重大革命，都会引发从经济基础到上层建筑的全面变革与生活重建。与此相应，法律制度也必将实现从农业社会范式到工商社会范式再到数字社会范式的代际演进。全球数字立法加速发展，数字法学必然应运而生。

无疑，现代法学根源于工商社会的秩序要求，是对工商社会生产关系、生活关系的法学概括与命题提炼。无论是公法上的宪制、行政法治，还是私法上的物权、债权、侵权、知识产权等等，其背后都是工商社会的生存方式、价值原则和行为规律的客观反映。如今的数字社会超越了工商社会的基本发展逻辑，其核心在于通过数据信息的分享与控制来组织生产生活、调配社会资源、创造社会价值、塑造社会秩序，从而形成了虚实同构的数字社会关系。其底座机制是平台、数据和算法，它塑造了人类从生物性生存转向数字化生存的新型文明形态，数字法学就是这种数字生活原则和数字行为规律的客观反映与理论呈现。

回望历史，中华民族在农业文明时代取得了贞观之治、开元盛世、康乾盛世等辉煌成就，但在进入工商业时代之后，晚清帝国却遭遇了丧权辱国的悲惨命运。此后，既要追赶现代化，又要保持"中国特色"，实现民族复兴一直是中华儿女的执着梦想。如今新兴技术革命快速推动着从工商业文明向数字文明的历史性转型，中国的数字经济水平已稳居世界第二位，数字社会、数字政府、数字司法、数字生态建设也日新月异、不断突破，中华民族迎来了难得的复兴发展机遇。为此，党的二十大报告明确提出"中国式现代化"，这就跨过了追赶现代化进程中保持"中国特色"的"跟跑"阶段，进入了数字化转型进程中与发达国家同步的"并跑"阶段。如何在数字化发展的创新成果基础上提炼、创建自主性的数字法学，探索和构建中国的数字法治，就成为摆脱近百年来一直"追赶"西方的被动局面，进而在全球数字竞争格局中掌握主动权、话语权，实现民族复兴的关键一环。

基于这一时代要求，近年来的数字法学成果放量喷涌，数字法学学科迅速崛起，数字法学学术平台纷纷创办，《数字法学评论》就是其中的一道风景线。本刊致力于探索数字社会发展规律，提炼数字法学理论命题，推动数字法学体系和数字法治体系的理论构建，进而为数字法治建设提供理论引领和智力支持。

当前，从联合国到美国、欧盟、日本等，都在积极部署和实施数字发展战略、构建数字规则体系、探索数字法治机制，相应的数字法学理论研究也如火如荼。中国的数字法治建设和数字法学研究必须勇立潮头、探索创新，这样才能形成自己的数字法治话语权，参与全球数字法治原则与制度的规划创立，并为全球数字法治建设提供可能的"中国模式"和"中国方案"，绘就一幅填补未来的美好蓝图。本刊将与法学界、司法界、实业界、出版界的广大同仁一道，为繁荣中国自主性的数字法学、推进"中国式"的数字法治贡献应有的力量。

目 录

理论前沿

黄文艺
  数字法治简论 …………………………………………… 3

李树民
  数字法学的使命及其实现 ………………………………… 18

时建中
  数据基础制度建设的地方立法实践 ……………………… 44

专题研究

孙明泽
  数字社会个人信息保护刑事附带民事公益诉讼适用研究 ……… 87

杨学科
  数字宪治主义战略：一项未竟经纶业 …………………… 112

域外译评

奥列斯·安德里赫克
  范式的转变：向独具一格的数字时代竞争法迈进 …………… 145

帕特里克·赫梅尔 马蒂亚斯·布劳恩 彼得·达布洛克
  拥有数据？数据所有权的伦理反思 ……………………… 174

观察报告

韩旭至
  数据治理年度观察报告（2022） ………………………… 217

肖梦黎
　　平台治理年度观察报告（2022） ………………… 238
余圣琪
　　算法治理年度观察报告（2022） ………………… 266
冯艳艳
　　元宇宙治理年度观察报告（2022） ……………… 283

　　稿约 …………………………………………………… 311

理论前沿

数字法治简论

黄文艺*

摘要： 数字法治是21世纪数字革命所催生的现代法治文明新形态，正在重构重塑法治运行的时空场景、方法手段、功能作用。在新构造上，数字法治包括主体要素、规范要素、科技要素等三大要素，其中主体要素包括数字法治机构、数字法律职业、数字社会主体。在新思维上，数字法治借助数字科技伟力，形成了全样本思维、关联性思维、跨界性思维、共治性思维、扁平化思维等思维方式。在新场景上，数字立法、数字执法、数字司法、数字检察、数字纠纷解决、数字法律服务构成数字法治应用的重点场景。在新功能上，数字法治能够破解传统法治的诸多难题，化不知为可知、化不能为可能、化不行为可行，以超乎想象力的方式提升法治工作质量和效能。

关键词： 数字法治 数字司法 数字检察 数字法律服务

21世纪科技革命的最显著特征之一就是以互联网、大数据、云计算、区块链、元宇宙为代表的数字革命。这场革命正在开辟法治建设新领域新赛道，塑造法治发展新动能新优势，从而对全球法治发展产生整全性、穿透性、颠覆性的影响。数字法治就是这场数字革命所催生的现代法治文明新形态，正在重构重塑法治运行的时空场景、方法手段、功能作用。

建设数字法治是中国式法治现代化的时代主题，加快构建数字法治体系是法治中国建设的紧迫任务。党的十八大以来，中国式法治现

---

* 黄文艺，中国人民大学法学院教授。

代化坚持把制度优势和科技优势结合起来，加快法治领域的数字科技应用，在数字司法、数字警务、数字检察、数字法律服务等领域已处于全球前列甚至领跑地位。美国布鲁金斯学会的报告称，"中国在将数字技术应用于司法系统方面处于领先地位"，"可以将其数字工具推入全球司法系统"。① 面对我国数字法治实践的快速发展，如何加强对数字法治的基础理论研究，深入系统地揭示数字法治的基本样态，已成为法学理论研究的重大课题。

一、数字法治的新构造

数字法治作为当今世界法治新形态，不仅推动法治机构、法律职业、社会主体等传统法治要素发生新变化，而且产生出数字科技、技术规范、数字基础设施等新法治要素，从而形成了数字法治的新构造。本文将数字法治的构成要素区分为主体要素、规范要素、科技要素等三大要素。

（一）主体要素

数字法治的主体包括数字法治机构、数字法律职业、数字社会主体等。

数字法治机构作为数字法治产品的生产者和运营者，是指运用数字工具和技术从事立法、执法、司法、法律服务活动的机构，包括数字人大、数字政府、数字法院、数字检察院等。自21世纪初开始，西方发达国家就持续推进数字政府建设，成为全球数字法治机构建设的领跑者。尽管我国法治机构数字化建设起步并不算早，但推进速度迅猛，在数字法院、数字检察院等方面的建设后来居上。在数字人大建设上，虽然中央层面尚未明确提出"数字人大"概念，但不少地方都

---

① 《布鲁金斯学会：中美数字司法技术竞争》，https://baijiahao.baidu.com/s?id=1715555946672623164&wfr=spider&for=pc。

在积极推进数字人大建设,① 探索构建多系统运行、多网络链接、多路径互通的人大数据平台,运用数字技术和工具收集民情、吸纳民意、汇聚民智,更好地履行立法、监督、重大事项决定等职权。② 在数字政府建设上,党中央、国务院明确提出了"数字政府"③ "数字法治政府"④ 等概念,将数字政府建设确立为国家治理现代化的主体工程,推进政府治理法治化与数字化深度融合,加快构建数字化、智能化的政府运行新形态。《法治政府建设实施纲要(2021—2025年)》明确提出:"坚持运用互联网、大数据、人工智能等技术手段促进依法行政,着力实现政府治理信息化与法治化深度融合,优化革新政府治理流程和方式,大力提升法治政府建设数字化水平。"在数字法院建设上,最高人民法院明确提出了与数字法院紧密关联的"智慧法院"概念,将智慧法院建设确立为审判体系和审判能力现代化的重点任务。智慧法院建设的目标是,通过实施司法数据平台、司法智慧大脑、线上法院网络等新基建,构建"智立、智审、智执、智服、智管"体系,推进全业务网上办理、全流程依法公开、全方位智能运行,建成以数字化、阳光化、智能化为特征的智慧法院体系。在数字检察院建设上,最高人民检察院在总结智慧检务经验基础上,明确提出了"数字检察"概念,以"数字革命"驱动新时代检察工作高质量发展。在数字法律服务机构建设上,"数字化律所""数字律所"已成为律师机构发展的新模式。"数字化律所是基于数字化产品,建立数据流动、数据分析能力,进而实现组织创新、人才创新、产品创新、业务创新的数字化律师事务所。"⑤ 在

---

① 参见《推进"数字人大"打造最佳实践》,《浙江人大》2021年第9期;邵新羚、曾琦:《江西数字人大2.0版建设工作会在昌召开》,《时代主人》2022年第9期;《新疆人大信息化工作培训推进会举行 加快推进"数字人大"建设》,载全国人大网,http://www.npc.gov.cn/npc/c30834/202205/616a0957859a463ca5ca642b6203666e.shtml。
② 参见宋菁菁、王金红:《数字人大建设何以促进全过程人民民主发展:创新路径与前景展望》,《学术研究》2022年第2期;陈姿君:《全过程人民民主视域下数字人大的建设路径》,《海峡法学》2022年第3期。
③ 参见《国务院关于加强数字政府建设的指导意见》。
④ 参见《法治政府建设实施纲要(2021—2025年)》。
⑤ 项铮:《法律服务数字化即将到来?》,载中国科技网,http://www.stdaily.com/index/kejixinwen/2021-08/30/content_1216294.shtml。

这个平台,能够实现立案申请、利冲审查、协议签订、文书盖章、案件办理、费用结算、结案归档以及同事之间的沟通交流、业务合作、案件研讨、专家论证等事项的线上化、远程化、数字化、智能化。"数字化律所改变生产关系,诞生大平台、小团队这样的律师组织新模式,最终让律师回归专业,让律所专注业务,进而构建起高效透明的律企通道,实现相互赋能。"①

数字法律职业是数字法治运行和操作的专业力量,直接决定数字法治产品供给的质量和水平。数字法律职业不是传统法律职业的简单改头换面,而是传统法律职业的创新性发展。数字法律职业可分为两类:第一类是传统法律职业的转型升级,即熟练运用数字技术和工具从事立法、执法、司法、法律服务等工作的法律专业人员。数字时代的立法人员、执法人员、法官、检察官、律师等专业人员,是既精通法律专业知识又掌握数字科技的复合型人才,能够在各种数字法治场景下熟练自如地从事法治工作。第二类是数字法治所催生的新型法律职业,即从事法治领域数字技术研发、基础设施运营的专业技术人员。由于数字科技是数字法治的关键性要素,数字技术研发人员、基础设施运营人员在数字法治发展中扮演着举足轻重的角色。将这两类人员归入法律职业范畴,意味着他们不仅要有高超的数字科技专长,也要有坚实的法律专业素养。

数字社会主体既是数字法治产品生产和运营的参与者、监督者,又是数字法治产品的使用者和消费者。数字社会主体主要包括数字公民、数字企业和其他数字组织。数字公民,是指能够合格、合法、合理使用数字工具生活、工作、交流的公民。有学者提炼出了数字公民的"三主题九要素",即尊重(数字礼仪、数字接入、数字法律)、教育(包括数字素养、数字交流、数字商务)、保护(数字权利与责任、

---

① 项铮:《法律服务数字化即将到来?》,载中国科技网,http://www.stdaily.com/index/kejixinwen/2021-08/30/content_1216294.shtml。

数字安全、数字健康)。① 数字企业，是指运用数字技术推进资产、设备、管理、产品、服务等全要素数字化，打造动态、透明、高效、敏捷、智能运营体系的企业。数字企业可以分为两类：第一类是经过数字化洗礼的传统企业。传统企业要避免在数字时代被淘汰出局的命运，必须主动对生产、营销、服务、管理进行数字化转型。第二类是数字化时代兴起的新兴企业，即以百度、腾讯、阿里巴巴、字节跳动、滴滴等为代表的平台企业。这些数字平台企业，既是数字时代企业阵营的"巨无霸"，也是影响民众日常生活的"微政府"，实际上行使着各个领域规则制定、法规执行、纠纷解决等功能。而且，这些平台企业为了追求规模经济和垄断收益，往往凭借其优势地位排斥外部竞争，固化经营者和用户对平台的依赖，形成锁定效应。②

（二）规范要素

在规范要素上，数字法治所需规范包括硬法（国家法）规范和软法（民间法）规范两大类。与传统法治形态相比，数字法治在规范要素上呈现出许多新变化和新特征。

第一，硬法规范发生系统性重构。社会关系的数字化变革，必然驱动国家实体法规范和程序法规范的系统性变化。从实体法规范发展来看，数字权利保护和数字权力控制的新规范体系构建，成为数字法治建设的时代主题。比如，加强对数据财产权、数据携带权、数据删除权、数据更正权等数据权利的有力保护，加强对政府机构、平台企业的数据收集、挖掘、提取、计算、运用、发布等数据权力的有效规制，最大限度防控数字时代的各种风险，是构建数字法律规范体系的重点任务。从程序法规范创新来看，数字化诉讼和非诉讼纠纷解决机制的新制度体系构造，成为数字法治建设的最紧迫事项。我国互联网法院在数字化诉讼程序制度上进行了成功的探索，创立了关于起诉、

---

① 参见钱松岭：《数字公民的过去、现在与未来——访美国"数字公民教父"Mike Ribble 博士》，《中国电化教育》2019 年第 9 期。
② 参见周汉华：《论平台经济反垄断与监管的二元分治》，《中国法学》2023 年第 1 期。

立案、庭审、证据审查、事实认定、法律适用、裁判等的新诉讼规则，为创新数字化诉讼模式做出了中国贡献。①

第二，软法规范地位更加重要。我国自古以来就推行礼法合治，注重发挥礼仪习俗、乡规民约、行规行纪等民间规范的治理功能。党的十八大以来，中国法治建设重视加强居民公约、村规民约、行业规章、社会组织章程等社会规范建设，推动社会成员自我约束、自我管理、自我规范。在数字法治时代，由各个行业协会、平台企业制定的软法规范，在数量规模和实际作用上将前所未有地扩大和增强。首先，软法规范能弥补硬法规范供给不及时、不充分的问题。近年来，不少行业特别是新兴行业出现的混乱无序、野蛮生长问题，往往与硬法规范供给不及时、不充分，因而"明规则"缺位、"潜规则"盛行有关。因此，只有鼓励和支持行业协会及时制订软法规范，加强行业治理规范供给，才能推动行业立治有体、施治有序。其次，软法规范先行能为硬法规范出台探路。"这些'软法'能够为国家立法和司法机关处理纠纷提供规制测试、案例样本和经验积累，甚至升华为国家'硬法'，从而发挥创新性、引领性作用。"② 当然，随着软法规范的爆炸式增长和支配力增强，有必要加强对软法规范的监督。近年来屡屡发生的一些平台企业损害甚至侵犯经营者和消费者权益的现象，就与平台企业单方制定的软法规范不公正、不合理有密切关系。因此，行业监管部门、执法司法机关应加强对各类软法规范的依法监督，通过监察建议、检察建议、司法建议等形式督促有关单位修改或废除显失公平或违法的软法规范。

第三，技术标准数量将大规模增长。在传统的法律要素理论中，技术标准不受重视，甚至被排除在法的构成要素之外。近年来，随着大量官方或民间制定的技术标准在执法司法实践中的运用，技术标准

---

① 参见景汉朝：《互联网法院的时代创新与中国贡献》，《中国法学》2022年第4期。
② 马长山：《数字社会的治理逻辑及其法治化展开》，《法律科学》2020年第5期。

逐步被承认为是法律规范体系的构成要素。① 特别是在行政法领域，技术标准成为行政法律规制的重要工具，推动行政法运行更为柔性化、精准化。② 数字社会就是标准林立的社会。因此，在数字社会，技术标准将成为和规则、原则、政策同等重要的法律要素，甚至是仅次于规则的基础性法律要素。

（三）科技要素

尽管从人类法律发展史来看，科技发展水平是影响法律的调整范围、事实认定、制度设计、理念思维等各方面的决定性因素之一，但科技因素一直被视为法律体系的外部性、辅助性因素。数字法治是建立在现代科技基础之上的新型法治形态。有学者把这种新型法治称作"法律治理与技术治理的二元共治"③。有学者提出，法律与技术的关系是"法律先于技术""法律融入技术""法律归化技术"。④ 不论持何种观点，在数字法治形态下，数字科技已成为法治体系内在的、不可或缺的、穿透性的要素，贯穿立法、执法、司法、普法、守法、法治监督等各领域各环节。

在数字法治发展进程中，数字科技前进一小步，数字法治就会发展一大步。例如，互联网技术从信息互联网到移动互联网、智能互联网的快速发展，加快推动立法、执法、司法、纠纷解决、法律服务、普法教育等法治运行活动从线下的物理空间转移到线上的虚拟空间，使普通民众获得瞬时性、零距离、低成本的"屏对屏"接近法律的渠道。又如，人工智能技术从弱人工智能到强人工智能的突破性发展，将推动司法领域的庭审记录、案例检索、证据审查、卷宗生成、文书起草、财产查控等司法辅助工作由智能机器系统承担，既可以节省大

---

① 参见宋华琳：《论技术标准的法律性质——从行政法规范体系角度的定位》，《行政法学研究》2008年第3期。
② 参见关保英：《论行政法中技术标准的运用》，《中国法学》2017年第5期。
③ 郑智航：《网络社会法律治理与技术治理的二元共治》，《中国法学》2018年第2期。
④ 参见齐延平：《数智化社会的法律调控》，《中国法学》2022年第1期。

量司法辅助人员，又可以提高司法工作效率。

数字法治的科技要素体现在新型法律基础设施上。传统法治的有效运行通常只需要法庭、监狱、看守所、司法械具等器物设施。数字法治的运行则需要一类新型法律基础设施，即数字基础设施。数字基础设施又包括硬件和软件两大类，前者是指支撑各类数据系统计算、存储、通信、显示、运控等功能的硬件设施，后者是指智能识别、智能决策、智能办案、智能服务、智能管理等各种软件系统。在我国，如何推进数字法治新基建，是新时代法治基础设施建设的紧迫课题。在智慧法院体系工程建设上，专家们提出了"双轨并行、六环联动"模式框架，即自治系统研发、协同体系集成"双轨"并行，理论支撑、发展规划、体系设计、标准制定、科研攻关、推广提升"六环联动"。①

二、数字法治的新思维

数字法治作为法治类型，必然要坚守法治思维的理念原则，如法律至上、良法善治、权力制约、人权保障、程序正义、社会自治等。但与此同时，数字法治借助数字科技伟力，形成了超越传统法治形态的新思维方式，如全样本思维、关联性思维、跨界性思维、扁平化思维、用户式思维。

全样本思维。在人工处理数据的传统作业方式下，每次获取和处理的法律信息特别是案例的数量有限，只能选择若干典型样本。"即使是最智慧、最敬业、最高尚的法官，也只能作出分散性、个体性的裁量，无法克服个体决策的有限性。"② 这种思维方式和处理技术属于样本思维。进入大数据时代后，随着数据收集、存储、处理技术的突破性发展，法律人可以方便、快捷地获取和处理有关领域的所有法律数

---

① 参见许建峰、孙福辉等：《我国智慧法院体系工程的模式框架和创新实践》，《中国工程科学》2022年第4期。

② 马长山：《迈向数字社会的法律》，法律出版社2021年版，第195页。

据，实现对海量数据的一网打尽，从而更全面、更系统地把握既有情况。如今，法官凭借司法智能机器系统，可以从海量判例中自动筛选出所有类似案件，提取和加总以往法官的集体理性，作出一个更理性更公正的判决。这表明，法治思维方式从样本思维迈向了全样本思维，实现了数据处理能力的历史性飞跃。

关联性思维。在大数据时代，随着海量信息的涌现，精确确定事物之间的因果关系，不仅是一项难以完成的任务，在不少情况下也没有必要。人们通过运用大数据技术可以挖掘出事物之间的相关关系，获得更多的认知与洞见。舍恩伯格指出："思维根本变革之一是需要从重视因果性到相关性的发展趋势。我们应该侧重于分析相关关系，而不再寻求每个预测背后的原因。"① 在数字法治下，关联性思维成为主导性思维方式。法律人通过运用大数据技术，可以发现法律现象之间隐蔽的规律性，从而对法律现象的发展变化进行预测。

跨界性思维。在传统法治形态下，无论是法学院校的法学知识生产、传授、应用，还是法治工作机构的法律规范创制、执行、适用，都有界限森严的学科划分、部门划分、庭室划分，甚至形成了不可逾越的知识栅栏、部门藩篱。任何跨界越界的法律学术和实务从业活动，都会被视为不合规矩甚至会遭到驱赶的冒失行为。在万物皆可连接、皆可共享的数字时代，法律所应对的问题、矛盾、风险是无边界的，法律可获取的资源、信息、机会是多领域的，法律所提供的对策、措施、办法是复合性的。这就要求树立跨界性思维方式和工作方式，拆除那些先前人为设定的专业围墙、知识栅栏、部门藩篱，打通不同法学学科、法律领域、庭室机构，构建跨部门跨领域协作机制。

扁平化思维。传统法治思维是科层化思维。从传统的法治构造看，无论是立法环节，还是执法、司法环节，都具有很严的科层性、程式性。无论是信息传递（诉求、指令等），还是问题解决（执法、诉讼

---

① 维克托·迈尔-舍恩伯格：《大数据时代：生活、工作与思维的大变革》，周涛译，浙江人民出版社 2012 年版，第 89 页。

等），都必须依循科层体系逐级进行，不能越级跳级。数字化是去等级化、去科层化的力量。无论是公权力主体，还是私权利主体，都可以通过数字工具进行点对点的信息沟通交流，而无须诉诸传统的科层化的政治法律结构进行层层传递。这就要求所有法律主体跳出科层制结构的束缚，树立扁平化的思维方式和行动模式，善于运用数字工具与对方当事人直接讨论和处理问题。比如，中央立法机关要征求基层百姓对立法的意见建议，就无须再通过地方各级机关层层收集和上报，而可以在网络上向全社会公布法律草案，直接接收基层民众发来的意见建议。中央执法部门可以通过执法信息平台，直接指挥地方和基层执法部门就重大案件进行协同作战，而无须通过原有的科层系统逐级下达指令。

三、数字法治的新场景

从数字法治先行的国家实践看，从立法、执法、司法到纠纷解决、法律服务等法律活动，都是数字法治运行的重要场景。不过，在不同的场景领域，数字化进程的节奏和进度并不尽相同。

数字立法新场景。立法是为国家定规矩、为社会定方圆的神圣工作，更需要集体理性的审思明辨、深思熟虑，因而主要是在物理空间里依照法定程序完成的。但是，数智系统能在立法工作中起到重要作用，比如网上收集民意、网上征求意见。浙江省在全国较早提出立法工作数字化新理念，推进省人大立法工作数字化体系管理、政府立法数字化改革。① 浙江台州的"立法民意通"畅通了公众参与立法的渠道，打破了信息收集的壁垒，有效提升了立法征求意见的广泛性、精准性、便利性。

数字执法新场景。执法是数字科技应用前景最为广阔的场景。无

---

① 参见《方腾高副厅长召集研究政府立法数字化改革工作》，载浙江省司法厅官网，http：//sft.zj.gov.cn/art/2022/2/15/art_1229247897_58934499.html。

论是行政机关的外部执法活动，还是内部执法过程，都正在加快推进数字化应用步伐。我国《法治政府建设实施纲要（2021—2025年）》对这两方面均提出了明确要求："推行行政执法 APP 掌上执法。探索推行以远程监管、移动监管、预警防控为特征的非现场监管，解决人少事多的难题。加快建设全国行政执法综合管理监督信息系统，将执法基础数据、执法程序流转、执法信息公开等汇聚一体，建立全国行政执法数据库。"

数字司法新场景。司法领域是数字法治的重点场域，也是数字法治的先行场域。近年来，发达国家和新兴经济体国家的法院都普遍重视数字技术在司法领域的深度运用，纷纷开展电子法院、网络法院、智慧法院、数字法院等方面的探索，在全球范围内掀起了一场数字司法革命。数字司法主要包括对外和对内两种应用场景。对外场景下的数字司法，主要面向诉讼参与人，构建起网络化、数字化的诉讼服务平台，推动起诉、立案、证据提交、材料收受、庭审、送达、执行在平台上运行，亦即"数字诉讼"。对内场景下的数字司法，主要面向法院内部人员，构建起数字化司法业务管理和保障平台，加强线上办公、案件管理、审判质效评估等内部管理。

数字检察新场景。检察机关明确提出了"数字检察"概念，致力于建设行之有效的"检察大数据法律监督平台"。这就是："综合集成数据、算法、模型、算力等要素，形成以数据计算分析、知识集成运用、逻辑推理判断为核心的智能化系统，来承接'个案办理—类案监督—系统治理'的大数据法律监督运行机制。"[①]

数字化纠纷解决新场景。非诉性解纷领域是数字法治应用最具前景的场景。相对于程序性、对抗性、强制性强的诉讼机制，协商、调解、仲裁等非诉性解纷机制的优势在于便捷性、简约性、合意性、低成本。数字科技和工具在非诉性解纷领域的应用，不仅能巩固和拓展非诉性解纷机制的固有优势，而且能推动非诉性解纷系统与法院的诉

---

① 贾宇：《论数字检察》，《中国法学》2023年第1期。

讼性解纷系统相互连接，形成既有分工分流又有对接衔接的一体化解纷网络。面对当今社会各类矛盾纠纷快速增长之势，无论是政府主体，还是市场主体，都显示出推进非诉性解纷机制数字化的强大动力。例如，浙江、福建等地积极建设网络化、数字化的矛盾纠纷多元化解平台，建立起"预警申报、受理交办、承办调处、跟踪督办、回访评价"的环环相扣的办理流程，既便于群众指尖上全程参与解纷过程，又能实现解纷过程全程留痕。就市场主体而言，电商平台因面对大量小额交易纠纷，不得不自行探索建立便捷、公正、高效的线上解纷机制，如阿里巴巴旗下闲鱼平台所设立的"闲鱼小法庭"。

数字法律服务新场景。无论是政府提供的公共法律服务，还是市场主体提供的商业法律服务，都正在加快数字化。在法律服务数字化上，律所一直是先行者和主力军。从全球看，律所是法律服务数字化的主力军。"数字化律所是基于数字化产品，建立数据流动、数据分析能力，进而实现组织创新、人才创新、产品创新、业务创新的数字化律师事务所。"① 这些数字化律所通过研发和应用数智法律服务系统，推进项目数字化、业务数字化、管理数字化，提高法律服务的质量和效率。

四、数字法治的新功能

数字法治正在开辟万物皆可连接、万物皆可共享、万物皆可复制、万物皆可计算、万物皆可智能、万物皆可监督的未来法治新图景。这种新型法治能够破解传统法治的诸多难题，化不知为可知、化不能为可能、化不行为可行，以超乎想象力的方式提升法治工作质量和效能。

一是法律主体连接的便利化。互联网的强大功能之一，就是将不可连接之物变为可连接之物，开启"万物互联"的新时代。数字法治

---

① 项铮：《法律服务数字化即将到来?》，载中国科技网，http://www.stdaily.com/index/kejixinwen/2021-08/30/content_1216294.shtml。

利用互联网基础设施将法治机构、法律职业、法律客户连成一体，实现瞬时性、零距离、低成本的联络沟通。党的十八大以来，政法机关加快推进"互联网+政务服务"建设，把所有可拓展上线的服务项目都延伸到网上，当事人在家里动动指尖就能办成事。例如，法院系统利用互联网开展跨域立案诉讼服务工作，构建四级法院跨地域、跨层级立案服务大平台，让老百姓起诉就近可办、全国通办。又如，政法机关通过建设跨部门大数据办案平台，推进办案系统设施联通、平台贯通、数据融通。福建省政法跨部门大数据办案平台在全省试运行后，实现了跨部门数据共享交换、业务协同办理、办案流程再造，节约了办案时间和成本，让"数据多跑路、干警少跑腿、流转更安全、执法更规范"①。

二是事实真相保存的永续化。古往今来，司法机关均需要根据既往的事实真相来裁判案件的是非曲直，因而经常面临历史不可重现的证明难题。在依靠实物或证人来记录事实的时代，实物会随着时间流逝而损毁、灭失，证人会随着时间流逝而衰老、去世。这样，案件事实会淹没在历史洪流中，出现事实真相不可重现的难题，导致无法对案件的是非曲直作出准确判断。但是在数字时代，通过将物理世界的各种信息转化为计算机能识别的二进制数字，就可以把物理世界建模为数字世界，从而让事实真相在数字空间予以重现和回溯。而且，数字化的范围越广泛、程度越深入、技术越精准，司法机关在办案过程中发现和还原既往事实真相的能力就越强。

三是增强预测预知预防的能力。中国古代圣贤早就认识到法的功能局限性，这就是法只能"禁于已然之后"，难以"禁于未然之前"。也就是说，法通常在违法犯罪、矛盾纠纷发生之后进行处置式应对，而很难在违法犯罪、矛盾纠纷发生之前进行预防式干预。法的这一局限性实际上是由传统社会人的预测预知能力不足所导致的。进入数字

---

① 《畅通政法机关之间办案信息传输渠道》，载人民资讯，https：//baijiahao.baidu.com/s? id=1737742249051965340&wfr=spider&for=pc。

时代后,人类依靠无处不在的计算,可以从已知了解未知、从过去预知未来,从而增强预测预防能力。有学者指出:"法律调控应从'裁断行为后果'转向'塑造行为逻辑',赋权与救济模式应转向责任与义务的加载与规制模式,也就是转向事前对行为的规训与塑造,以及事前对不法与违法行为的阻却。"① 执法部门可以通过大数据计算和分析,从蛛丝马迹中预测到未来可能发生的违法犯罪,从而提前采取行动加以干预,把违法犯罪阻止于预备阶段。近年来,中国政法机关正是借助数字科技之力,提出了预测预警预防的新理念,取得了不少成功的经验。因此,数字时代将推动法律干预模式的革命性转变,即从事后应对处置到事前防范干预。

四是增强法治运行的中立性。亚里士多德在主张法治优于一人之治时提出"法律是最优良的统治者"。这是因为,法律是"没有感情的""免除一切情欲影响的"。② 不过,"徒法不能以自行",法律最终要靠有主观情感、有社会关系的执法司法者来实施,因而难免受执法司法者的主观偏好和社会关系的干扰。人工智能技术在司法领域的应用为破解这一法治难题提供了可能的路径。这就是让承继了人的司法理性却无人的情感偏好的智能系统,替代司法人员完成部分或大部分业务工作。例如,上海等地开发的刑事诉讼智能辅助办案系统,可替代司法人员对基本证据进行基础性审查判断,有利于克服人工审查判断的认知局限性、主观随意性,最大限度减少误差和人情关系的干扰。

五是推进法治运行的高效化。数字化的革命性后果是产生了与人类智能不同的另一类智能,即机器智能(人工智能)。数字化进程的纵深发展,使得进入数字世界的万事万物均被智能化。由于数字化与智能化之间的关系密切,所以不少学者更愿意使用"数智"概念,以同时表达这双重内涵。随着人工智能技术逐步走向成熟,智能机器系统

---

① 齐延平:《数智化社会的法律调控》,《中国法学》2022年第1期。
② 亚里士多德:《政治学》,吴寿彭译,商务印书馆1965年版,第164、170、172页。

可以承担大量原来由政府雇员所承担的机械性重复性工作，从而把人力资源从智能机器系统可替代的劳动中解放出来，投入智能机器系统所不可替代的核心业务中，进而破解法治工作人力资源紧缺的难题。例如，在司法领域，智能机器系统通过承担庭审语音记录、法条检索引证、案例检索分析、电子卷宗生成、格式化裁判文书起草、司法文书校对等司法辅助工作，既可节省大量司法辅助人员，又可以使司法人员专注于庭审、裁判等机器不可替代的核心业务上，提高司法工作效率。

数字法学的使命及其实现

李树民*

摘要：反观中外数字立法在规制数字关系中的法律救济功能，与传统法律相比较，激发数字技术革命积极功能的立法和司法水准跟不上数字技术发展的步伐，对于数字技术革命带来的侵犯人权等消极危害还没有找到有效的规制方法，人们正在探索立法和司法高质量发展中前行。通过对数字、数据、信息概念的传统意义、立法文本意义以及政策用语的梳理，不难看出，在这一轮新技术革命语境中，数字似乎被赋予了超越数据和信息的种属关系的"属"的地位，数字法学名称具有确定的形式渊源。从根本上而言，数字法学是数字技术发展带来的观念和制度融合催生的关于数字规制的学科体系、学术体系、话语体系的综合性法学分支学科，其研究对象具有确定的社会渊源。数字法学可以通过深入研究数字技术运用于不同领域所产生的具体社会关系的稳态要件，通过化解具体的数字法律关系，从而发挥数字法学的使命。实现规制数字技术的良法之治，既能使数字技术运用于社会运行时更有利于推进社会和人的价值目标的实现，同时又能有效抑制数字技术滥用带给人类的灾难。

关键词：数字法学 形式渊源 社会渊源 数字法律关系 数字良法

引 言

最近走进大众生活的 ChatGPT，标志着数字技术发展的新高度。最

---

* 李树民，中国社会科学杂志社社会科学部主任、编审。

近中共中央办公厅、国务院办公厅印发的《关于加强新时代法学教育和法学理论研究的意见》明确提出加快发展"数字法学"这一新兴法学学科的任务。作为研究数字技术法律规制的一门学问，无论人们对数字法学概念以及数字法学问题最初持何种态度，数字法学已经正式成为法学大家庭中的一员，"数字法学"从此具有了合法身份。为此，亟待对数字法学的使命进行深入研究。

随着互联网、大数据、人工智能、3D打印、物联网等数字技术的迅猛发展，大量的诸如数字、信息、数据等传统概念被赋予了超越人类既往认知的新内涵，也产生了诸如物联网、3D打印、元宇宙等新概念。由此带来的从技术到观念乃至制度的颠覆性变革正在改变着人类的生存方式和交往方式。面对新技术带来的积极功能以及消极危害，全球数字立法普遍展开。从我国的《网络安全法》《民法典》《数据安全法》《个人信息保护法》到欧盟《通用数据保护条例》（以下简称"GDPR"）、《美国数据隐私和保护法案》、美国《芯片法案》等，因数字技术带来的调整新型社会关系的立法呈现井喷趋势。但反观中外数字立法在规制数字关系的法律救济功能，与传统法律相比较，激发数字技术革命积极功能的立法和司法水准跟不上数字技术发展的步伐，对于数字技术革命带来的侵犯人权等消极危害还没有找到有效的规制方法，人们正在探索立法和司法高质量发展中前行。导致这种局面的重要原因在于，作为一种正在成长中的新技术革命，其给人类福祉带来的积极功能和消极危害所呈现的程度，受自身演化规律和人类认知能力所限，远远没有达到人类对历史上前几次技术革命的认知高度。从空间呈现来看，不同国家或地区对这一轮新技术革命的推广应用和认知高度更是参差不齐，认知角度也大相径庭。反映到对社会关系变迁最为敏感的法律规制总体进程上看，受各自技术传统、法治传统、文化传统、价值观取向影响，总体呈井喷趋势的数字立法及其实施机制背后的深层逻辑并没有得到科学揭示。如何充分释放这一轮数字技术革命造福人类的法律制度红利，不断推进数字技术生产力和人的权利的不断升值，如何通过法治方法对数字革命进行有效规训，从实然的数字立法到应然的数字法治到底应当遵循何种逻辑，人类规训这一轮新技术革命的法理依据和方法路径究竟是什么，这些正是数字法学履行使命需要回答的问题。

一、数字法学名称确立的形式渊源

现在从公众话语、政策话语到立法文本，数字往往与信息、数据紧密关联，其背后深层的原因则在于数字技术的发展及广泛运用。没有数字技术的发展和广泛运用，数字经济、数字社会、数字文化、数字治理将是空中楼阁，更不会产生数字立法和数字法学。纵观数字法学发展简史，无论是对数字技术本体法律意义的阐释还是对数字技术介入特定领域所产生新型社会关系的法律调整，无论是数字的属性还是数字治理的属性，数字、数据、信息这三个概念都是奠基数字法学的元概念。

数字、数据、信息这几个概念在被赋予法律意义之前的传统含义非常明确。根据《辞源》解释，所谓数字，即表示数目的符号；所谓数据，是指那些记录客观事物、可鉴别的符号（包括数字、文字、图形等）；所谓信息，是物质存在的方式、形式或运动状态，也是事物的一种普遍属性，一般指数据、消息中所包含的意义，可以使消息所描述事件的不确定性减少。① 在这一轮数字技术推动下的大数据，以容量大、类型多、存取速度快、应用价值高为主要特征的数据集合，最早应用于IT行业，目前正快速发展为对数量巨大、来源分散、格式多样的数据进行采集、存储和关联分析，从中发现新知识、创造新价值、

---

① 通常，我们的信息都是从数据中提取出来的，通过解释对提取出来的数据赋予意义。数据作为对自然、社会现象和科学试验的定量或定性的记录，是科学研究最重要的基础；研究数据就是对数据进行采集、分类、录入、储存、统计分析、统计检验等一系列活动。在尊重数据原初的数值属性和物理属性基础上，在数据处理上数据又具有集合性、隶属性、稳定性、方便性、重复性、共同性、指向性以及运算规则和运算约束。数据是复杂的，它可以是任何介质上所记录的信息，比如我们可以对文字信息进行拷贝、连接、检索、删除，这些都是数据概念下的操作。

提升新能力的新一代信息技术和服务业态。

　　传统意义上的数字、数据、信息概念在新一轮数字技术革命语境下经过法律的过滤，在立法文本上其含义已经发生了重大变化。从立法上看，主要围绕着网络安全、数据安全、个人信息安全三个领域进行立法。从立法时间顺序上看，2000 年通过的《全国人民代表大会常务委员会关于维护互联网安全的决定》共 7 个条文，主要从保障互联网运行安全、维护国家安全和社会稳定、维护经济秩序和管理秩序、保护有关主体人身财产权利方面进行破坏性行为列举，着力刑事打击，反映了当时对互联网认识的防范倾向。2012 年全国人大常委会颁布的《关于加强网络信息保护的决定》中，先后使用了网络信息、电子信息、公民个人电子信息、身份信息、商业性电子信息等概念，主要从存在形式和内容属性两个方面对信息进行概念使用。2016 年通过的《网络安全法》第 76 条对"网络数据"进行文义解释，是指通过网络收集、存储、传输、处理和产生的各种电子数据；对"个人信息"进行文义解释，是指以电子或者其他方式记录的能够单独或者与其他信息结合识别自然人个人身份的各种信息，包括但不限于自然人的姓名、出生日期、身份证件号码、个人生物识别信息、住址、电话号码等。2017 年出台的《信息安全技术 个人信息安全规范》（GB/T 35273—2017），属于《网络安全法》第四章"网络信息安全"的一项重要配套规范，该规范对个人信息（personal information）进行了更详细的定义：以电子或者其他方式记录的能够单独或者与其他信息结合识别特定自然人身份或者反映特定自然人活动情况的各种信息。由此可见，我国《网络安全法》及其配套规定分别从信息和通信技术的角度对个人数据和个人信息进行了法律定义。① 从比较法角

---

　　① 尤其是对个人信息列举了 14 项：姓名、出生日期、身份证件号码、个人生物识别信息、住址、通信通讯联系方式、通信记录和内容、账号密码、财产信息、征信信息、行踪轨迹、住宿信息、健康生理信息、交易信息等。个人敏感信息（personal sensitive information）是指，一旦泄露、非法提供或滥用可能危害人身和财产安全，极易导致个人名誉、身心健康受到损害或歧视性待遇等的个人信息。对个人敏感信息列举了 11 项：身份证件号码、个人生物识别信息、银行账号、通信记录和内容、财产信息、征信信息、行踪轨迹、住宿信息、健康生理信息、交易信息、14 岁以下（含）儿童的个人信息等。

度看，这要比 GDPR 对"个人数据"的定义更加严谨，也便于实际操作。2020 年 10 月 1 日修订《信息安全技术 个人信息安全规范》，进一步使标准契合我国相关法律法规的要求，增加标准指导实践的适用性，帮助提升行业和社会的个人信息保护水平，推动个人信息保护领域技术产品、咨询服务等方面产业化进一步发展，为我国信息化产业健康发展提供坚实保障。① 2020 年 5 月 28 日第十三届全国人民代表大会第三次会议通过的《民法典》"总则"第 127 条②将数据的法律属性做了留白处理；"人格权编"第 1034 条③将个人信息定位到人格权范畴。2021 年 6 月 10 日通过的《数据安全法》第 3 条④对数据、数据处理、数据安全进行了文义解释。2021 年 11 月 1 日施行的《个人信息保护法》第 4 条⑤对个人信息进行了文义解释。该法进一步扩张了个人信息的保护范围，全面规定了个人在信息处理中的权利，强化了个人信息处理者的保护义务，构建了敏感个人信息的严格保护规则，规范了国家机关的个人信息处理行为，完善了个人信息的法律救济途径。⑥

在促进数字技术发展方面，近年来党和国家频繁出台政策，为数字法律和数字法治明确方向，特别是党的二十大报告，对发展数字经

---

① 施行标准的修订发布是为了进一步贯彻落实《网络安全法》规定的个人信息收集、使用的"合法、正当、必要"基本原则，解决 APP"强制索权、捆绑授权、过度索权、超范围收集"的问题。同时，针对 APP 运营管理的一些不合理现象，如告知目的不明确、注销账户难、滥用用户画像、无法关闭个性化推送信息、第三方接入缺乏有效管理、内部管理职责不明等问题，进一步梳理完善条款，指导组织使用标准完善个人信息保护体系。
② "法律对数据、网络虚拟财产的保护有规定的，依照其规定。"
③ "自然人的个人信息受法律保护。个人信息是以电子或者其他方式记录的能够单独或者与其他信息结合识别特定自然人的各种信息，包括自然人的姓名、出生日期、身份证件号码、生物识别信息、住址、电话号码、电子邮箱、健康信息、行踪信息等。个人信息中的私密信息，适用有关隐私权的规定；没有规定的，适用有关个人信息保护的规定。"
④ "本法所称数据，是指任何以电子或者其他方式对信息的记录。数据处理，包括数据的收集、存储、使用、加工、传输、提供、公开等。数据安全，是指通过采取必要措施，确保数据处于有效保护和合法利用的状态，以及具备保障持续安全状态的能力。"
⑤ "个人信息是以电子或者其他方式记录的与已识别或者可识别的自然人有关的各种信息，不包括匿名化处理后的信息。个人信息的处理包括个人信息的收集、存储、使用、加工、传输、提供、公开、删除等。"
⑥ 参见王利明、丁晓东：《论〈个人信息保护法〉的亮点、特色与适用》，《法学家》2021 年第 6 期。

济、建设数字中国以及加强重点领域的立法进行了部署。2020年3月30日《关于构建更加完善的要素市场化配置体制机制的意见》将数据与土地、劳动力、资本、技术并列为同等的生产要素，并在文件第六部分就加快培育数据要素市场进行了明确规定，指出要推进政府数据开放共享，提升社会数据资源价值，加强数据资源整合和安全保护。2020年10月29日《中共中央关于制定国民经济和社会发展第十四个五年规划和二〇三五年远景目标的建议》就加快数字化发展进行总体部署。① 2021年12月《"十四五"数字经济发展规划》将数字经济作为一种新经济形态进行定义②，具有深厚的学理意义和重大的实践价值。2022年12月2日《关于构建数据基础制度更好发挥数据要素作用的意见》从增强经济发展新动能，构筑国家竞争新优势的高度，对构建数据基础制度的背景、意义进行了规定。③ 2023年2月中共中央、国务院印发《数字中国建设整体布局规划》，从构筑国家竞争新优势、全面建设社会主义现代化国家、全面推进中华民族伟大复兴的高度，对数字中国建设按照"2522"的整体框架进行布局，④ 指明了数字技术运用的国家战略方向。

进入网络时代，从世界范围看，信息（information）和数据（data）

---

① "发展数字经济，推进数字产业化和产业数字化，推动数字经济和实体经济深度融合，打造具有国际竞争力的数字产业集群。加强数字社会、数字政府建设，提升公共服务、社会治理等数字化智能化水平。建立数据资源产权、交易流通、跨境传输和安全保护等基础制度和标准规范，推动数据资源开发利用。扩大基础公共信息数据有序开放，建设国家数据统一共享开放平台。保障国家数据安全，加强个人信息保护。提升全民数字技能，实现信息服务全覆盖。积极参与数字领域国际规则和标准制定。"

② "数字经济是继农业经济、工业经济之后的主要经济形态，是以数据资源为关键要素，以现代信息网络为主要载体，以信息通信技术融合应用、全要素数字化转型为重要推动力，促进公平与效率更加统一的新经济形态。"

③ "数据作为新型生产要素，是数字化、网络化、智能化的基础，已快速融入生产、分配、流通、消费和社会服务管理等各环节，深刻改变着生产方式、生活方式和社会治理方式。数据基础制度建设事关国家发展和安全大局。""加快构建数据基础制度，充分发挥我国海量数据规模和丰富应用场景优势，激活数据要素潜能，做强做优做大数字经济，增强经济发展新动能，构筑国家竞争新优势。"

④ 《规划》明确，数字中国建设按照"2522"的整体框架进行布局，即夯实数字基础设施和数据资源体系"两大基础"，推进数字技术与经济、政治、文化、社会、生态文明建设"五位一体"深度融合，强化数字技术创新体系和数字安全屏障"两大能力"，优化数字化发展国内国际"两个环境"。

在许多政府规范性文件甚至法律上混同使用，多数国家的个人信息保护立法中，将"个人信息"视为"个人数据"，实质上指个人的"网络信息"或"电子信息"。欧盟《数据保护指令》第2条第a项规定，个人数据指"与个人身份已被识别或者身份可以识别的自然人（数据主体）相关的任何信息"；法国《数据处理、数据文件及个人自由法》第2条第1款规定，个人数据指"可以通过身份证号码、一项或多项个人特有因素被肢解或间接识别的自然人相关的任何信息"；德国《联邦数据保护法》第3条规定，个人数据指"任何关于一个已识别的或者可识别的个人（数据主体）的私人或者具体状态的信息"。GDPR第4条将"个人数据"（personal data）定义为与任何已识别或可识别的自然人（数据主体）相关的信息；可识别的自然人是能够被直接或间接识别的个体，特别是通过诸如姓名、身份证号、位置数据、网上标识，或者与该自然人的身体、生理、遗传、心理、经济、文化或社会身份有关的一个或多个因素。可见，GDPR中对"个人数据"的定义本身就包括"可识别"（identifiable）与"已识别"（identified）自然人的个人信息，将"个人数据权"视为自然人的一项基本权利给予特别保护。GDPR第1条第2款规定，本条例保护自然人的基本权利和自由，尤其是保护自然人所享有的个人数据权。

通过对数字、数据、信息概念的传统意义、立法文本意义以及政策用语的梳理，不难看出，在这一轮新技术革命语境中，数字似乎被赋予了超越数据和信息的种属关系的"属"的地位，就如同水果包含苹果和香蕉一样。如果放到普遍的立法文本上看，无论是欧盟和美国立法中的data和personal information，还是我国《数据安全法》中的"数据"以及《个人信息保护法》中的"个人信息"，都无法涵盖这一轮因数字技术革命引发的法律变革的整体概貌，所规训的都是局部领域的局部社会关系。纵观最近若干年因数字技术法律规制而诞生的新概念，在数字法学、计算法学、数据法学、互联网法学、信息法学等诸多名称中，能够延伸到国家战略层面且被社会普遍使用的，以"数字法学"最为普及。特别值得指出的是，中共中央政治局早在2017年12月8日就实施国家大数据战略进行第二次集体学习时就明确提出"加快建设数字中国"，2020年10月29日中国共产党第十九届中央委员会第五次全体会议通过的《中共中央关于制定国民经济和社会发展第十四个五年规划和二〇三五年远景目标的建议》提出"坚定不移建设……数字中国"，党的二十大报告中进一步明确了建设"数字中国"的奋斗目标。"数字中国"概念的提出，标志着数字法学的政治规定性和学术规定性已经完全确立。总之，在一个学科命名问题上，既要考虑学科发展传统、语言修辞习惯、国际交流对话的方便性，更要考虑学科的使命和担当。据此，因这一轮数字技术革命法律规制而形成的法学学科被称为数字法学是科学的。

二、数字法学研究对象确立的社会渊源

数字技术本身是中立性的。数字技术作为现代科学技术进步的一种新型范式，与农业技术、工业技术一样，是人类为改善自身生存条件而创造的一种生产力工具，其本质上是中立的。数字技术的物化呈现不像传统的技术范式那么鲜明，它看不见，摸不着。其之所以能够引起人类的普遍关注，根本原因在于数字技术的中立性与其运用中附随产生的人文性的博弈，就如同核技术可以研发出原子弹摧毁人类的同时也可以为人类提供新的能源供给一样，数字技术作为新型生产力在带给人类福祉的同时，如大数据滥用对人的权利的侵犯也真实地告诉我们，数字技术一旦被滥用，对于人类将是灾难性的，诚如国外有学者著书预言，最后毁灭人类的将是人工智能。这种在数字技术运用中对其中立性本质的颠覆，其渊源还在于人类对待技术的态度，是人类自身价值观融合后的结果。基于数字技术的中立性及其运用所带来的不同可能性，如何维持数字技术的科学性与人文性的平衡，其背后起决定性作用的是社会运行机制。

数字法学发展到今天，从根本上而言，是数字技术发展带来的观念和制度融合催生的关于数字规制的学科体系、学术体系、话语体系的综合性法学分支学科。在20世纪60年代人类仅仅拥有一部利用二进制、使用超级电量负荷、占地170平方米、计算力仅仅达到每分钟5000次的计算机初创时代，无论如何是不会出现数字法学这个学科的，更不用说往前溯及工业文明和农业文明时代了。正是经过从电子管到晶体管的革命性技术突破，在市场所设置的各种应用化场景的对接和获利中，计算机技术迅猛发展，并加速衍生出大数据、云计算、人工智能、物联网、3D打印、元宇宙、ChatGPT等现代新兴科技。目力所及，数字技术的普及也就仅仅是最近几十年的事情。正是由于数字技术在不同的应用化场景中从量的积累到质的突破，尤其是经济领域、社会治理领域、文化创新领域从点到面对数字技术的采用，数字技术与个体、社会、国家的关系越来越密切。正是由于这种不同应用化场景中的数字技术深度融入，既往的社会关系才不断被打破或者重塑。没有物联网和大数据支撑的网上购物，传统实体店销售的锐减就不会发生。因数字技术引发的社会关系的变革必然带来各种利益关系的重塑，人们需要在数字技术语境中重新定义既往的传统价值观念，自由和秩序的自然法关系再一次站在了人类法律抉择的十字路口。

法随势变，势因法成。法律因社会关系变革应运而生，法学因法律和法治得以发达。数字技术带来的一系列社会关系变革的范围和强度决定着数字法律调整的范围和强度，而数字法律调整社会关系的范围和强度又反过来规训着社会秩序的理性形态。要产生发达的数字法学，首先要有发达的数字经济、数字社会、数字文化等，只有客观存在这些社会关系，并且在这些社会关系运行过程中需要确立一定的规范和秩序的前提下，产生了数字治理需求，才会催生规制数字关系的法律，进而也才能催生发达的数字法学。1984年美国联邦层面颁布了《计算机欺诈和滥用法》（Computer Fraud and Abuse Act），当时美国的计算机普及率已经很高，出现了计算机违法犯罪问题。而当时，计算机对于我国很多人来讲仅仅是一个概念，许多人从来没有见过，计算机立法没有社会基础，更不存在社会需要。基于欧盟1995年《数据保护指令》以及后续一系列欧盟指令为主干规范所建构的个人数据保护体系在实际适用过程中日益暴露其局限性，与欧盟内外各利益相关方的价值诉求呈现渐趋背离的态势，这才诞生了GDPR。从社会科学发展的一般规律而言，决定着数字法学研究对象的因素复杂多样，但归根到底还在于数字技术发展本身带来的法律需求。

数字法学作为一门应用性极强的法学学科分支，要形成完整的学科建制，最终和最根本的方法还是要回归社会本身。数字技术本身是怎样发展的？应用到了什么领域？应用以后带来了哪些问题？法治方法解决这些问题的范围边界、时间边界、空间边界如何划定？既有的法律实施效果和差距有哪些？这中间有无一般社会科学都存在的"主义"和"问题"依附关系的辨析需求？哪些传统法学研究方法对数字法学具有辐射力？需要开辟哪些新的研究方法？已有学术研究成果对上述问题给出的回答能否实现数字法学为人类提供更高品质生活的目标？既有立法的学理根基如何巩固和提高？这些都是数字法学要给出科学答案的根本性问题。

从数字法学存在的终极价值而言，其主要应当解决数字技术的技术中立性与人文性的平衡问题以达到人类福祉最大化。基于这一价值追求，数字法学的介入工具有其特殊性，这里的特殊性就体现在法律、法治、法学有效融入数字技术开发、利用、发展领域。首先，基于数字技术介入社会关系所衍生出的新型社会关系，必然带来治理方式的变革需求，与传统的治理相比较而言，其中蕴含着的法治治理与非法治治理方式，需要随着问题的变化而进行更为科学理性的区分，比如人脸识别技术的应用场景是否需要法定化。面对诸多学科关于数字技术的技术性与人文性的平衡都有涉及以及依靠法律治理成为人类首选的学术发展现实，数字法学要体现出自身对治理的优势，就要在面对数字技术的技术中立性特征时，立足人类、国家、社会、公民各利益维度，通过法律和法治方法将数字技术在不同领域的适用予以法治化，形成诸如经济问题数字法治、政治问题数字法治、文化问题数字法治、社会问题数字法治、生态问题数字法治等等，同时辅以研究方法的法治化。其次，从法治方式对数字技术的运用而言，必然产生法治标准的数字化运用，产生诸如数字检察①、数字司法等问题。对此，如何厘清数字化运用中不断产生的"问题"的家底，形成真实的数字治理研究"问题意识"，许多学术团队通过在基层法院、检察院进行大量的实证调研，为规制数字技术法治化提供了深层的实证经验分析。② 类似这种实证研究方法在数字法学研究中的运用，对于揭示数字技术对法治方式正反两方面的影响，对于形成具体社会关系的有序数字化以及法治方式的科学数字化，对于丰富数字法学的实践品格，对于走出数字技术中立性与人文性博弈的迷雾，具有重大的研究方法论意义。

三、数字法律关系的稳态要件

基于数字技术的中立性特质以及数字技术介入社会关系以后呈现的复杂人文性，尤其是数字技术的滥用所导致的各种社会关系遭到扭曲的问题，比如滥用大数据"杀熟"问题、滥用大数据侵犯隐私权问题、司法实践中滥用大数据过度侦察问题、利用大数据进行垄断经营问题、国际数字交往关系中将技术政治化问题，凡此种种。如果数字技术的运用没有真正法治手段的规训，将造成无法弥补的损失，整个社会为此付出的成本与数字技术个案滥用带来的个案收益不成比例，社会将为此付出巨大的信任成本、经济成本甚至各种价值成本。具体而言，数字法学可以通过深入研究数字技术运用于不同领域所产生的具体社会关系的稳态要件，化解具体的数字法律关系，从而发挥数字

---

① 参见贾宇：《论数字检察》，《中国法学》2023年第1期。
② 例如马长山教授团队于2023年2月在浙江宁波、无锡等地进行实地调研，获得了大量的第一手资料。

法学的使命。

（一）保护个人数字权利与释放数字经济价值的关系

数字技术的研发及其适用历史表明，其推广利用最先体现在经济领域中，往往通过市场化的场景设置激发出数字技术的经济价值。这一点从八位美国科学家组成的二进制研发团队在市场导向下开发出晶体管开始就鲜明地得到呈现，从欧盟和美国的数字立法史中更可以得到鲜明呈现。"在欧盟现行政策法律框架下，个人数据保护问题一贯被统摄于欧盟'数字单一市场'建设进程中，与其他元素共同服务于欧盟在数字经济中谋求世界级领袖地位的总体布局。"① 数据在当今社会各领域和各行业的存在、运行以及产生的强大生产力正在改变各领域和行业的基本生态，数据作为几乎所有领域和行业良性发展物质基础的地位更加鲜明。我国 2016 年 11 月 6 日通过的《网络安全法》第 1 条中也提出"促进经济社会信息化健康发展"的立法宗旨，第 18 条提出"国家鼓励开发网络数据安全保护和利用技术，促进公共数据资源开放，推动技术创新和经济社会发展"。2021 年 6 月 10 日通过的《数据安全法》第 1 条立法宗旨中就规定"促进数据开发利用"。数字技术发展史和中外数字立法发展史均表明，促进数字经济发展始终是数字立法的重要价值目标。

同时，数字技术的适用，尤其是在经济利益的激励下对数字技术的适用，往往会造成对个人数字权利的侵犯，典型的就是对个人信息权利的侵犯。从数字技术产生的原初动力而言，即使创造再大的经济价值，最终也是为了扩大人的利益和权利。从个人数字利益和权利形成的贡献值而言，个人信息和个人数据的支出虽然是形成权利最为重要的源泉，但也仅仅是源泉之一，还有通过数字运用和处理等附加新的资本形式形成的大数据等，构成个人数字权利的新客体。比如网购平台通过个人网购信息获取商业大数据，个人数字权利的原始取得可

---

① 吴沈括：《欧盟〈一般数据保护条例〉（GDPR）与中国应对》，《信息安全与通信保密》2018 年第 6 期。

以基于其提供的个人信息，但是网购平台通过对个人信息的运用和处理等添附行为融入了设备投入、劳动投入、管理投入等新形式的资本投入，个人数字利益和权利的客体已经由原初的个人信息延展到大数据，权利的外延已经远远大于个人信息领域。这种添附行为如果出于经济目标，则激发数字经济的发展；如果被转用于国家管理目标，则激发国家管理效率的提升；如果被用于国际交往目标，则激发数字世界的互联互通；等等。始发于个人信息的个人数字权利会随着外部添附行为的加工而面临越来越多的博弈对象。这中间，虽然个人数字利益和权利的博弈对象可能越来越多，但是"形散而神不散"，个人数字权利始终是不容侵犯的"神"。尤其是数字技术一旦被用于上述任何一项目标的反方向，并且这种反方向利用具有极大的现实利益基础，那么数字技术的人文正义性随时会被扭曲，进而发生"技术悖论"现象。为此，数字技术的市场化场景设置缔造了数字技术的经济功能，数字经济价值的开发中始终存在着释放数字经济价值与保护个人数字权利的矛盾，这一对矛盾关系的理论论辩作为一个基础性命题，虽然法理学、民商法学、经济法学、行政法学、刑法学等二级法学学科都有涉及，但对其研究的深度则表征着某一学科在应对数字技术冲击时所展现的学理高度。尽管多年来学界基于这一对矛盾关系的理论论辩贡献了大量的学术成果，但是对于个人数字利益和权利所容忍的边界与释放数字技术经济价值所扩张的边界如何有效对接的问题，并没有给出很好的学理回答。这大概也是导致现行《个人信息保护法》和《数据安全法》从立法文本到权利救济表现并不优良的根源之一。

（二）提高数字技术伦理标准与提升国家治理效率的关系

基于人类历史上包括数字技术在内的绝大多数技术革命都是源自经济市场化竞争中获得先发优势这一规律，如果说从个人数字权利保护与数字经济发展关系视角衍生数字法学命题是从发生学意义切入的话，那么，从国家治理角度利用数字技术则是现代国家治理的一场深刻革命。这一领域关切的是国家公权力行使中基于国家治理效率目标的同时，如何坚守数字技术运用的伦理品质，保持对数字技术的谦抑利用。数字技术带来的技术便利性为国家治理效率的提升带来了千载难逢的历史性机遇，可以看到，国家权力所到之处，无论是主动拥抱还是被动接受，不同领域对数字技术的运用程度尽管有所差异，但是几乎无一例外地都卷入了这场数字技术革命。这场数字技术革命使权力的属性、边界、使用方式、带来的后果，都面临着重新定义的趋势。权力在数字技术加持下的滥用导致的技术悖论，带来了数字技术运用伦理标准与国家治理效率关系的重新厘定课题。在数字技术加持下的权力有序运行犹如任何社会领域离不开法治一样，如何发挥数字法学的使命，则是一个必不可少的维度。这一维度衍生出的促进数字技术利用与维护国家治理效率的关系如何平衡，正是数字法学所应完成的任务，也是数字法学能否获得良性发展的另一个基础性问题。

　　深入研究会发现，一方面，数字技术利用与国家治理效率提升要考虑不同的社会场景，如果是在一个法治社会中，数字技术利用边界的命运往往掌握在法律制度的手中；如果是在一个非法治社会中，尤其是数字技术运用于刑事犯罪治理以及意识形态安全领域时，数字技术运用的边界大概率就比较恣意。① 在法治与权力的两极博弈中，数字法学本身的发展速度和空间也受制于法治与政治互动关系的影响。另一方面，数字技术的发展除依靠经济激励机制促进之外，数字公共治理领域（比如技术侦察）的制度机制也会对数字技术的发展产生重大的影响。其中最为成熟的制度就是法治，数字治理的法治化水平也会在很大程度上制约和影响着数字技术的发展空间，只有在法治的轨道上和法治社会的环境中，从事数字技术开发才可能产生理性预期，数字技术的发展前景才可能释放出更大的空间。只有基于数字技术的利用和发展这一面向，同时兼顾国家治理效率面向，尤其是达致二者的均衡状态，数字法学才可能开辟出更广阔的研究空间，数字法学的发

---

① 参见郑戈：《算法的法律与法律的算法》，《中国法律评论》2018年第2期。

展才可能成为现实。这一点在人类技术发展史上是反复验证了的。例如自动驾驶道路交通事故责任认定问题，如果立法在自动驾驶引起的道路交通事故责任条件设置上不当增加技术研发者的负担，这种巨大的风险预期对于数字技术的利用和发展无疑是负面的。这表明，通过数字技术的国家治理对于效率的追求虽然是积极的，但并不必然导致正义的结果，对于数字技术发展的影响也并非总是正向的，其中法治作为稳定器具有重大的作用。中国作为法治社会，尤其是在全面依法治国的背景设定下，在布局数字技术利用、发展与国家治理效率关系的战略选择中，理性而科学的特质促进了数字法学本身的发展，对此中国数字法学研究者做出了较大的原创性贡献。

数字技术价值经过延伸和扩张，从原初单纯的经济领域数字化扩展到个人权利、社会、文化、生态、国防、军事、外交等领域，由此各领域衍生出新的数字化关系，国家基于秩序和发展的需求，必然需要革新原有的治理体制机制，从而诞生出数字治理问题。换言之，数字技术所到之处，均有因数字化带来的数字法学需要应对的问题。从这一治理转型可以看出，数字技术已经从原初单纯的生产力属性扩张到生产力和生产关系兼有的双重属性。因数字技术扩张适用带来的数字治理，如何适应数字技术从单纯的生产力属性延伸到生产力和生产关系双重属性的调整需求，在很大程度上表征了一个国家治理体系和治理能力现代化的发展高度。在数字技术这一具有划时代意义的属性延伸和扩张史上，对于以维护优质先进生产力和生产关系为追求的法律变革史而言，对数字法学的理论期待也更为迫切。如果从自然法的意义上比附数字法学的"自然法"内涵，数字法学自产生之日起，就天然地带来了一些基因性的追求和命题，至少包括：数字技术的发展和利用有利于增进人类福祉；数字技术的正向激励机制是主导性机制；数字技术在国家治理中的运用需要谦抑；数字法治在各种治理方式中的可预期性应得到最大化彰显。

作为数字法学"自然法"基因性命题之一，在处理人类积极拥抱数字技术带来的变革红利与抑制数字技术的灾难性运用之间的平衡关系时，数字法学需要直面一些客观条件。

其一，数字技术的竞争动力。数字技术最先在经济领域的场景化设置中通过市场竞争机制一步步打败原有的技术垄断，然后通过竞争优势渗透到社会关系的各个领域。可以讲，数字技术是靠竞争走向时代舞台的，一方面是与传统的外在的旧技术势力进行竞争（比如通过天眼监控技术替代原有的交通警察），另一方面，数字技术领域本身内在地通过竞争实现数字技术的更新换代。没有竞争，数字技术的发展也就失去了动力，停滞不前乃至于倒退都是随时可能发生的。当前，ChatGPT 技术对搜索引擎技术的超越，对人类生活方式的影响能够达到何种程度，相信不久的将来就会更进一步显现。面对全球数字技术突飞猛进的发展趋势，在适用于国家治理领域时，数字法学作为一门研究数字法治化的学问，如何通过研究数字立法和数字司法等命题以构建数字技术的良性竞争机制，是不可回避的历史任务。

其二，数字技术运用规制的碎片化。从数字技术适用历史看，世界各国在工业、商业、电信、交通、金融、自然资源、卫生健康、教育、科技等领域，已全面普及数字技术的运用。但是从公共治理规制尤其是国家总体安全观的角度看，仅从我国立法形式由 2000 年的全国人大决定到《民法总则》《网络安全法》《电子商务法》《民法典》《数据安全法》《个人信息保护法》以及《刑法修正案（七）》《刑法修正案（九）》，随着数字技术演进衍生出的这一立法发展史，总体上是针对数字技术在特定领域运用时新出现的问题进行分别立法，优点是规制的针对性强，缺点是头痛医头、脚痛医脚，带来了一些问题：使用的概念含义不统一，比如数据、网络空间、数字、个人信息等在不同的部门法中含义不统一；司法解释的空间太大，由于数字立法的部门法倾向明显，体系化不成熟，给司法自由裁量权的适用带来了便利，法制的统一受到抑制；对于数字权利保护的规范占据立法文本的较大权重，这一点从立法文本的结构设置到条文占比均有鲜明体现；数字法学的理论建构在因面向更为广阔的问题域而丰富实证基础的同时，也存在理论建构周期短、立法对策性研究占据了总体研究力量的较大权重、对于数字法学学科发展具有决定性意义的基础理论建构缓慢的问题。之所以呈现这些倾向，与法律的基本功能及其存在价值密切相关。基于人性恶的假定，法律主要通过制裁反向行为从而达到维护权益和稳定秩序的目标。比如2000年的全国人大决定以及《刑法修正案（七）》《刑法修正案（九）》特别鲜明地体现了抑制反向行为的倾向。总体上长远看，多头立法现象对于推动数字技术的发展也是不利的，虽然多部法律中都对推动数字技术的发展进行了规定，但是从总体立法倾向和法律条文的数量看，更多限于从数字安全的角度进行规定。

其三，激励数字技术发展的政策力量适时转化为法律力量。党中央、国务院出台了诸多刺激数字技术和数字经济发展的政策。从根本上讲，中国更多是通过政策工具实现促进数字经济发展的目标，这主要源自中国大一统治理传统以及凭借市场本身所具有的激发数据资源价值的特殊优势。尤其是立法滞后于政策拉动的制度现实，待数字技术适用到一定程度后再进行立法规范，也更容易清晰展现问题的本来面目。作为促进数字技术发展的治理工具，各个国家基于历史传统的差异，其制度化的表现也呈现出巨大的不同。美国国会为了打压中国高新技术发展而通过的《芯片法案》，一开始就以法律的形式面世。仅仅从形式上来讲，这种立法优先就与中国的政策优先分别具有各自的特色。法律在激发数字市场活力方面与政策相比明显具有天然的劣势，因为法律主要是防御型工具而非激发型工具。尽管如此，法治终究是衡量人类文明高度的重要指标，政策激励到一定阶段，最终还是要靠法治。数字法学需要研究何时、如何将政策转化为法律，以法律的稳定性和确定性增强社会对数字治理法治化的信仰。

（三）数字治理中市场力量与国家力量的关系

数字法学最本质的特征在于其技术性、规范性和政治性。技术性从自然属性层面，表达了数字法学最原初规制对象特征转移到作为一门学问领域的自然延伸；规范性从方法层面，体现了数字法学研究规制对象时所应具有的法品质和法规律；政治性从社会关系层面，揭示了数字法学与所在场域政治氛围的互动关系。推动数字技术更好地最大化地服务于人类福祉作为数字法学的价值目标，从学科和学术的发展规律讲，其产生和存在的合法性深层根基还在于激励推动学科研究对象依循法治的方式发展繁荣。仅就数字法学研究对象而言，其不应当限于个人信息保护、提升国家治理效率、数字安全等等单向利用数字技术的目标锁定，这方面的立法仅就目前而言，对于数字技术发展的正向激励功能远未实现。法治力量作为一种兜底性质的治国方式，需维护好政府和市场"两只手"。在特定时期，就特定事项，比如当今中国面临芯片技术"卡脖子"问题，更需要国家力量的动员和组织。但更为持久的，还要依靠市场的力量，离开了市场，离开了具体应用场景的市场化坚守，数字技术就不可能获得可持续发展的力量。这一点从数字技术发展最初由经济目标驱动、国家对数字技术的推动、数字企业对数字技术的研发应用的发展史中得到鲜明呈现。国家通过政策层面的众多官方文件，体现了强大政治力量在数字技术发展史中发挥重大影响的图景。这中间，如何平衡市场力量和国家力量的关系，尤其是在实行数字法治中达到二者的平衡，是数字法学的重大使命。

从人类任何新技术的发明推广史看，其最初大都源自市场的场景化设置而得以普及，我国古代发明的地动仪和造纸术截然相反的两种命运深刻印证了这一规律。如果让19世纪末伦敦大街上拉车的马来投票，汽车压根就不会产生。历史上，忽视市场法则推动技术发展的教训深刻。20世纪50年代苏联在晶体管研发中败落于美国这一事实表明："谁能说了算？市场。"1954年世界上第一台晶体管收音机问世后，市场销量暴增，很快就对研发产生了"正回馈"，尝到甜头的商家愿意出高价支持学者搞晶体管研发。最近的ChatGPT之所以诞生于美国，实则是市场竞争环境发挥了根本作用。中外技术创新史还具有另一启示意义，一项新技术诞生之后的普及命运，除了客观上受制于市场的场景化制约，始终是在国家权力的滤镜中决定走向的。对于一项新的数字技术比如微信支付等的应用领域、应用程度以及由此带来问题的救济手段选择，国家始终是有话语权的。这一技术发展的历史规律表明，技术本身的中立性特质在市场场景设置和国家权力的行使中会变换成千姿百态的样貌，这中间始终存在市场和国家权力的博弈。事实上，任何主权国家中，国家力量无处不在，关键在于如何运用国家力量，是依靠国家力量的直接出场，还是国家提供一个有力的市场竞争环境，依靠市场的力量制造真实的民用的应用场景，创造先进的技术研发以满足庞大市场的需求。法治社会中，这种博弈的最终结果往往通过法律的形式固定下来。这意味着，不但要评估数字立法的质量，还要优化国家的立法制度。在中国，关于数字技术的市场化场景设置和国家权力博弈，体现了发挥国家制度优势、尊重科技、尊重市场、抑制权力的特点，促进了数字技术发展。上文列举的党中央国务院出台的数字技术的文件，对于促进数字技术推动经济社会发展的功能而言，与更加注重实务操作的系列数字法律一道，构成数字技术发展的国家力量的有机整体。从政治意识形态领域的数字治理而言，在数字技术的规训上，通过《数据安全法》《民法典》《网络安全法》《个人信息保护法》等法律法规规制舆论场域对冲国家政治安全的言论和行为，强化国家权力的特点比较鲜明。

如同汽车出现引发通行权而产生道路交通安全法，生育子女天然取得监护权而诞生监护法一样，数字技术所到之处，必然成为法律帝国所辖版图。人民群众对于数字技术的强大需求与数字技术规训不力之间的矛盾是当前数字技术发展面临的主要矛盾。如何定位数字技术应用场景，如何解决算法黑箱、技术侵权、不正当竞争、科研仿造、"杂技式科研"、侵犯知识产权、产权不明晰等问题，如何解决大量的科研成果无法转化为现实生产力的问题，如何解决数字技术法律规制不健全的问题，这些应当是国家力量的战略方向。数字法学作为一门研究数字治理问题的新学问，既要研究如何依靠国家力量包括利用法律力量推动数字技术的发展，还要研究市场力量推动数字技术发展中的法律规制的限度和包容性。换言之，数字法学既要从事国家数字立法研究，更要从事激发市场机制法治化的研究。

（四）国家与世界的关系

从人类历史上任何一次科技革命发展史看，科技的创新发展都具有特定的制度环境和人文环境规定性，而这种规定性最初都是限定于特定国家的政治版图内，科技创新母国也最先获得该科技生产力利益。基于收回为科技创新提供的制度成本、人文成本、经济成本的需要，基于为保持这种科技生产力在国家竞争中获得尽可能持久优势的需要，基于进一步激发新的科技创新的需要，人类发明了包括知识产权法这种现代性治理形式在内的保护措施。虽然从长时段历史发展过程来看，每一项科技革命最终都会因为搭便车现象而普惠于全人类，呈现出科学无国界的特点，但科技创新母国的国家利益始终决定着是否让别的国家搭便车、让谁或不让谁搭便车、什么时间让别的国家搭便车的问题。如果说上述分析基于既往科技创新史而得以证立，此次信息技术革命则将这一规律演绎到极致。当今世界面临百年未有之大变局，大国博弈出现新的特点，全球化遭遇阻碍，以信息技术为博弈工具的趋势愈演愈烈，极致现象表现为西方国家利用芯片对中国实施"卡脖子"，美国通过《芯片法案》实施逆全球化战略。而我国高层最近专门对基础理论研究做出战略性安排予以应对。面对这种国内国际背景，如何将数字问题研究在统筹推进国内法治和涉外法治的法学语境中做出符合国家利益和人类福祉的推进，是数字法学无法回避的历史性命题。

具体到数字法学的国内法治和涉外法治统筹视野，尽管基于国际交往实践产生了诸如数据的跨境流动、"长臂管辖"、数据管辖权等诸多看似技术性的法学问题，但实则各种形式的国际法规范中都蕴含着深刻的国家经济安全、政治安全、文化安全、社会安全、技术安全等国家利益倾向。数字法学设置哪些涉外数字法治议题，如何展开涉外数字法治议题，有几个基本的学术伦理是无法回避的：首先，充分尊重数字技术本身的技术中立性和数字跨境利用的国家利益属性。既要尊重数字技术本身的去价值化、去意识形态化的特点，以促进数字技术服务于人类生存境况改善的技术使命，给技术发展预留空间；更要警惕数字技术利用可能给国家带来的安全威胁。数字技术是一把双刃剑，用好、用在适当的领域则获利，滥用、用在违背人类生存法则的领域则带来灾难。其次，尊重数字涉外交往中数字法学自主知识体系与人类共同价值之间的关系。数字法学对于国家价值与人类共同价值之间关系的体现与其他学科相比较，鉴于数字技术本身的技术中立性，可能更要求具有国际对话能力，一些概念的使用，要具有国际通用能力，比如数字、数据等等的统一使用问题。再比如数据的权利属性，到底是物权还是准物权，需要从人类普遍知识的广阔视野进行科学定位，不能自说自话；同时，正如有学者总结我国数字立法宗旨时所表达的，"应当在网络安全、信息安全的高度将数据的可控性、可用性、完整性与保密性四项核心诉求作为价值出发点与落脚点"[1]。GDPR 中颇受争议的"长臂管辖"条款，明确要求他国应提供与欧盟同等水平的隐私保护，并通过"充分性认定"机制构建包含几千家企业在内的跨境流动圈。GDPR 对全球个人信息和隐私保护立法产生了深远影响，包括日本、韩国、南非、巴西、印度等在内的多个国家也采取类似 GDPR 的规定，借鉴其个人数据可携权和遗忘权、对违法者予以高额罚款、个人信息保护影响评估等制度，这体现了在事实上 GDPR 已成为全球隐私立法的引领。[2] 2018 年 3 月美国通过的《澄清域外合法使用数据法》规定，判断数据管辖权应依据数据控制者，与存储地无关，即只要是在美国实际开展业务的公司，无论数据存储在何处，都属美

---

[1] 吴沈括：《欧盟〈一般数据保护条例〉（GDPR）与中国应对》，《信息安全与通信保密》2018 年第 6 期。

[2] 参见叶开儒：《数据跨境流动规制中的"长臂管辖"——对欧盟 GDPR 的原旨主义考察》，《法学评论》2020 年第 1 期。

国管辖，同时，美国的数据，只有符合特定条件的外国政府经美国同意后才能调取。不同国家或地区在处理数字国内法治和涉外法治关系中的不同遵循，尤其是欧盟和美国的数字治理做法对于建立全球统一的数字国际法规范而言，其中的博弈和协调压力巨大，这对于我国数字法学参与全球数字立法问题的研究具有重要的参考价值。

（五）规范法学研究方法与社会科学研究方法的关系

一般来讲，传统法学研究方法注重规范研究，从规范的内涵、制定和实施机制方面揭示法的现象和本质。随着数字技术发展而产生的数字法学因为要面对更多的新问题，在特定的政治语境中，面对技术中立性和人文性的博弈，仅仅依靠传统的规范法学研究方法往往捉襟见肘。针对数字技术所适用的领域中对该领域传统伦理造成的新的挑战并缔造与数字技术所适应的新的伦理要求，对新型社会关系进行社会科学方法的分析，是一项必不可少的基础工作。适用到数字经济领域中，其人文性的新形态首先要回答好市场竞争与个人权利保护之间如何平衡的问题；适用到国家治理领域，就要回答好治理工具的公权力"法无授权不可为"伦理与推进数字技术发展之间如何平衡的问题；适用到政治文化领域，其人文性就是要回答好国家意识形态安全伦理与数字技术便利性关系如何平衡的问题；适用到科技创新领域，就要回答好技术创新与技术反噬人类悖论之间如何协调的问题。总之，传统的规范法学研究方法与社会科学研究方法的深度融合，对于数字技术全面深度介入社会生活带来的复杂人文性现实而言，研究方法的创新是当务之急。

具体到数字法学的方法论资源而言，数字法学看似一个独立的法学分支学科，但是，其发展和发达的前提离不开民法学、知识产权法学、反不正当竞争法学、经济法学、行政法学、刑法学、国际法学等传统法学学科对数字关系所涉问题的研究和关注。就此而言，要继承传统法学研究方法论资源，对数字法学进行体系化研究，以全面思维、总体思维、系统思维展开数字法学方法论体系研究。只要是有益于事关数字法律规制对象与周边所关联社会关系走向融贯一致的和谐运行状态的方法论资源，只要是有益于数字法学健康有序扩张的方法论资源，就是好的数字法学方法，并无定式。换言之，研究数字法学方法，不能仅仅关注数字法学本身，还要跳出来，将眼光投射到相关法学学科方法、社会科学方法甚至自然科学方法上，以此为努力方向，才可能形成数字法学研究方法的整体合力。① 作为"正回馈"，在数字法学方法体系整体合力的正向激励下，数字法学的"基础设施""周边环境""创业环境"也就得到了有益支撑。仅仅从组织学的角度讲，数字法学不可能一枝独秀，只有依靠强有力的多学科研究队伍和研究方法的参与，才可能缔造出发达的数字法学。这一点从现在数字法学的发展史和研究成果的产出可以清晰地看出，正是在法理学、公法学、私法学多学科的共同研究下，数字法学才走到今天这个程度。数字法学是法学，但更是社会科学，是综合性社会科学。基于这种学科定位，研究视角和研究方法也应当遵循学科规律，开发探索出更为有效的研究方法体系，形成科学的数字法学研究方法体系。

四、实现数字良法对于数字技术的规训

技术是人类创造的，但任何技术本身并不会说话，其运用到底是造福于人类还是减损人类的幸福，完全取决于人类自身。正是基于人类扶正祛邪的朴素正义观，人类比历史上任何时代都需要良善的法律来规训数字技术，因为数字技术颠覆人类幸福的能力远远超越历史上的任何技术进步。数字法律关系如何构建，最终还要取决于一国政治本色和法治本色，如果一国权力恣意、法治水平低下，数字技术的滥用是大概率事件；如果一国霸权成性、依靠"长臂管辖"对其他主权国家实施"法治"，数字技术的溢出性滥用将产生更大的破坏力。总之，对数字技术施行良法之治——这里的"良法"受到政治体制机制

---

① 参见马长山：《数字法学的理论表达》，《社会科学文摘》2022年第10期。

和法治传统乃至文化传统的制约——并非一个纯粹的法治问题。为此，数字法学所需要的良法的具体内涵也就有了多种解读的空间。

如何揭示数字与法学、法律、法治等范畴的一般关系及其形成的具体数字法律关系，真正实现数字的法治化，不仅需要站在法学立场上观察问题，更重要的还是要把数字升级到人类一种崭新的生活方式予以对待。人类对数字本质的认识，无论是深度还是广度，甚至其未来走向，都还处于起始阶段。这既取决于数字进入人类生活的短暂性，更取决于数字本身的复杂性，以及数字开发利用中涉及社会关系的广泛性。鉴于数字仅呈现出的阶段性特征，对于数字法治以及数字立法的期待既不能低估，也不宜高估。数字法学在揭示数字法治理论、探索数字治理制度建构中，任务重大。

什么是规制数字技术运用的良法？就是既能使数字技术运用于社会运行时更有利于推进社会和人的价值目标的实现，同时又能有效抑制数字技术滥用带给人类的灾难。目前，我国制定了大量规制各类数字技术法律关系的法律法规，世界范围内也制定了不同效力范围的数字规制法。但是，必须承认，无论是域外的还是国内的数字规制法，它们都只是不同法域对数字技术本质有限认知基础上的阶段性规范，更多呈现出一种头痛医头、脚痛医脚的碎片化立法现状。既往我们所熟悉并习惯的社会交往关系，在数字技术的冲击下，变得支离破碎，技术越发展，所涉"数字关系"的调整对于良法的期待便越发迫切。

从数字法律发展的一般规律讲，一部好的数字法律要兼顾技术性、规范性、政治性、国际性。首先，要综合考虑具体的价值标准。在鼓励数据开发以及数字经济发展价值和个人隐私价值关系的轻重缓急中，是优先发展经济、把整个国家的蛋糕做大，然后再保护个人信息权，还是优先保护个人信息权，对数据开发和数字经济进行严格的个人信息保护风险评估？抑或是同时保护数字经济和个人信息权？这要结合比较法进行全面权衡。其次，要综合考虑数字法的实施机制完善问题。应当承认，我国的数字立法具有满足数字社会秩序稳定的制度供给能力,但是我们的数字执法体系和数字执法能力与解决问题这一底线水准相距遥远,当前网络诈骗犯罪的高发态势即为明证。再次,要综合考虑数字跨境流动等国家间数字技术博弈。在数字技术往往成为大国博弈有效工具的大变革时代,如何做好中国的数字良法,值得深入研究。这一点上,自从欧盟 GDPR 出台后,其出台背景就有欧盟数据政策自我发展的目标,尤其是其想要占据全球数字经济领头羊位置和话语权的想法,对美国等国家产生了很大的刺激。又如,2021 年 11 月美国共和党参议员鲁比奥和民主党参议员沃尔纳克提出《敏感个人数据保护法》,以"威胁国家安全"为由要求进一步限制中国获取美国人的个人数据。此次法案明确要求数据处理企业应向消费者说明"数据是否提供给中国、俄罗斯、伊朗或朝鲜",非常直白地体现了美国数字立法的意识形态色彩。最后,要综合考虑政策与数字立法的关系变化。一国数字战略都具有体系化的特点,是综合各种价值目标系统化统筹的结果。《美国数据隐私和保护法案》在为大型企业设定更严格义务的同时,也豁免了中小企业的部分义务,包括个人数据可携带权、数据安全官、漏洞和风险评估等,以促进中小企业基于数据的创新。这一点值得借鉴。目前我国《个人信息保护法》明确了国家网信部门可针对小型个人信息处理者制定专门的个人信息保护规则和标准,将加快推进有关政策的法治化步伐。

良法问世不是自然天成的,尽管条件万千,但是发达的数字法学无疑是最为重要的资源支撑。数字法学不发达,数字法理不发达,缺乏了数字正义的伦理价值指引,只基于某一价值导向进行立法,缺乏一盘棋的体系化思维,再多的立法,也只能是一盘散沙式的法律汇编。人类实现对数字的良法善治的学理要件至少包括:其一,提供数字治理的正义思想。既需要针对社会主体的数字正义思想,比如国际、国家、社会、公民、组织等等,乃至于价值排序的合理性问题;也需要针对具体社会运行关系的正义思想,比如经济、政治、文化、社会、国际关系等等,数字关系牵一发动全身,数字法理皆有可为。其二,具体的数字治理技术规范。从我国的《网络安全法》《个人信息保护法》等规范具体社会关系的法律法规，以及其他法域的数字法律来看，人类在开发数字技术的积极功能、应对数字技术本身的危险性方面，认识上并无多大差异，所差异的往往是具体社会情境所嵌入的非技术性力量。这里的"技术"既包含数字技术本身，也包含立法技术。其三，尊重"依法司法"。对于掌握司法权力者滥用数字技术自我授权扩张的行为，实施"零容忍"，加紧对于司法者滥用数字技术的规律进行调研总结，提炼出应对反司法规律行为的理论依据，把立良法的法治目标从问题中得以完成。

数据基础制度建设的地方立法实践
——基于政策文献计量的初步研究

时建中*

摘要： 数据基础制度建设事关国家发展和安全大局。随着数字技术的运用和数字化、数据化程度的提升，地方数据立法经历了认识不断深化和升华的过程。丰富的地方立法实践，凝聚着我国数据法律制度建设的智慧，成为构建全国数据基础制度的宝贵资源。各地数据立法回应了数字中国建设对于数据法治普遍的共同制度需求，为中央的数据立法提供了必要的实践准备。同时，地方数据立法存在回避诸如数据权属等立法难点、超越地方立法权限等问题，需要在全国性数据法律制度构建中予以解决。

关键词： 数据 数据基础制度 地方立法 立法模式 文献计量

数据作为新型生产要素，是数字化、网络化、智能化的基础，已快速融入生产、分配、流通、消费和社会服务管理等各环节，深刻改变着生产方式、生活方式和社会治理方式。数据基础制度建设事关国家发展和安全大局。① 为加快构建数据基础制度，充分发挥我国海量数据规模和丰富应用场景优势，激活数据要素潜能，做强做优做大数字经济，增强经济发展新动能，构筑国家竞争新优势，2022年12月2日中共中央、国务院发布的《关于构建数据基础制度更好发挥数据要素作用

---

* 时建中，中国政法大学教授、教育部哲学社会科学实验室——中国政法大学数据法治实验室主任。本文系2022年国家重点研发计划"社会治理与智慧社会科技支撑"重点专项"知识产权司法保护与跨部门协同服务关键技术研究"（项目编号：2022YFC3303000）的阶段性研究成果。

① 参见中共中央、国务院《关于构建数据基础制度更好发挥数据要素作用的意见》，http：//www.gov.cn/zhengce/2022-12/19/content_5732695.htm，2022年12月19日访问。

的意见》（以下简称《意见》）提出，"构建适应数据特征、符合数字经济发展规律、保障国家数据安全、彰显创新引领的数据基础制度"。

在我国，数据基础制度的建设已经有了丰富的地方立法实践，凝聚着我国数据法律制度建设的智慧，成为构建全国数据基础制度的宝贵资源，值得认真研究并加以总结、提炼和吸收。

一、省级数据立法概况

客观地讲，省级数据立法经历了认识不断深化和升华的过程，数据立法经历了关注信息载体到关注生产要素的过程。由于数据具有信息载体和生产要素双重属性的特征，① 并且考虑到凡是与数据相关的立法，均会产生规范数据处理行为的作用，本文为了对省级数据立法文件作尽可能全面的梳理，以"数据""数字经济""政务信息""公共信息""政务云""政府信息资源"等关键词进行检索（截至2023年3月31日）。经专家筛选后，共计得到150份现行有效和公开征求意见（草案）的省级数据立法文件（包括省级政府部门发布的相关细则或相关办法），如表1所示。②

表1 省级数据立法文件③

序号	省级	文件名称	效力层级	发布时间
1	山西省	《山西省基础地理信息数据提供使用管理办法》	地方规范性文件	2006年10月19日
2	北京市	《北京市政务信息资源共享交换平台管理办法（试行）》	地方规范性文件	2008年6月23日

---

① 参见时建中：《数据概念的解构与数据法律制度的构建——兼论数据法学的学科内涵与体系》，《中外法学》2023年第1期。
② 深圳经济特区和厦门经济特区发布的相关文件虽不属于省级数据立法文件，但因其具有先试先行的典型分析意义，特将其纳入广东省和福建省的省级数据立法文件进行统计分析。
③ 注：省级数据立法文件收集时间截至2023年3月31日。

（续表）

序号	省级	文件名称	效力层级	发布时间
3	浙江省	《浙江省地理空间数据交换和共享管理办法》	地方政府规章	2010年5月4日
4	广西壮族自治区	《广西国土资源数据管理暂行办法》	地方规范性文件	2010年10月25日
5	湖南省	《湖南省国土资源数据管理办法》	地方规范性文件	2011年4月11日
6	江西省	《江西省国土资源数据管理暂行办法》	地方规范性文件	2011年6月23日
7	湖北省	《湖北省地理空间信息数据交换和共享管理暂行办法》	地方规范性文件	2011年9月20日
8	云南省	《云南省国土资源数据管理实施办法》	地方规范性文件	2012年3月17日
9	内蒙古自治区	《内蒙古居民健康卡数据安全管理办法（试行）》	地方规范性文件	2012年6月4日
10	广东省	《广东省国土资源数据管理暂行办法》	地方规范性文件	2013年9月30日
11	江苏省	《江苏省国土资源数据管理暂行办法》	地方规范性文件	2014年7月2日
12	湖北省	《湖北省高分辨率对地观测系统卫星遥感数据管理暂行办法》	地方规范性文件	2014年12月2日
13	宁夏回族自治区	《宁夏基础地理信息数据提供使用管理暂行办法》	地方规范性文件	2015年4月2日
14	江西省	《江西省企业信用监管警示系统数据管理和运用试行办法》	地方规范性文件	2015年11月16日
15	青海省	《青海省健康保障一体化省级综合平台跨行业数据交换与信息共享管理办法》	地方规范性文件	2015年12月11日
16	安徽省	《安徽省教育数据管理办法（暂行）》	地方规范性文件	2016年1月13日
17	贵州省	《贵州省大数据发展应用促进条例》	地方性法规	2016年1月15日
18	上海市	《上海市政务数据资源共享管理办法》	地方规范性文件	2016年2月29日

(续表)

序号	省级	文件名称	效力层级	发布时间
19	浙江省	《浙江省教育数据暂行管理办法》	地方规范性文件	2016年5月27日
20	安徽省	《安徽省云计算大数据产业发展专项资金使用管理暂行办法》	地方规范性文件	2016年6月22日
21	福建省	《福建省政务数据管理办法》	地方政府规章	2016年10月15日
22	贵州省	《贵州省政务数据资源管理暂行办法》	地方规范性文件	2016年11月1日
23	贵州省	《贵州省应急平台体系数据管理暂行办法》	地方规范性文件	2016年11月10日
24	浙江省	《浙江省国土资源数据管理办法》	地方规范性文件	2016年12月14日
25	湖南省	《湖南省地理空间数据管理办法》	地方政府规章	2017年3月3日
26	宁夏回族自治区	《宁夏回族自治区大数据产业发展促进条例（草案）》		2017年3月7日
27	贵州省	《贵州省政务信息数据采集应用暂行办法》	地方规范性文件	2017年3月31日
28	重庆市	《重庆市地理国情数据动态更新管理办法》	地方规范性文件	2017年7月21日
29	江西省	《江西省地理信息数据管理办法》	地方政府规章	2017年12月26日
30	江西省	《江西省森林资源数据更新管理办法》	地方规范性文件	2017年12月27日
31	北京市	《北京市政务信息资源管理办法（试行）》	地方规范性文件	2017年12月27日
32	河南省	《河南省政务信息资源共享管理暂行办法》	地方规范性文件	2018年1月8日
33	海南省	《海南省公共信息资源管理办法》	地方规范性文件	2018年5月25日
34	陕西省	《陕西省科学数据管理实施细则》	地方规范性文件	2018年8月14日

(续表)

序号	省级	文件名称	效力层级	发布时间
35	黑龙江省	《黑龙江省〈科学数据管理办法〉实施细则》	地方规范性文件	2018年8月17日
36	甘肃省	《甘肃省科学数据管理实施细则》	地方规范性文件	2018年8月29日
37	宁夏回族自治区	《宁夏回族自治区政务数据资源共享管理办法》	地方政府规章	2018年9月4日
38	湖北省	《湖北省政务信息资源共享管理办法》	地方规范性文件	2018年9月26日
39	云南省	《云南省科学数据管理实施细则》	地方规范性文件	2018年9月28日
40	上海市	《上海市公共数据和一网通办管理办法》	地方政府规章	2018年9月30日
41	湖南省	《湖南省遥感影像数据统筹共享管理办法》	地方规范性文件	2018年10月15日
42	湖北省	《湖北省科学数据管理实施细则》	地方规范性文件	2018年11月1日
43	安徽省	《安徽省科学数据管理实施办法》	地方规范性文件	2018年11月18日
44	内蒙古自治区	《内蒙古自治区科学数据管理办法》	地方规范性文件	2018年11月20日
45	陕西省	《陕西省民政数据资源管理暂行办法》	地方规范性文件	2018年12月4日
46	天津市	《天津市促进大数据发展应用条例》	地方性法规	2018年12月14日
47	吉林省	《吉林省科学数据管理办法》	地方规范性文件	2018年12月14日
48	广西壮族自治区	《广西科学数据管理实施办法》	地方规范性文件	2018年12月24日
49	吉林省	《吉林省公共数据和一网通办管理办法（试行）》	地方规范性文件	2019年1月4日
50	江苏省	《江苏省科学数据管理实施细则》	地方规范性文件	2019年2月19日

（续表）

序号	省级	文件名称	效力层级	发布时间
51	海南省	《海南省大数据管理局管理暂行办法》	地方政府规章	2019年5月21日
52	广西壮族自治区	《广西民用遥感卫星数据开放共享管理暂行办法》	地方规范性文件	2019年6月13日
53	海南省	《海南省公共信息资源安全使用管理办法》	地方规范性文件	2019年7月22日
54	吉林省	《吉林省数据共享交换平台（政务外网）服务接口申请、授权和使用管理暂行办法》	地方规范性文件	2019年7月30日
55	重庆市	《重庆市政务数据资源管理暂行办法》	地方政府规章	2019年7月31日
56	贵州省	《贵州省大数据安全保障条例》	地方性法规	2019年8月1日
57	北京市	《北京市大数据培训基地管理办法（试行）》	地方规范性文件	2019年8月27日
58	上海市	《上海市公共数据开放暂行办法》	地方政府规章	2019年8月29日
59	广西壮族自治区	《广西政务数据"聚通用"实施细则（试行）》	地方规范性文件	2019年9月11日
60	海南省	《海南省大数据开发应用条例》	地方性法规	2019年9月27日
61	上海市	《上海教育数据管理办法（试行）》	地方规范性文件	2019年10月11日
62	山东省	《山东省科学数据管理实施细则》	地方规范性文件	2019年10月23日
63	辽宁省	《辽宁省政务数据资源共享管理办法》	地方政府规章	2019年11月26日
64	山西省	《山西省政务数据资产管理试行办法》	地方政府规章	2019年11月28日
65	重庆市	《重庆市卫生健康行业健康医疗数据资源管理办法》	地方规范性文件	2019年12月18日
66	山东省	《山东省电子政务和政务数据管理办法》	地方政府规章	2019年12月25日

(续表)

序号	省级	文件名称	效力层级	发布时间
67	四川省	《四川省科学数据管理实施细则》	地方规范性文件	2019年12月26日
68	黑龙江省	《黑龙江省林业和草原局大数据中心林草数据使用管理办法》	地方规范性文件	2020年3月13日
69	广西壮族自治区	《广西政务数据资源调度管理办法》	地方规范性文件	2020年4月7日
70	山西省	《山西省大数据发展应用促进条例》	地方性法规	2020年5月15日
71	浙江省	《浙江省水利工程数据管理办法（试行）》	地方规范性文件	2020年5月19日
72	青海省	《青海省地理空间数据交换和共享管理办法》	地方政府规章	2020年6月12日
73	浙江省	《浙江省公共数据开放与安全管理暂行办法》	地方政府规章	2020年6月12日
74	贵州省	《贵州省大数据创新中心创新创业基地认定管理暂行办法》	地方规范性文件	2020年7月6日
75	广西壮族自治区	《广西公共数据开放管理办法》	地方规范性文件	2020年8月19日
76	山东省	《山东省健康医疗大数据管理办法》	地方政府规章	2020年8月20日
77	重庆市	《重庆市公共数据开放管理暂行办法》	地方规范性文件	2020年9月11日
78	贵州省	《贵州省政府数据共享开放条例》	地方性法规	2020年9月25日
79	吉林省	《吉林省促进大数据发展应用条例》	地方性法规	2020年11月27日
80	山西省	《山西省政务数据管理与应用办法》	地方性法规	2020年11月27日
81	浙江省	《浙江省数字经济促进条例》	地方性法规	2020年12月24日
82	安徽省	《安徽省政务数据资源管理办法》	地方政府规章	2020年12月30日

(续表)

序号	省级	文件名称	效力层级	发布时间
83	江西省	《江西省林业信用数据管理办法（暂行）》	地方规范性文件	2020年12月30日
84	上海市	《上海市科学数据管理实施细则（试行）》（草案）		2020年12月31日
85	湖北省	《湖北省政务数据资源应用与管理办法》	地方规范性文件	2021年1月25日
86	北京市	《北京市公共数据管理办法》	地方规范性文件	2021年1月28日
87	重庆市	《重庆市航空航天遥感影像数据统筹管理办法》	地方规范性文件	2021年2月2日
88	安徽省	《安徽省大数据发展条例》	地方性法规	2021年3月29日
89	宁夏回族自治区	《宁夏回族自治区科学数据管理实施细则》	地方规范性文件	2021年4月12日
90	广东省	《广东省地理空间数据管理办法（试行）》	地方规范性文件	2021年4月23日
91	黑龙江省	《黑龙江省省级政务云管理暂行办法》	地方规范性文件	2021年4月25日
92	内蒙古自治区	《内蒙古自治区教育厅机关及直属事业单位教育数据管理办法（试行）》	地方规范性文件	2021年4月27日
93	广东省	《广东省道路运输车辆智能监控数据综合应用管理办法（试行）》	地方规范性文件	2021年5月7日
94	贵州省	《贵州省大数据发展专项资金管理办法（2021修订版）》	地方规范性文件	2021年5月14日
95	广东省	《深圳经济特区数据条例》	地方性法规	2021年7月6日
96	广东省	《广东省数字经济促进条例》	地方性法规	2021年7月30日
97	北京市	《北京市教育数据资源管理办法（试行）》	地方规范性文件	2021年7月30日
98	江西省	《江西省大数据企业示范工作管理办法（试行）》	地方规范性文件	2021年8月26日

(续表)

序号	省级	文件名称	效力层级	发布时间
99	宁夏回族自治区	《宁夏回族自治区卫生健康委员会数据安全传输及灾备管理规范（试行）》	地方规范性文件	2021年8月31日
100	内蒙古自治区	《内蒙古自治区政务数据资源管理办法》	地方规范性文件	2021年9月11日
101	海南省	《海南省公共数据产品开发利用暂行管理办法》	地方规范性文件	2021年9月15日
102	山西省	《山西省政务数据资源共享管理办法》	地方规范性文件	2021年9月29日
103	山东省	《山东省大数据发展促进条例》	地方性法规	2021年9月30日
104	广东省	《广东省公共数据管理办法》	地方政府规章	2021年10月18日
105	上海市	《上海市数据条例》	地方性法规	2021年11月25日
106	吉林省	《吉林省文化和旅游厅关于建立健全政务数据共享协调机制加快推进数据有序共享的实施意见》	地方规范性文件	2021年12月2日
107	福建省	《福建省大数据发展条例》	地方性法规	2021年12月15日
108	江苏省	《江苏省公共数据管理办法》	地方政府规章	2021年12月18日
109	河南省	《河南省数字经济促进条例》	地方性法规	2021年12月28日
110	江西省	《江西省公共数据管理办法》	地方政府规章	2022年1月12日
111	浙江省	《浙江省公共数据条例》	地方性法规	2022年1月21日
112	天津市	《天津市数据交易管理暂行办法》	地方规范性文件	2022年1月25日
113	山东省	《山东省公共数据开放办法》	地方政府规章	2022年1月31日
114	重庆市	《重庆市电子政务云平台安全管理办法（试行）》	地方规范性文件	2022年2月10日

（续表）

序号	省级	文件名称	效力层级	发布时间
115	安徽省	《安徽省大数据企业培育认定实施细则（试行）》	地方规范性文件	2022年3月2日
116	海南省	《海南省科技资源库（馆）和科学数据中心管理暂行办法》	地方规范性文件	2022年3月7日
117	河南省	《河南省数据条例（草案）》（征求意见稿）		2022年3月7日
118	重庆市	《重庆体育大数据中心管理暂行办法》	地方规范性文件	2022年3月22日
119	重庆市	《重庆市数据条例》	地方性法规	2022年3月30日
120	河南省	《河南省政务数据安全管理暂行办法》	地方规范性文件	2022年4月21日
121	江西省	《江西省数据条例（征求意见稿）》		2022年4月28日
122	黑龙江省	《黑龙江省促进大数据发展应用条例》	地方性法规	2022年5月13日
123	河北省	《河北省数字经济促进条例》	地方性法规	2022年5月27日
124	辽宁省	《辽宁省大数据发展条例》	地方性法规	2022年5月31日
125	江苏省	《江苏省数字经济促进条例》	地方性法规	2022年5月31日
126	广西壮族自治区	《广西壮族自治区农村土地承包数据管理实施办法（试行）》	地方规范性文件	2022年6月24日
127	广东省	《深圳经济特区数字经济产业促进条例》	地方性法规	2022年9月5日
128	陕西省	《陕西省大数据条例》	地方性法规	2022年9月29日
129	浙江省	《浙江省公共数据授权运营管理暂行办法（征求意见稿）》		2022年10月27日
130	辽宁省	《辽宁省遥感影像数据统筹共享管理办法》	地方规范性文件	2022年11月3日

（续表）

序号	省级	文件名称	效力层级	发布时间
131	河北省	《河北省政务数据共享应用管理办法》	地方政府规章	2022年11月3日
132	上海市	《上海市水务局公共数据管理办法》	地方规范性文件	2022年11月18日
133	浙江省	《浙江省域空间治理数字化平台管理办法（试行）》	地方规范性文件	2022年11月24日
134	北京市	《北京市数字经济促进条例》	地方性法规	2022年11月25日
135	广西壮族自治区	《广西壮族自治区大数据发展条例》	地方性法规	2022年11月25日
136	江西省	《江西省数据应用条例（草案）》		2022年11月28日
137	广东省	《广东省公共数据开放暂行办法》	地方规范性文件	2022年11月30日
138	四川省	《四川省数据条例》	地方性法规	2022年12月2日
139	山东省	《山东省地理空间数据管理办法》	地方规范性文件	2022年12月6日
140	山西省	《山西省数字经济促进条例》	地方性法规	2022年12月9日
141	贵州省	《贵州省数据流通交易管理办法（试行）》	地方规范性文件	2022年12月23日
142	福建省	《厦门经济特区数据条例》	地方性法规	2022年12月27日
143	上海市	《上海市公共数据开放实施细则》	地方规范性文件	2022年12月31日
144	广东省	《广东省公共资源交易监督管理暂行办法》	地方规范性文件	2023年1月6日
145	辽宁省	《辽宁省遥感影像数据共享使用管理规定（试行）》	地方规范性文件	2023年1月11日
146	新疆维吾尔自治区	《新疆维吾尔自治区公共数据管理办法（试行）》	地方规范性文件	2023年2月17日

(续表)

序号	省级	文件名称	效力层级	发布时间
147	广东省	《深圳市数据产权登记管理暂行办法（征求意见稿）》		2023年2月17日
148	广东省	《深圳市数据交易管理暂行办法》	地方规范性文件	2023年2月21日
149	广东省	《深圳市数据商和数据流通交易第三方服务机构管理暂行办法》	地方规范性文件	2023年2月24日
150	上海市	《上海市数据交易场所管理实施暂行办法》	地方规范性文件	2023年3月15日

二、省级数据立法文件分析

（一）省级数据立法变迁分析

对150份省级数据立法文件的发布时间进行统计，如图1所示。按照文件数量，我国省级数据立法文件数量呈波动上升的趋势，尤其在2017—2019年、2020—2022年两个时间段数量显著上升，可划分为三个阶段：2006—2016年、2017—2019年、2020—2022年。通过分析，我们可以发现，我国省级数据立法进度以国家层面的政策法律为导向，具有很强的央地互动的特征。

1. 第一阶段：2006—2016年

在本阶段，针对特殊领域数据（国土资源、地理信息数据、教育数据）的立法是省级立法的重点。① 山西省、浙江省、湖北省、宁夏回族自治区发布了关于地理数据的相关立法，其中，山西省于2006年发

---

① 这些特殊领域的数据立法，其目的是规范相关数据的处理行为，彼时，数据的含义尚止于信息载体，并非直接服务数字中国建设的数据生产要素。但是，这些立法对相关数据处理行为的规范，无疑可以对现在乃至未来数字中国的建设产生良好的效果。

单位：份

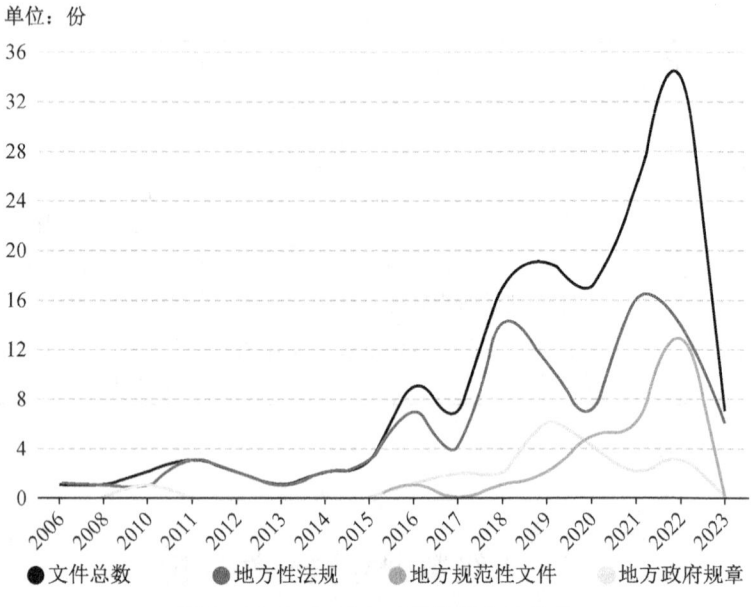

图 1　2006—2023 年省级数据立法趋势

布的《山西省基础地理信息数据提供使用管理办法》是我国第一部关于地理数据的省级立法文件。2010 年原国土资源部发布了《国土资源数据管理暂行办法》后，广西壮族自治区、湖南省、江西省、云南省、广东省、江苏省相继发布了关于国土资源数据的相关立法，其中，广西壮族自治区发布的《广西国土资源数据管理暂行办法》是我国第一部关于国土资源数据的省级立法文件。

值得注意的是，前述省份针对特殊领域数据的专门立法，其本意并不是为了发挥数据的要素价值。但是，这些特殊领域的数据多数均为公共数据，甚至为政务数据，同样可以通过借助公共数据开放等法治机制，赋能数字经济建设，颇有无心插柳柳成荫的实际效果。甚至有些省份，明确将某些特殊领域的数据规定为公共数据。例如，《四川省数据条例》第 10 条第 2 款规定，"本条例所称公共数据，是指国家机关和法律、法规授权的具有管理公共事务职能的组织（以下统称政务部门）为履行法定职责收集、产生的政务数据，以及医疗、教育、供水、供电、供气、通信、文化旅游、体育、交通运输、环境保护等公共企业事业单位（以下统称公共服务组织）在提供公共服务过程中收集、产生的涉及公共利益的公共服务数据"①，明确了特殊领域的数据属于公共数据。《重庆市数据条例》第3条第5项规定，"公共服务数据，是指医疗、教育、供水、供电、供气、通信、文旅、体育、环境保护、交通运输等公共企业事业单位（以下称公共服务组织）在提供公共服务过程中收集、制作的涉及公共利益的数据"。同时，《重庆市数据条例》第3条第2款规定，"政务数据和公共服务数据统称公共数据"②，同样明确了特殊领域的数据属于公共数据。

在本阶段，引领数据观念发生革命性变革的则是针对大数据的地方立法和针对政务数据及政府数据资源的地方立法。

2016年1月，贵州省第十二届人民代表大会常务委员会第二十次会议通过了《贵州省大数据发展应用促进条例》，这是我国首部大数据地方性法规，开启了数字经济地方立法的先河。③ 在立法内容和结构诸多方面进行了积极尝试和有效探索，这与其大数据产业的发展态势密不可分。2013年，贵州省结合自身优势，选择了发展大数据产业——冬暖夏凉的气候让数据中心运行节电10%—30%；清洁的空气有效提升服务器寿命和稳定性；水火互济的电力结构和低廉电价为大数据运行节约大量成本；地质结构稳定、多山洞的喀斯特地貌，是理想的数据灾备中心。④ 自2014年正式宣告发展大数据产业以来，贵州省率先建设了首个统筹省级政府数据汇聚共享开放的"云上贵州"系统平台；2015年举办贵阳国际大数据产业博览会，建立起贵阳大数据交易所和众筹金融交易所，探索数据货币化交易和众筹金融等；2016年，创建贵州省国家大数据综合试验区。然而，尽管发展势头迅猛，但大数据

---

① 《四川省数据条例》，https：//flk.npc.gov.cn/detail2.html?ZmY4MDgxODE4NTdiY2E1ZTAxODU5YjEwNGU3MjVhOGU%3D。

② 《重庆市数据条例》，https：//flk.npc.gov.cn/detail2.html?ZmY4MDgxODE3ZmQ5ODM0MTAxN2ZmY2M3MjIzOTE3MjU%3D。

③ 2017年的政府工作报告提出"促进数字经济加快成长"，自此，"数字经济"开始出现在中央政策文件之中。

④ 《瞭望·治国理政纪事 | 数字中国的贵州算力》，载新华网，http：//www.xinhuanet.com/politics/leaders/2021-10/23/c_1127987967.htm，2023年4月12日访问。

产业却面临法律法规不健全之困境。为推动大数据发展应用，运用大数据促进经济发展、完善社会治理、提升政府服务管理能力、服务改善民生、培育壮大战略性新兴产业，根据有关法律、法规的规定，结合本省实际，《贵州省大数据发展应用促进条例》应运而生，并为其他省市的大数据立法所借鉴。上海市于 2016 年 2 月发布了《上海市政务数据资源共享管理办法》，这是我国第一部关于"政务数据"的省级立法文件；福建省于 2016 年 10 月发布了《福建省政务数据管理办法》，这是我国第一部关于"政务数据"的省级地方政府规章。这两部地方立法文件同样具有标志意义和示范价值。

2. 第二阶段：2017—2019 年

2016 年 9 月，国务院首次印发了《政务信息资源共享管理暂行办法》①，其中对于政务信息资源共享实现了制度化和规范化，强调加快推动政务信息系统互联和公共数据共享。随后全国各省（自治区、直辖市）有关"政务信息资源"和"政务数据"的制度供给速度明显加快、立法层次明显提高。2017 年至 2019 年共有 11 个省（自治区、直辖市）相继出台了政务信息资源或政务数据相关的地方政府规章（5份）或地方规范性文件（6份），② 主要聚焦于政务数据（信息）资源的汇聚、共享、开放、应用及其相关管理活动等。

2018 年 3 月，国务院办公厅印发了《科学数据管理办法》③，在此办法的指引下全国各地陆续开展了科学数据领域的相关立法活动。陕西省发布了《陕西省科学数据管理实施细则》，这是第一份关于科学数据的省级立法文件。此后，黑龙江、甘肃、云南、湖北、安徽、内蒙古、吉林、广西、江苏、山东、四川、上海、宁夏等 13 个省（自治

---

① 参见国务院关于印发《政务信息资源共享管理暂行办法》的通知，载中国政府网，http：//www.gov.cn/gongbao/content/2016/content_5115838.htm，2023 年 4 月 9 日访问。
② 2016 年 9 月以前，全国范围内不存在现行有效的有关"政务信息资源"和"政务数据"的省级地方政府规章，河北省 2015 年 11 月 12 日发布的《河北省政务信息资源共享管理规定》应是我国第一部有关"政务信息资源"的省级政府规章，但已在 2023 年 1 月 20 日被废止（根据河北省人民政府令〔2023〕第 1 号文件）。
③ 参见国务院办公厅《科学数据管理办法》，载中国政府网，http：//www.gov.cn/xinwen/2018-04/02/content_5279295.htm，2023 年 4 月 12 日访问。

区、直辖市）相继发布了《科学数据管理办法》或《科学数据管理实施细则》。海南省科学技术厅发布了一份有关建设科技资源共享服务平台的规范性文件《海南省科技资源库（馆）和科学数据中心管理暂行办法》。

3. 第三阶段：2020—2022年

2020年3月30日，中共中央、国务院发布《关于构建更加完善的要素市场化配置体制机制的意见》，其中首次将数据作为生产要素，强调要"加快培育数据要素市场"[①]，随后中共中央、国务院层面涉及"数据要素""数据要素市场"的政策性文件相继出台（如表2所示）。

从省级数据立法的趋势上看，全国各省积极地响应了中共中央、国务院的政策精神，开展地方数据立法工作，以期在数据战略竞争中获得先发优势。首先，从立法数量上看，2020年起，省级数据立法数量快速上升，2020—2022年立法数量总计76份，2022年全年省级数据立法文件数量更是达到了34份。其次，从立法效力层级上看，2015年以前未检索到数据相关的地方性法规，2016—2019年仅出台了4份省级地方性法规。但自2020年起，数据相关的地方性法规数量明显上升，2020—2022三年内共计25份，约占检索到的地方性法规文件总量的86.2%，2022年全年出台了13份省级地方性法规。最后，从立法内容上看，各省的数据立法主要表现为制定"数据条例""大数据条例""大数据发展/应用条例""数字经济促进条例"等。

此外，值得注意的是，2020年伊始我国部分地区开始着力探索关于公共数据的立法新模式。由于公共数据既涉及政府数据及相关的数字政府、智慧城市等应用领域，也涉及大数据开发领域的数据流通交易，关于公共数据的地方立法已经从单向数据立法慢慢向综合数据立法过渡。例如2021年后陆续出台的《北京市公共数据管理办法》《广

---

① 中共中央、国务院《关于构建更加完善的要素市场化配置体制机制的意见》，载中国政府网，http://www.gov.cn/zhengce/2020-04/10/content_5500740.htm，2023年4月9日访问。

东省公共数据管理办法》《江苏省公共数据管理办法》《江西省公共数据管理办法》《浙江省公共数据条例》《新疆维吾尔自治区公共数据管理办法（试行）》等立法文件，打破了地方立法专注于特定数据领域与具体应用环节的现状，转而致力于构建规范公共数据共享、推动公共数据开放、保障公共数据安全的综合性立法框架。

表2 中央层面关于数据要素的政策性文件

序号	文件名称	文件内容	发布时间
1	中共中央、国务院《关于构建更加完善的要素市场化配置体制机制的意见》	六、加快培育数据要素市场 ……提升社会数据资源价值。培育数字经济新产业、新业态和新模式，支持构建农业、工业、交通、教育、安防、城市管理、公共资源交易等领域规范化数据开发利用的场景。	2020年3月30日
2	中共中央、国务院《关于新时代加快完善社会主义市场经济体制的意见》	四、构建更加完善的要素市场化配置体制机制，进一步激发全社会创造力和市场活力 ……加快培育发展数据要素市场，建立数据资源清单管理机制，完善数据权属界定、开放共享、交易流通等标准和措施，发挥社会数据资源价值。推进数字政府建设，加强数据有序共享，依法保护个人信息。	2020年5月11日
3	中共中央办公厅、国务院办公厅印发《建设高标准市场体系行动方案的通知》	七、发展知识、技术和数据要素市场 ……加快培育发展数据要素市场。制定出台新一批数据共享责任清单，加强地区间、部门间数据共享交换。研究制定加快培育数据要素市场的意见，建立数据资源产权、交易流通、跨境传输和安全等基础制度和标准规范，推动数据资源开发利用。	2021年1月31日
4	中共中央、国务院《关于加快建设全国统一大市场的意见》	十三、加快培育统一的技术和数据市场 ……加快培育数据要素市场，建立健全数据安全、权利保护、跨境传输管理、交易流通、开放共享、安全认证等基础制度和标准规范，深入开展数据资源调查，推动数据资源开发利用。	2022年3月25日

(续表)

序号	文件名称	文件内容	发布时间
5	中共中央、国务院《关于构建数据基础制度更好发挥数据要素作用的意见》	四、建立体现效率、促进公平的数据要素收益分配制度 顺应数字产业化、产业数字化发展趋势，充分发挥市场在资源配置中的决定性作用，更好发挥政府作用。完善数据要素市场化配置机制，扩大数据要素市场化配置范围和按价值贡献参与分配渠道。	2022年12月2日

（二）省级数据立法分布及效力分析

1. 省级数据立法地域分布

《中国数字经济发展白皮书（2022年）》（以下简称"白皮书"）[①]中显示，我国数字经济规模达到了45.5万亿，占GDP比重达到39.8%。全国各省数字经济发展在取得进步的同时，也存在一定差异。通过分析各省数据立法情况，基于省级数据立法地域分布，可以窥见各省数据立法程度与数字经济发展水平呈正相关，数据立法活动与数字经济活动可能存在互相影响、彼此促进的重要关系。

中国现行的34个省级行政区中，除港、澳、台与大陆地区不属于同一法域外，仅有西藏自治区尚未颁布省级数据相关文件，共计30个省级行政区从地方性法规、地方政府规章、地方规范性文件等不同层级进行了数据相关立法，如图2所示。比较来看，广东省数据立法文件数量居全国首位，共计出台了12份省级文件。同时白皮书中显示，广东省数字经济规模也居全国首位。浙江省、上海市的数字经济规模紧随其后。反观浙江省、上海市的数据立法进程，也较为超前并且在全国范围内进行了一定程度的开创性探索，例如《上海市数据条例》是国内首部由省级人大制定的数据条例。

---

① 《中国数字经济发展白皮书（2022年）》，中国信息通信研究院2022年7月发布。

单位：份

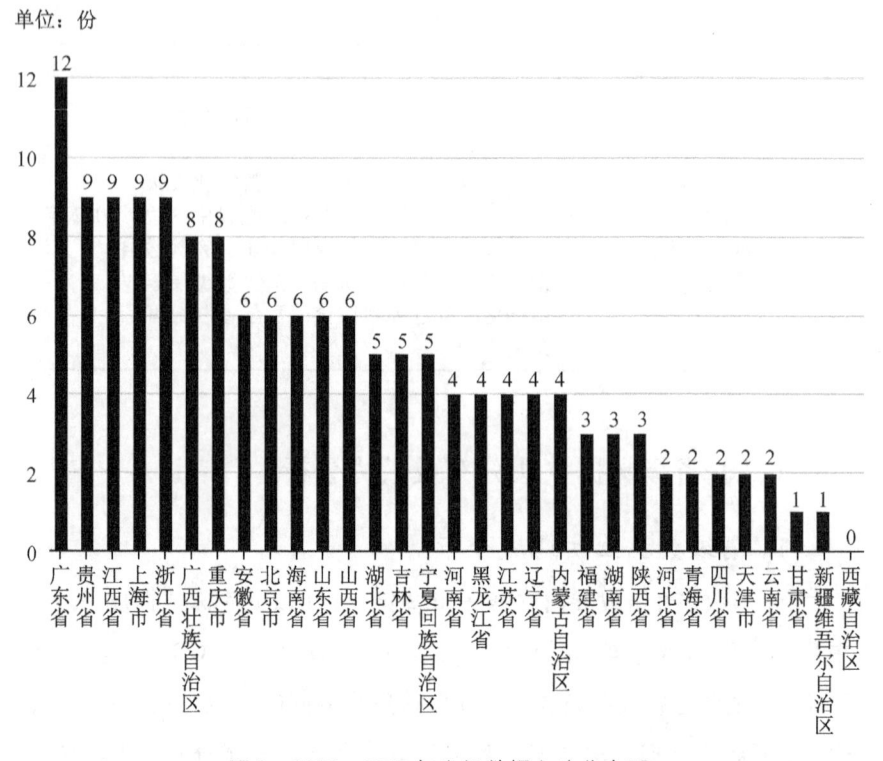

图2 2006—2023年省级数据立法分布图

各省数据立法数量（自左至右）：广东省12，贵州省9，江西省9，上海市9，浙江省9，广西壮族自治区8，重庆市8，安徽省6，北京市6，海南省6，山东省6，山西省6，湖北省5，吉林省5，宁夏回族自治区5，河南省4，黑龙江省4，江苏省4，辽宁省4，内蒙古自治区4，福建省3，湖南省3，陕西省3，河北省2，青海省2，四川省2，天津市2，云南省2，甘肃省1，新疆维吾尔自治区1，西藏自治区0。

2. 省级数据立法效力层级现状

在检索到的省级数据立法文件中，全国范围内共计发布了29份地方性法规、21份地方政府规章和93份地方规范性文件。①

如图3所示，就地方数据立法的效力层级而言，山西、辽宁、上海、江苏、浙江、安徽、山东、广东、海南、重庆等10个省（直辖市）的地方数据立法呈现立体分布，从地方性法规到地方政府规章再到地方规范性文件，逐层细化。相比之下，内蒙古、湖北、云南、甘肃、新疆等5个省（自治区）的地方数据立法只以地方规范性文件的形式公布，效力层级较低。其余省（自治区、直辖市）的地方数据立法采取"地方性法规+地方政府规章"和"地方性法规或地方政府规章

---

① 有7份文件以公开征求意见的形式发布，处于尚未生效的状态。

+地方规范性文件"的形式公布。①

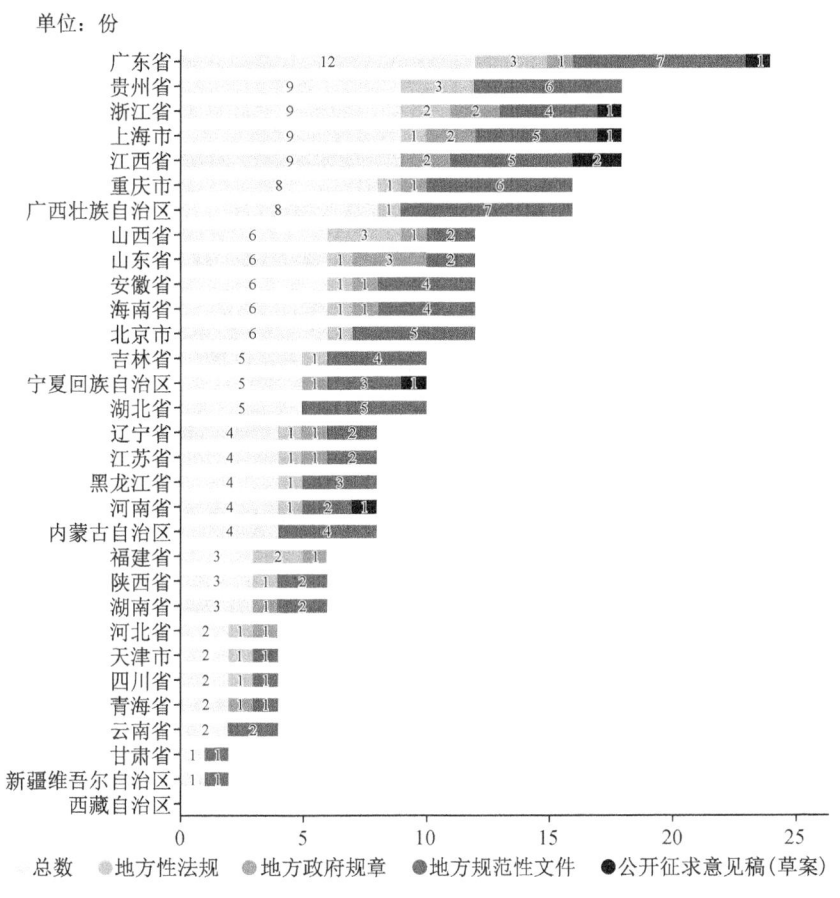

图3 2006—2023年省级数据立法文件效力层级图

（三）省级数据立法模式分析

我国省级数据领域立法模式主要分为综合立法模式和专门立法模式。从地方层面看，各省级行政区结合各自地区的实际发展情况进行

---

① 河北、福建的地方数据立法采取"地方性法规+地方政府规章"的形式公布；北京、天津、黑龙江、吉林、河南、广西、四川、贵州、陕西的地方数据立法采取"地方性法规+地方规范性文件"的形式公布；湖南、青海、宁夏、江西的地方数据立法采取"地方政府规章+地方规范性文件"的形式公布。

了相应的数据立法，包括数据立法、大数据立法、数字经济立法、公共数据立法、政务数据立法、政府数据立法以及科学数据、教育数据等特殊领域立法。

数据立法、大数据立法、数字经济立法属于综合性立法，综合性立法主要以数据、大数据或数字经济为规范对象，不局限于某一特定领域的数据或数据相关行为。目前省级数据综合性立法主要是地方性法规，共计 25 份。① 公共数据立法、政务数据立法、政府数据立法以及科学数据、教育数据等特殊领域立法均属于专门立法，专门立法是指针对特定数据类型或数据相关行为的立法模式，主要是地方规范性文件。

1. 综合性立法模式分析

第一，数据立法共 7 份（含征求意见稿与草案）②，如表 3 所示，以数据本身为规范对象，内容主要包括规范数据处理、保障数据安全、加快数据要素市场化三个方面。

表 3 综合性立法模式（数据条例）

序号	文件名称	效力层级	发布时间
1	《深圳经济特区数据条例》	地方性法规	2021 年 7 月 6 日
2	《上海市数据条例》	地方性法规	2021 年 11 月 25 日
3	《河南省数据条例（草案）》（征求意见稿）		2022 年 3 月 7 日
4	《重庆市数据条例》	地方性法规	2022 年 3 月 30 日
5	《江西省数据条例（征求意见稿）》		2022 年 4 月 28 日
6	《四川省数据条例》	地方性法规	2022 年 12 月 2 日
7	《厦门经济特区数据条例》	地方性法规	2022 年 12 月 27 日

第二，大数据立法共 13 份（含草案），如表 4 所示，主要呈现为

---

① 《河南省数据条例（草案）》（征求意见稿）、《江西省数据条例（征求意见稿）》、《宁夏回族自治区大数据产业发展促进条例（草案）》3 份地方立法文件属综合性立法，但尚未生效，因此不纳入效力层级的数量统计。

② 进行数据立法的地方有：广东、上海、河南（草案）、重庆、江西（征求意见稿）、四川、福建。

"大数据条例""大数据开发应用条例""大数据发展（促进）条例"和"大数据发展应用（促进）条例"四类。① "大数据发展（促进）条例"和"大数据发展应用（促进）条例"的共同内容包括数据资源的开发应用、促进措施与安全保障措施。"大数据发展（促进）条例"还单独就大数据基础设施建设作了专门规定。虽然《陕西省大数据条例》《海南省大数据开发应用条例》的命名与其他类别不同，但是在内容上更接近"大数据发展（促进）条例"。

表4 综合性立法模式（大数据发展应用条例）

序号	文件名称	效力层级	发布时间
1	《贵州省大数据发展应用促进条例》	地方性法规	2016年1月15日
2	《宁夏回族自治区大数据产业发展促进条例（草案）》		2017年3月7日
3	《天津市促进大数据发展应用条例》	地方性法规	2018年12月14日
4	《海南省大数据开发应用条例》	地方性法规	2019年9月27日
5	《山西省大数据发展应用促进条例》	地方性法规	2020年5月15日
6	《吉林省促进大数据发展应用条例》	地方性法规	2020年11月27日
7	《安徽省大数据发展条例》	地方性法规	2021年3月29日
8	《山东省大数据发展促进条例》	地方性法规	2021年9月30日
9	《福建省大数据发展条例》	地方性法规	2021年12月15日
10	《黑龙江省促进大数据发展应用条例》	地方性法规	2022年5月13日
11	《辽宁省大数据发展条例》	地方性法规	2022年5月31日
12	《陕西省大数据条例》	地方性法规	2022年9月29日
13	《广西壮族自治区大数据发展条例》	地方性法规	2022年11月25日

第三，数字经济立法共8份，如表5所示，但各省立法的侧重点有所不同。部分文件重视培育数据要素市场（北京市、江苏省），部分文件重视数字技术的赋能作用，例如：（1）推动数字经济与实体经济深

---

① 进行大数据立法的地方有：天津、山西、辽宁、吉林、黑龙江、安徽、福建、山东、广西、海南、贵州、陕西、宁夏（草案）。

度融合(山西省、江苏省、广东省);(2)加快数字产业化和产业数字化(北京市、广东省)。此外,《深圳经济特区数字经济产业促进条例》则重点关注优化数字经济产业的营商环境。

表5 综合性立法模式(数字经济条例)

序号	文件名称	效力层级	发布时间
1	《浙江省数字经济促进条例》	地方性法规	2020年12月24日
2	《广东省数字经济促进条例》	地方性法规	2021年7月30日
3	《河南省数字经济促进条例》	地方性法规	2021年12月28日
4	《河北省数字经济促进条例》	地方性法规	2022年5月27日
5	《江苏省数字经济促进条例》	地方性法规	2022年5月31日
6	《深圳经济特区数字经济产业促进条例》	地方性法规	2022年9月5日
7	《北京市数字经济促进条例》	地方性法规	2022年11月25日
8	《山西省数字经济促进条例》	地方性法规	2022年12月9日

2. 专门立法模式分析

第一,为贯彻落实中央层面的政策文件,多数省(自治区、直辖市)以公共数据、政务数据或政府数据为规范对象进行了立法,如表6所示,这些立法文件聚焦于规范数据的应用管理,着重促进数据的共享与开放。值得注意的是,多数省(自治区、直辖市)以地方政府规章或地方规范性文件的形式进行专门立法,而山西、贵州、浙江则采用地方性法规的形式进行立法。究其原因,地方性法规的内容侧重先行性,而地方政府规章的内容立足执行性。在法律和行政法规没有明确规定的情况下,《山西省政务数据管理与应用办法》《浙江省公共数据条例》《贵州省政府数据共享开放条例》均围绕政务数据、公共数据进行了权利与义务的分配。同时,个别地方还进行了更加具体化、针对性的立法。例如,《海南省公共数据产品开发利用暂行管理办法》聚焦公共数据产品的开发、利用和交易;《浙江省公共数据授权运营管理暂行办法(征求意见稿)》聚焦规范公共数据授权运营行为。

表6 专门立法模式（公共数据/政务数据/政府数据领域立法）

序号	类型	文件名称	效力层级	发布时间
1	公共数据立法	《海南省公共信息资源管理办法》	地方规范性文件	2018年5月25日
2		《上海市公共数据和一网通办管理办法》	地方政府规章	2018年9月30日
3		《吉林省公共数据和一网通办管理办法（试行）》	地方规范性文件	2019年1月4日
4		《海南省公共信息资源安全使用管理办法》	地方规范性文件	2019年7月22日
5		《上海市公共数据开放暂行办法》	地方政府规章	2019年8月29日
6		《浙江省公共数据开放与安全管理暂行办法》	地方政府规章	2020年6月12日
7		《广西公共数据开放管理办法》	地方规范性文件	2020年8月19日
8		《重庆市公共数据开放管理暂行办法》	地方规范性文件	2020年9月11日
9		《北京市公共数据管理办法》	地方规范性文件	2021年1月28日
10		《海南省公共数据产品开发利用暂行管理办法》	地方规范性文件	2021年9月15日
11		《广东省公共数据管理办法》	地方政府规章	2021年10月18日
12		《江苏省公共数据管理办法》	地方政府规章	2021年12月18日
13		《江西省公共数据管理办法》	地方政府规章	2022年1月12日
14		《浙江省公共数据条例》	地方性法规	2022年1月21日
15		《山东省公共数据开放办法》	地方政府规章	2022年1月31日
16		《浙江省公共数据授权运营管理暂行办法（征求意见稿）》		2022年10月27日
17		《上海市水务局公共数据管理办法》	地方规范性文件	2022年11月18日
18		《广东省公共数据开放暂行办法》	地方规范性文件	2022年11月30日
19		《上海市公共数据开放实施细则》	地方规范性文件	2022年12月31日
20		《广东省公共资源交易监督管理暂行办法》	地方规范性文件	2023年1月6日
21		《新疆维吾尔自治区公共数据管理办法（试行）》	地方规范性文件	2023年2月17日

(续表)

序号	类型	文件名称	效力层级	发布时间
22	政务数据立法	《北京市政务信息资源共享交换平台管理办法（试行）》	地方规范性文件	2008年6月23日
23		《上海市政务数据资源共享管理办法》	地方规范性文件	2016年2月29日
24		《福建省政务数据管理办法》	地方政府规章	2016年10月15日
25		《贵州省政务数据资源管理暂行办法》	地方规范性文件	2016年11月1日
26		《贵州省政务信息数据采集应用暂行办法》	地方规范性文件	2017年3月31日
27		《北京市政务信息资源管理办法（试行）》	地方规范性文件	2017年12月27日
28		《河南省政务信息资源共享管理暂行办法》	地方规范性文件	2018年1月8日
29		《宁夏回族自治区政务数据资源共享管理办法》	地方政府规章	2018年9月4日
30		《湖北省政务信息资源共享管理办法》	地方规范性文件	2018年9月26日
31		《吉林省数据共享交换平台（政务外网）服务接口申请、授权和使用管理暂行办法》	地方规范性文件	2019年7月30日
32		《重庆市政务数据资源管理暂行办法》	地方政府规章	2019年7月31日
33		《广西政务数据"聚通用"实施细则（试行）》	地方规范性文件	2019年9月11日
34		《辽宁省政务数据资源共享管理办法》	地方政府规章	2019年11月26日
35		《山西省政务数据资产管理试行办法》	地方政府规章	2019年11月28日
36		《山东省电子政务和政务数据管理办法》	地方政府规章	2019年12月25日
37		《广西政务数据资源调度管理办法》	地方规范性文件	2020年4月7日
38		《山西省政务数据管理与应用办法》	地方性法规	2020年11月27日
39		《安徽省政务数据资源管理办法》	地方政府规章	2020年12月30日
40		《湖北省政务数据资源应用与管理办法》	地方规范性文件	2021年1月25日

(续表)

序号	类型	文件名称	效力层级	发布时间
41		《黑龙江省省级政务云管理暂行办法》	地方规范性文件	2021年4月25日
42		《内蒙古自治区政务数据资源管理办法》	地方规范性文件	2021年9月11日
43		《山西省政务数据资源共享管理办法》	地方规范性文件	2021年9月29日
44		《吉林省文化和旅游厅关于建立健全政务数据共享协调机制加快推进数据有序共享的实施意见》	地方规范性文件	2021年12月2日
45		《重庆市电子政务云平台安全管理办法（试行）》	地方规范性文件	2022年2月10日
46		《河南省政务数据安全管理暂行办法》	地方规范性文件	2022年4月21日
47		《河北省政务数据共享应用管理办法》	地方政府规章	2022年11月3日
48	政府数据立法	《贵州省政府数据共享开放条例》	地方性法规	2020年9月25日

第二，不同地方对特殊领域相关数据的立法各有侧重。如表7所示，陕西、黑龙江、甘肃、云南、湖北、安徽、内蒙古、吉林、江苏、广西、山东、四川、上海、宁夏、海南共15个省（自治区、直辖市）就"科学数据"进行了专门立法；浙江、湖南、湖北、山西、山东、江西、重庆、广东、宁夏、青海10个省（自治区、直辖市）就"地理数据"进行了专门立法；北京、上海、安徽、浙江、内蒙古5个省（自治区、直辖市）就"教育数据"进行了专门立法；重庆、山东、宁夏、青海、内蒙古5个省（自治区、直辖市）就"健康数据"进行了专门立法；江苏、浙江、广东、广西、湖南、江西、云南7个省（自治区）就"国土资源数据"进行了专门立法；重庆、湖北、湖南、广西、辽宁5个省（自治区、直辖市）就"遥感数据"进行了专门立法。

表 7　专门立法模式（特殊领域立法）

序号	特殊领域数据	省级行政区
1	科学数据	陕西、黑龙江、甘肃、云南、湖北、安徽、内蒙古、吉林、江苏、广西、山东、四川、上海、宁夏、海南
2	地理数据	浙江、湖南、湖北、山西、山东、江西、重庆、广东、宁夏、青海
3	教育数据	北京、上海、安徽、浙江、内蒙古
4	健康数据	重庆、山东、宁夏、青海、内蒙古
5	国土资源数据	江苏、浙江、广东、广西、湖南、江西、云南
6	遥感数据	重庆、湖北、湖南、广西、辽宁

以特殊领域相关数据为规范对象的省级数据立法在内容上也各有侧重。健康数据相关立法既有针对健康数据本身的规定，也有针对数据相关平台或系统的规定；科学数据相关立法在内容上基本以国务院办公厅发布的《科学数据管理办法》为参照进行细化落实。

基于上述分析，省级数据立法文件名称中以"政务数据（信息）"出现频次最高，为 23 次。"大数据"和"公共数据（信息资源）"出现频次紧随其后，均为 21 次。在特殊领域数据立法方面，由于国务院办公厅于 2016 年印发了《科学数据管理办法》，省级行政区积极开展关于科学数据的相关立法，"科学数据"出现频次为 15 次。

图 4　2006—2023 年及三个时间段省级数据立法文件名称关键词云图

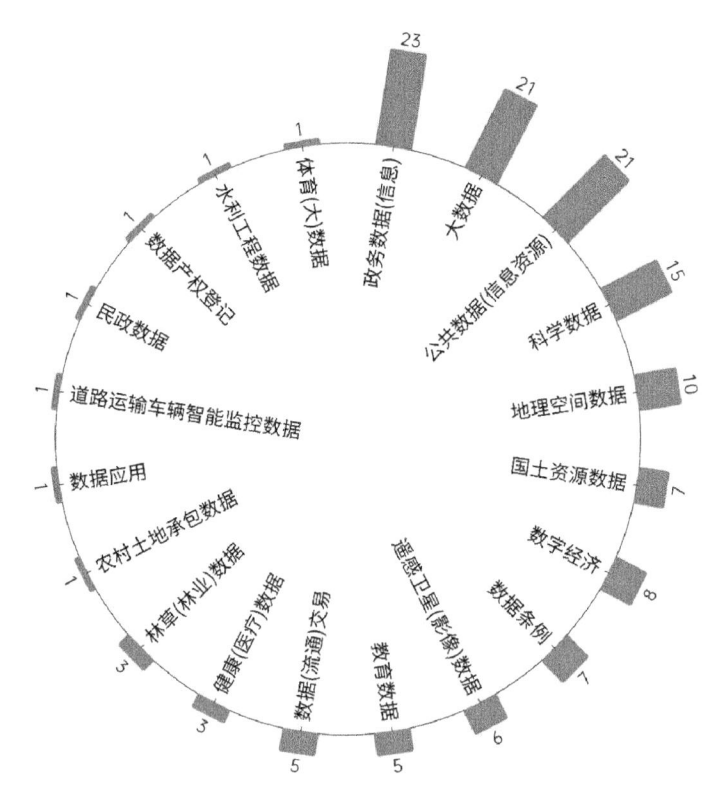

图 5　2006—2023 年省级数据立法文件名称关键词频次图

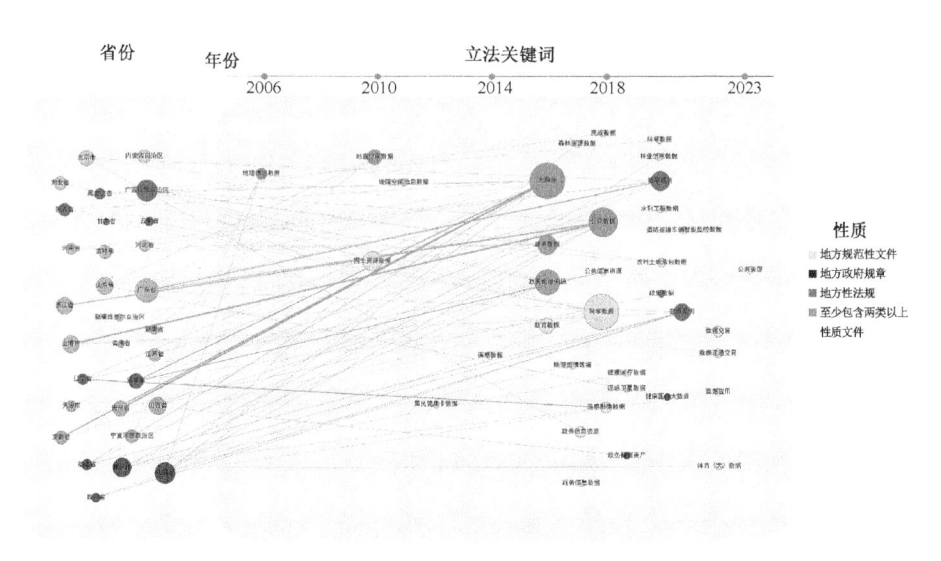

图 6　2006—2023 年省级数据立法文件名称关键词共现图

（四）省级数据立法类别分析

依据文件的规范内容与规范对象对省级数据立法文件进行归类与整理（见图7），可以将数据立法区分为一般数据立法和特殊领域数据立法两大类。在一般数据立法中，总计91份文件，主要包括以"数据"本身为规范对象的"数据"立法、数字经济立法、大数据立法、公共数据立法、政务数据立法、政府数据立法和民政数据立法；在特殊领域数据立法中，总计55份文件，主要包括科学数据（15份）、教育数据（5份）、地理空间数据（10份）、卫星遥感/影像数据（6份）、国土资源数据（7份）、医疗/健康数据（5份）、水利工程数据（1份）、土地承包数据（1份）、林草/林业数据（3份）、体育数据（1份）、

省级数据立法
- "数据"立法
  - 数据条例
  - 数据应用条例
  - 数据(流通)交易管理办法
- 数字经济立法
  - 数字经济促进条例
- 大数据立法
  - 大数据(发展应用)条例
  - 大数据安全保障条例
- 公共数据立法
  - 公共数据条例
  - 公共数据(信息)管理办法
  - 公共数据开放管理办法
  - 公共数据利用(交易)办法
  - 公共信息安全管理办法
- 政务数据立法
  - 政务数据(资源)管理办法
  - 政务数据(信息资源)共享管理办法
  - 政务数据(信息)采集办法
  - 政务数据安全相关办法
  - 政务数据平台(服务系统)管理办法
- 政府数据立法
  - 政府数据共享开放条例
- 民政数据立法
  - 民政数据资源管理办法
- 特殊领域数据立法
  - 地理空间数据管理办法
  - 国土资源数据管理办法
  - 遥感卫星(影像)数据管理办法
  - 医疗(健康)数据管理办法
  - 教育数据管理办法
  - 科学数据管理办法
  - 道路运输车辆智能监控数据管理办法
  - 林草(林业)数据管理办法
  - 农村土地承包数据管理办法
  - 水利工程数据管理办法
  - 体育大数据中心管理办法

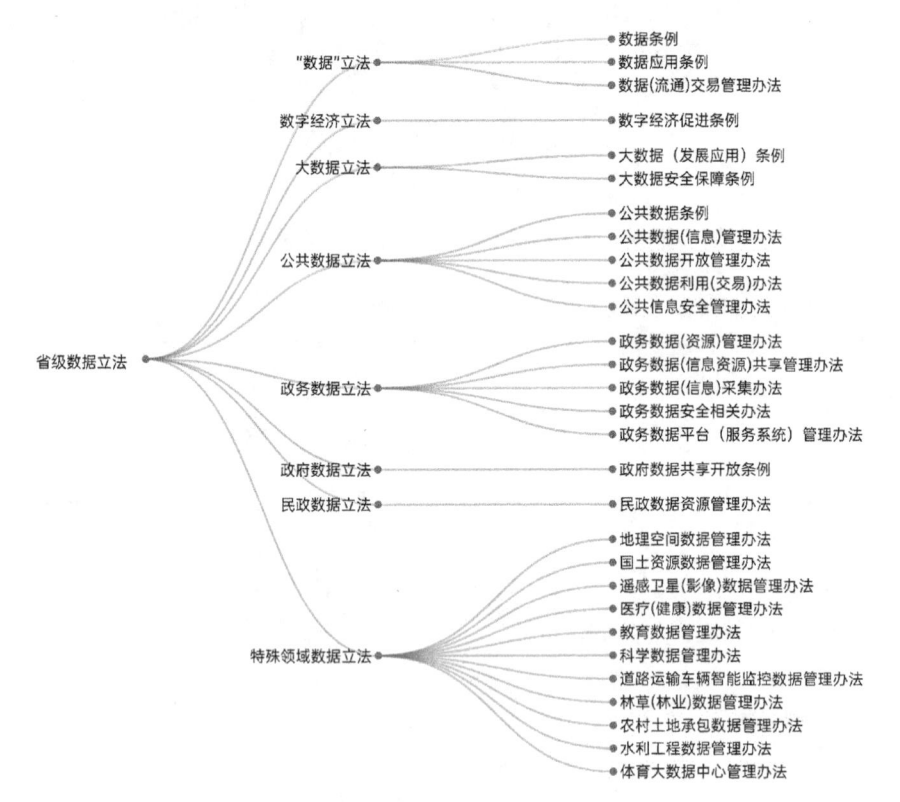

图7　2006—2023年省级数据立法类别图

道路运输车辆智能监控数据（1份）等11个特殊领域的数据立法。①

值得说明的是，在以"数据"本身为规范对象的立法中可以根据规范的具体内容进一步细化，分为数据条例（7份）、数据应用条例（1份）、数据（流通）交易管理办法（5份）；在大数据立法中，主要可以区分为大数据发展应用条例（13份）、大数据安全保障条例（1份）以及涉及大数据发展专项资金、大数据企业培育等事项的其他文件（7份）；在公共数据立法和政务数据立法中，依据数据开放、数据共享、数据开发利用、数据安全保障等方面的综合规定和单独规定进行区分，主要分为管理办法（综合规定）、开放管理办法、共享管理办法、利用管理办法、安全保障管理办法等。另外，还存在政府数据立法和民政数据立法各一份文件。

三、结合《意见》，对地方数据立法实践研究的若干结论

（一）数字经济高质量发展亟需全国性立法

地方数据立法经历了认识不断深化和升华的过程，呈现出以下特点：第一，在规范对象上，经历了关注信息载体到关注生产要素的过程；第二，在立法内容上，经历了从管理数据到释放数据资源的进步；第三，在立法模式上，经历了从单项立法向综合立法的跨越。地方数据实践和数据立法的过程，是深化认识数据特征的过程，是深化认识数字经济规律的过程，是深化认识数据法律制度科学性的过程。地方数据立法由点到面，彰显了地方的法治自觉。认识到数据的要素价值之后，地方数据立法以释放数据价值为着力点，聚焦政府数据、政务数据和公共数据等重点问题，在一定程度上破解了数据制度的难点。

---

① 有4份省级数据立法文件无法划入以上的类别，分别是《江西省企业信用监管警示系统数据管理和运用试行办法》《贵州省应急平台体系数据管理暂行办法》《浙江省域空间治理数字化平台管理办法（试行）》《深圳市数据产权登记管理暂行办法（征求意见稿）》。

地方数据立法相互借鉴，一方面，各地数据立法的内容和结构呈现出大同小异的特点；另一方面，也反映了数字中国建设对于数据法治普遍的共同的制度需求，为中央的数据立法提供了实践准备。受制于地方立法权限，绝大多数地方数据立法回避了诸如数据权属等立法难点。

为了发挥数据和数字技术的牵引作用和赋能作用，提高数据开发利用的规范化程度，各地积极加强地方立法，呈现出地方包围中央的态势，值得我们高度重视。第一，地方对数据立法的普遍需求，说明了全国性立法的必要性，但是，地方立法的效力地域性与数据经济的开放性有着不可克服的固有冲突；第二，不同地方的差异化制度安排，影响了本应全国性统一的数字经济建设与发展，甚至影响了新发展格局的构建；第三，数字经济是以网络作为载体的，无疑应该是统一开放、竞争有序的，但是，在全国性制度安排缺失的背景下，数字经济有可能变得封闭、分割和竞争失序；第四，地方立法回避的数据权利应该属于民事基本制度，根据《立法法》第11条相关规定，应由法律予以规定。综上，应该及时总结具有探索意义和价值的地方立法的得与失，科学地进行归纳、概括和提炼，并将之转化为全国性法律规范。①

（二）数据开发利用的法律制度亟待健全和完善

数据基础制度建设事关国家发展和安全大局。② 安全是发展的前提，发展是安全的保障。习近平总书记指出，要完善国家安全制度体系，重点加强数字经济安全风险预警、防控机制和能力建设，实现核心技术、重要产业、关键设施、战略资源、重大科技、头部企业等安全可控。我国高度重视网络及数据安全的制度建设，与数据利用有机衔接的数据安全法治体系——以《国家安全法》为龙头，以《网络安

---

① 参见时建中：《数字经济高质量发展亟需国家立法》，《经济日报》2021年9月30日。
② 参见中共中央、国务院《关于构建更加完善的要素市场化配置体制机制的意见》，载中国政府网，http://www.gov.cn/zhengce/2020-04/10/content_5500740.htm，2023年4月9日访问。

全法》《数据安全法》和《个人信息保护法》为骨干和主体的数据安全制度体系已经建成。这几部法律有一个共同的特点，这就是均在第1条即立法目标中贯彻着发展与安全并重的指导思想。例如，《数据安全法》第1条规定了"保障数据安全，促进数据开发利用"，《个人信息保护法》第1条规定了"保护个人信息权益，规范个人信息处理活动，促进个人信息合理利用"，科学地解决了数据安全与数据开发利用的关系、保护个人信息权益与促进个人信息合理利用的关系，充分体现了发展与安全并重的指导思想。因此，与数据利用衔接的数据安全法治体系已经成型，数据开发利用的全国性法律制度亟待健全和完善。

无论是指导思想还是主要内容，中共中央、国务院《关于构建数据基础制度更好发挥数据要素作用的意见》均适应了数据的特征，符合数据经济发展规律，集我国数据各相关政策之大成，为数据法律制度的建立奠定了重要的政策基础，可以视之为我国数据基本政策。《意见》有关数据基础制度的设计理念和框架，有利于更好发挥数据要素作用，为充分发挥我国海量数据规模和丰富应用场景优势，激活数据要素潜能，做强做优做大数字经济，增强经济发展新动能，构筑国家竞争新优势，可以提供科学的政策指引。在将《意见》转化为数据法律制度的过程中，对于《意见》提出的若干政策措施，涉及数据法治和数据法学的若干基本理论问题，有必要进行深入研究，以充分实现《意见》的价值和目标。

（三）三权分置的数据产权运行机制需要进一步解析

《意见》提出，"建立数据资源持有权、数据加工使用权、数据产品经营权等分置的产权运行机制"，然而，这"三权"之间的关系为何？各自有哪些具体的权能？例如，除非受制于法律和合同的限制性规定或者约定，数据资源持有权的权利主体，当然享有数据加工使用权和数据产品经营权。否则，数据资源既不能实现其使用价值又不能实现其交换价值，一方面导致数据资源持有权如同一纸空文，另一方面导致数据资源被迫与世隔绝。数据确权本身不是目的，而是为了促进数据的开发利用。因此，我们既要建立数据确权机制，又要健全数据权利之间的互动机制。同时，我们注意到《意见》设计的持有权、加工使用权、经营权分别对应着数据资源、数据、数据产品，意味着《意见》关注的数据资源、数据、数据产品有着质的差异。但是，未来的制度建设不能无视三者之间的高度关联，更不能将持有权、加工使用权、经营权仅仅限于分别对应数据资源、数据、数据产品。否则，数据资源、数据和数据产品就孤立地困在了持有权、加工使用权、经营权的制度笼子里，老死不相往来，卡住了数字中国建设的脖子。

（四）公共数据授权运营应当坚守公共数据的公共属性

公共数据立法是地方数据立法的重点，对于公共数据内涵和外延的界定、授权运营机制的构建，一定程度上破解了公共数据制度的难点。但是，无论是针对公共数据的专门立法或者综合立法中有关公共数据的制度安排，地方立法自身的局限性以及对本地公共数据授权运营利益的过多关注，成为地方公共数据面向全国开放、普遍赋能全国数字经济建设的桎梏。《意见》提出，"推进实施公共数据确权授权机制。对各级党政机关、企事业单位依法履职或提供公共服务过程中产生的公共数据，加强汇聚共享和开放开发，强化统筹授权使用和管理，推进互联互通，打破'数据孤岛'……推动用于公共治理、公益事业的公共数据有条件无偿使用，探索用于产业发展、行业发展的公共数据有条件有偿使用"。《意见》为公共数据授权运营提出了原则性举措，转化为具体的制度安排，尚有许多值得关注的理论问题。例如，公共数据授权运营机构可以被授予哪些权利？如何防止公共数据授权运营机构滥用权利？为了有效遏制公共数据授权运营过程中不合理的做法，必须坚持公共数据是数字化时代公共产品的属性，坚持公共数据"取之于民，用之于民"的基本原则，构建科学合理的公共数据控制者、处理者和运营者的义务规则体系。公共数据控制者、处理者和运营者有义务持续地、高质量地向公众和小微企业提供基于公共数据的免费基本数据服务；不提供免费基本数据服务者，不得提供基于公共数据的收费增值数据服务。公共数据的授权运营机制，应当坚持技术上便利小微企业，价格上让利小微企业。基于数据具有非竞争性、可复制性和非排他性的特征，公共数据的处理和运营，应当引入竞争机制，杜绝公共数据独家授权运营，谨防公共数据授权运营机制被运营机构"绑架"或者"钓鱼"的风险。对于公共数据授权运营中可能发生的行政性垄断和腐败问题，要依法予以预防和制止；对于地方有关公共数据授权运营机制的制度安排，要强化公平竞争审查和反垄断执法，防止公共数据授权运营演变为数据资源地方保护、垄断经营、索取不公平高价。

（五）促进企业数据流动应以保障企业数据权利为前提

考察地方数据立法，鲜有关于企业数据的相关规定，这也可以视为地方数据立法的一个特点。一个可能的原因是，企业的数据权利多数情况涉及民事基本权利，非地方立法事项。《意见》提出"推动建立企业数据确权授权机制"，"市场主体享有依法依规持有、使用、获取收益的权益，保障其投入的劳动和其他要素贡献获得合理回报，加强数据要素供给激励"。这就意味着，规范和引导企业数据的开发和利用，不仅需要禁止性规范，而且需要授权性规范：承认并保护企业的正当数据利益，允许企业通过市场配置数据资源、交换数据利益。[①] 在数据为关键生产要素的数字经济活动中，数据法律制度应有助于促进各类数据的流动，以最大程度、最大范围、最高质量赋能数字经济发展。这就需要以保护企业数据利益相关者的正当利益为前提，化解而不是制造企业正当数据利益与数据流动之间可能引发的冲突。目前，有一种观点认为，可以将基础电信业务领域的互联互通义务照搬到增

[①] 参见时建中：《数据概念的解构与数据法律制度的构建——兼论数据法学的学科内涵与体系》，《中外法学》2023年第1期。

值电信业务。本文认为，这种观点不符合数据的特征、不符合数字经济的规律、不符合法治精神。任何强制企业数据流动的制度安排，例如，强制企业数据互联互通、互操作，均需格外谨慎。这是因为，承载正当利益的数据被强制低成本甚至免费互操作，必将直接损害数据行为利益主体的正当利益，最终损害创新驱动的数字经济的健康发展。

（六）数据交易所的设立应当尊重数据的特征和数字经济规律

《意见》提出"完善和规范数据流通规则，构建促进使用和流通、场内场外相结合的交易制度体系，规范引导场外交易，培育壮大场内交易"。分析地方数据立法，各地设立数据交易所的愿望普遍迫切。

例如，《上海市数据条例》《重庆市数据条例》《广西壮族自治区大数据发展条例》《四川省数据条例》《贵州省数据流通交易管理办法（试行）》《深圳市数据交易管理暂行办法》《深圳市数据商和数据流通交易第三方服务机构管理暂行办法》《上海市数据交易场所管理实施暂行办法》等省级数据立法文件明确规定了交易（场）所的内容。①《广东省数字经济促进条例》《河南省数字经济促进条例》《江苏省数字经济促进条例》则规定了"有条件的地区可以依法设立数据交易场所（数据交易中心）"。部分省级数据立法文件虽未使用"交易所"或"交易场所"的概念，但均规定了推动建立"数据（要素）交易平台"或"数据交易机构"。② 此外，有的省级数据立法文件使用了"（大）数据交易服务机构"的概念，③ 例如，《贵州省大数据发展应用促进条例》《安徽省大数据发展条例》《天津市促进大数据发展应用条

---

① 根据上述立法文件的规定，数据交易（场）是指开展数据交易活动的场所。

② 参见《深圳经济特区数据条例》《深圳经济特区数字经济产业促进条例》《北京市数字经济促进条例》《山西省数字经济促进条例》《海南省大数据开发应用条例》《山西省大数据发展应用促进条例》《山东省大数据发展促进条例》《福建省大数据发展条例》《黑龙江省促进大数据发展应用条例》《陕西省大数据条例》《江西省公共数据管理办法》《广东省公共数据管理办法》《重庆市公共数据开放管理暂行办法》等文件。

③ 结合相关省级数据立法的规定，"数据交易服务机构"在部分立法中被规定为"数据交易中介服务机构"，主要是指为数据供需双方提供数据交易服务的组织机构。

例》《天津市数据交易管理暂行办法》规定,推动交易主体在依法设立的(大)数据交易服务机构进行数据交易。

毫无疑问,数据交易所的设立,同样需要适应数据特征,符合数字经济发展规律。数据的非竞争性、可复制性、非排他性及其与数据技术不可分离的特征,[①] 注定了数据交易所若地方化且遍地开花,必将违背数字经济规律、浪费建设资源、增加数据交易成本甚至扰乱数据交易秩序。我们注意到,《意见》第9条明确指出:"统筹构建规范高效的数据交易场所。加强数据交易场所体系设计,统筹优化数据交易场所的规划布局,严控交易场所数量。"但是,遏制地方设立数据交易所的冲动,规范交易所的行为,属数据法律制度的重要组成部分,亟待建立。

(七)数据行为的概念体系需要梳理并再造

数据行为即数据处理或者数据处理行为,在法律层面,《数据安全法》《个人信息保护法》和《网络安全法》均有列举式规定。2021年6月10日通过的《数据安全法》第3条第2款规定,"数据处理,包括数据的收集、存储、使用、加工、传输、提供、公开等"。2021年8月20日通过的《个人信息保护法》第4条第2款规定,"个人信息的处理包括个人信息的收集、存储、使用、加工、传输、提供、公开、删除等"。在承袭《数据安全法》列举的7种数据处理行为的基础上,《个人信息保护法》增加规定了"删除"行为。早在2016年11月7日通过的《网络安全法》第76条第4项规定,"网络数据,是指通过网络收集、存储、传输、处理和产生的各种电子数据"。在《数据安全法》和《个人信息保护法》中,"处理"是一个上位概念;在《网络安全法》中,"处理"则是一个与其他行为并行的概念。

在地方数据立法层面,关于数据处理行为的外延的规定有较大差异,可以归纳为以下几种情形:第一,将《数据安全法》和《个人信

[①] 参见时建中:《数据概念的解构与数据法律制度的构建——兼论数据法学的学科内涵与体系》,《中外法学》2023年第1期。

息保护法》的数据处理行为和个人信息处理行为整合为一体。例如，《厦门经济特区数据条例》第 2 条第 1 款第 2 项规定，"数据处理，包括数据的收集、存储、使用、加工、传输、提供、公开、删除等"①。第二，在全面整合引用《数据安全法》和《个人信息保护法》相关行为的基础上，增设其他行为。例如，《苏州市数据条例》第 3 条第 2 项规定，"数据处理，包括数据的收集、存储、使用、加工、传输、提供、公开、删除、销毁等"②，在全面整合引用《数据安全法》和《个人信息保护法》相关规定的基础上，创设了"销毁"行为。然而，"销毁"与"删除"有何差异？第三，只引用《数据安全法》第 3 条第 2 款规定，没有整合《个人信息保护法》中的"删除"。例如，《上海市数据条例》第 2 条第 1 款第 2 项规定，"数据处理，包括数据的收集、存储、使用、加工、传输、提供、公开等"③。第四，没有完全引用《数据安全法》的相应规定，并且创设了新的数据行为概念。例如，《深圳经济特区数据条例》第 2 条第 6 项规定，"数据处理，是指数据的收集、存储、使用、加工、传输、提供、开放等活动"④，没有引用《数据安全法》和《个人信息保护法》中的"公开"，而是创设了"开放"行为。第五，在对数据处理作概括规定的基础上，创设了其他数据处理行为。例如，《上海市数据条例》第 27 条规定，"市大数据资源平台和区大数据资源分平台（以下统称大数据资源平台）是本市依托电子政务云实施全市公共数据归集、整合、共享、开放、运营的统一基础设施，由市大数据中心负责统一规划"⑤，创设了"归集、整合、共享、开放、运营"等概念。再如，《四川省数据条例》第 26 条第 2

---

① 《厦门经济特区数据条例》，https：//flk. npc. gov. cn/detail2. html？ZmY4MDgxODE4NWM5NjdlMjAxODVjOTdlZDI5YjAwYzI%3D。
② 《苏州市数据条例》，https：//flk. npc. gov. cn/detail2. html？ZmY4MDgxODE4NTdiYmI3NjAxODU4NGY2M2Q3NjExNGI%3D。
③ 《上海市数据条例》，https：//flk. npc. gov. cn/detail2. html？ZmY4MDgxODE3ZjQyMGFjODAxN2Y0Zjc5OTY0ZDA2N2Q%3D。
④ 《深圳经济特区数据条例》，https：//flk. npc. gov. cn/detail2. html？ZmY4MDgxODE3YTlhMzU1NzAxN2FhM2UxMzQ4NTJlYTE%3D。
⑤ 《上海市数据条例》，https：//flk. npc. gov. cn/detail2. html？ZmY4MDgxODE3ZjQyMGFjODAxN2Y0Zjc5OTY0ZDA2N2Q%3D。

款规定,"公共数据开放,是指政务部门和公共服务组织向社会依法提供公共数据的行为"①。《重庆市数据条例》第 3 条第 6、7 项分别规定,"公共数据共享,是指政务部门、公共服务组织因履行法定职责或者提供公共服务需要,依法获取其他政务部门、公共服务组织公共数据的行为";"公共数据开放,是指向自然人、法人或者非法人组织依法提供公共数据的公共服务行为"。② 针对公共数据创设并界定了"开放""共享"等概念。

为了更好地发挥数据要素的作用,《意见》从不同维度对不同环节的数据处理行为做了非常深入的解构,使用了许多概念,亦即创设了许多数据处理行为。例如,数据来源、生成、生产、采集、持有、托管、加工、流通、交易、使用、应用、治理、供给、跨境流动。这些处理行为与《数据安全法》和《个人信息保护法》规定的"收集、存储、使用、加工、传输、提供、公开以及删除"等处理行为是什么关系?例如,《意见》中的"采集"与前述两部法律的"收集"在规则和后果等方面有什么不同?再如,"数据采集"与"数据收集"、"数据应用"与"数据使用"、"数据供给"与"数据提供"、"数据交易"与"数据流通"有哪些差异?政策文件的用词,如果能与法律的相关概念相衔接,政策文件可以传递出更加清晰的声音,政策措施会得到更明确的法治保障。

综上,关于数据行为或者数据处理行为,三部法律规定不完全一致,各地规定不完全一致,各地规定与法律规定不完全一致,呈现出概念繁杂、内涵不清、外延不一的特征,概念所揭示的数据行为边界及相互之间的关系难以界定。概念是制度生成的基础,概念不清、逻辑关系混乱,必然带来制度设计和实践中的问题。为此,有必要在尊重技术规律、经济规律、法治规律的基础上对数据行为的概念进行系

---

① 《四川省数据条例》,https://flk.npc.gov.cn/detail2.html?ZmY4MDgxODE4NTdiY2E1ZTAxODU5YjEwNGU3MjVhOGU%3D。

② 《重庆市数据条例》,https://flk.npc.gov.cn/detail2.html?ZmY4MDgxODE3ZmQ5ODM0MTAxN2ZmY2M3MjIzOTE3MjU%3D。

统化的再造,构建数据行为体系。

与数据行为相关的概念体系是数据主体。每一种数据行为都有相应的行为主体,可以称之为数据处理行为主体或者数据行为主体。梳理并再造数据行为的概念体系,有助于梳理并再造数据行为主体的概念体系。

我们注意到,在借鉴欧盟相关制度过程中,我们引入了"Data Subject"(数据主体)这一表述。"Data Subject"这一概念最早见于欧盟95/46/EC指令,又称《数据保护指令》(Data Protection Directive)。该指令的第2条第a项提到了数据主体,即个人数据是指与已识别或可识别的自然人("数据主体")有关的任何信息;可识别的人是指可以直接或间接识别的人,特别是通过参考识别号码或与其身体、生理、精神、经济、文化或社会身份有关的一个或多个具体因素来识别的人。该指令还界定了数据主体的权利,包括对收集和使用其数据的知情权(第10条)、访问权(第12条)和反对处理其数据的权利(第14条)等。《数据保护指令》于2018年被《通用数据保护条例》(GDPR)取代,但"Data Subject"这一概念被沿用。这一概念只用于与个人数据相关的情形,指代的就是可被数据识别的自然人。在欧盟法律语境中,"Data Subject"的构造前提是严格区别个人数据与非个人数据,并且是为了给予个人数据和个人隐私权以特别保护。虽然有必要借鉴"个人数据与非个人数据"的区别,① 但是没有引入"Data Subject"(数据主体)的必要。原因之一就是,在我国法理学或者部门法学中,"主体"多指法律关系的主体,可以被解构为权利主体、义务主体、责任主体等。彼"主体"非此"主体",引入之后易滋生若干混乱。

---

① 中共中央、国务院《关于构建数据基础制度更好发挥数据要素作用的意见》使用了"非公共数据"一词。本文认为,鉴于"公共数据"构成以及与"企业数据""个人数据"关系的复杂性,"公共数据"与"非公共数据"并不是非此即彼的二元关系,这种分类仅具有形式逻辑上的意义,远不如"个人数据"与"非个人数据"的分类更具有理论意义和实践价值。参见http://www.gov.cn/zhengce/2022-12/19/content_5732695.htm,2022年12月19日访问。

（八）政务数据所有权属于国家吗？

数据确权无疑是数据法律制度构建的重点和难点。作为信息载体的数据，一旦要素化和市场化，就由信息利益载体衍生为资源利益载体。数据种类、状态、行为的多样性和复杂性，决定了数据赋权的复杂性。[①] 我们注意到，若干省级数据立法将政务数据规定为国家所有。例如，2016 年发布的《福建省政务数据管理办法》第 3 条规定，"政务数据资源属于国家所有，纳入国有资产管理"，这是我国最早将政务数据资源规定为国家所有的地方政府规章；2017 年发布的《贵州省政务信息数据采集应用暂行办法》第 7 条规定，"政务信息数据资源归国家所有"；2019 年发布的《重庆市政务数据资源管理暂行办法》第 4 条第 1 款规定，"政务数据资源属于国家所有"；《山西省政务数据资产管理试行办法》第 7 条规定，"政务数据资产是重要的生产要素，属于国有资产，其所有权归国家所有"。尤为值得注意的是广西的相关规定，该自治区在 2019 年发布的《广西政务数据"聚通用"实施细则（试行）》第 4 条规定，"自治区人民政府依法拥有广西政务数据的所有权"；随后又在 2020 年发布的《广西政务数据资源调度管理办法》第 4 条规定，"自治区党委、自治区人民政府依法拥有广西政务数据的所有权"。《广西政务数据资源调度管理办法》系地方政府规范性文件，赋予了自治区党委亦依法拥有广西政务数据的所有权。

这些省级数据立法，有的系地方政府规章，例如《福建省政务数据管理办法》《重庆市政务数据资源管理暂行办法》《山西省政务数据资产管理试行办法》均属之；有的系地方规范性文件，例如《重庆市政务数据资源管理暂行办法》《广西政务数据"聚通用"实施细则（试行）》以及《广西政务数据资源调度管理办法》均属之。很明显，这些将政务数据规定为国家所有的地方立法文件效力层级较低。更重

[①] 参见时建中：《数据概念的解构与数据法律制度的构建——兼论数据法学的学科内涵与体系》，《中外法学》2023 年第 1 期。

要的是，即使将政务数据规定为国家所有，也不应属于地方立法权限的事项。本文认为，即使是政务数据，同样存在着数据与所有权逻辑内在冲突的问题。① 与此同时，确认政务数据的权属，还需科学处理其与政府数据、公共数据、公共服务数据、个人数据以及企业数据甚至社会数据的关系。② 数据确权的目的和效果是为了界定和保护不同数据利益主体的正当数据利益，规范数据行为，而不是适得其反。无论是数据的地方立法抑或中央立法，均不能背离立法的科学性和合法性。

（九）数据基础制度建设需要采取综合立法的模式

促进数据资源的开发和运用，一方面，需要健全数据要素权益保护制度，发挥数据要素对生产、分配、流通、消费和社会服务管理等各个环产的赋能作用；另一方面，需要完善数据要素市场化配置机制，发挥市场在数据资源配置中的决定性作用和更好发挥政府在数据要素收益分配中的引导调节作用，健全数据全流程监管规则体系，规范数据处理过程的各种行为，建立安全、公平、高效的数据要素流通、交易和收益分配制度，促进数字经济高质量发展。因此，数据基础制度建设需要采取综合立法的模式，制定《数据法》不仅必要、紧迫，而且可行。

---

① 参见时建中：《数据概念的解构与数据法律制度的构建——兼论数据法学的学科内涵与体系》，《中外法学》2023 年第 1 期。

② 参见时建中：《数据概念的解构与数据法律制度的构建——兼论数据法学的学科内涵与体系》，《中外法学》2023 年第 1 期。

专题研究

数字社会个人信息保护刑事附带民事公益诉讼适用研究
——基于最高人民法院第 35 批指导性案例的思考

孙明泽[*]

摘要： 数字社会引发了大规模侵犯个人信息的危机，个人信息保护成为法治发展无法绕开的问题。个人信息保护在私法和公法领域均引起了关注，利用个人信息的刑事犯罪与民事侵权行为均需要规制，其中个人信息保护的刑事附带民事公益诉讼程序是重要的保障。数字社会下个人信息保护刑事附带民事公益诉讼程序推动了数字法治社会的建设，打击了大规模侵犯个人信息的犯罪行为，也体现出服务国家安全法治建设的目标。个人信息保护刑事附带民事公益诉讼与民事公益诉讼、刑事附带民事诉讼存在密切关系，是数字社会犯罪数字化的后果，也是从个人信息领域对公共利益的保护。个人信息保护刑事附带民事公益诉讼的启动主体具有特定性，只能由检察机关启动，社会组织无权启动个人信息保护刑事附带民事公益诉讼程序。我国个人信息保护刑事附带民事公益诉讼程序将数字正义理论和数字人权理论作为理论支撑。在该程序的不断完善中，应当通过明确检察机关发布诉前公告程序的方式来排除其他组织启动诉讼程序，坚持管辖附随原则，保障个人信息保护刑事附带民事诉讼的顺利进行，扩大追究对象的范围以实现利益保护的最大化，限制检察机关的处分权，避免公权力膨胀带来干预公共利益的后果。

---

[*] 孙明泽，山东科技大学学术副教授，山东科技大学数字法治研究院研究人员。本文系作者主持的 2022 年山东省高等学校青创科技计划创新团队研究项目"数字赋能社会治理安全审查问题研究"的阶段性研究成果。

关键词： 数字社会　个人信息保护　刑事附带民事公益诉讼　数字正义

2022年12月13日起，我国正式下线"通信行程卡"服务，"通信行程卡"收集的海量个人信息也将随之删除，体现出现代社会的个人信息保护受到重视。个人信息保护是随着现代科学技术的产生而出现的新型社会问题。《民法典》对个人信息保护作出专门规定，从法典的角度对未经同意而收集、处理他人信息的行为进行规制。《刑法》也通过侵犯公民个人信息罪、非法利用信息网络罪等罪名的规定，对利用他人信息实施犯罪的行为进行规制。2022年12月26日，最高人民法院颁布了第35批指导性案例，涉及公民个人信息保护，其中刑事附带民事公益诉讼案件2例。其实，在2020年，浙江杭州互联网法院针对非法买卖个人信息的行为已经作出全国首例个人信息保护的民事公益诉讼判决，在个人信息保护领域产生了开拓性的作用，但对个人信息保护刑事附带民事公益诉讼制度的司法适用还未引起足够重视。

一、提出问题

个人信息保护已经成为法学实践面临的重要问题，大规模侵犯个人信息成为现代科学技术手段下的普遍现象。《民法典》颁布之后，对个人信息的保护成为法学界关注的重点，从民事实体法的角度捍卫了个人权利。最高人民法院2022年12月26日颁布的公民个人信息保护案例中，有2例明确了检察机关有权提起刑事附带民事公益诉讼。通过"颜值检测"软件窃取的"人脸信息"属于个人信息，大规模收集侵犯了社会公共利益,① 通过设立出售、提供公民个人信息的通讯群组

---

① 参见《指导性案例192号：李开祥侵犯公民个人信息刑事附带民事公益诉讼案》，载最高人民法院网站，https：//www.court.gov.cn/fabu-xiangqing-384411.html，2022年12月29日访问。

的方式买卖个人信息也属于侵犯社会公共利益的行为,①检察机关有权提起刑事附带民事公益诉讼。在最高人民法院发布指导性案例之前,杭州市互联网法院作为国内数字司法的先行者,已经在个人信息保护方面迈出了重要的步伐,受理了全国首例买卖个人信息的公益诉讼案件。在杭州市互联网法院受理的孙某涉嫌非法买卖个人信息案件中,被告人孙某自 2019 年 2 月起以 34 000 元的价格将自己从网络上得到的 4 万余条个人信息,通过网络的方式贩卖给刘某,并且刘某将信息用于虚假外汇业务推广。杭州市上城区人民检察院认为,孙某的行为严重侵害了不特定主体的个人信息权益,对社会公共利益造成损害,依法应当提起民事公益诉讼。②通过该案,公民个人信息保护的公益性质基本确定,迈出了个人信息保护公益诉讼制度建设的重要一步。《刑法》第 253 条之一规定了侵犯公民个人信息罪,对违反国家规定买卖他人信息的行为追究刑事责任,属于刑事公诉的范畴,检察机关有权提起刑事公诉。《个人信息保护法》第 70 条明确了个人信息保护的民事公益诉讼制度,但对具体诉讼程序并未作出规定,也未涉及刑事附带民事公益诉讼程序。

二、数字社会个人信息保护刑事附带民事公益诉讼的价值

对个人信息保护的重视离不开数字法治的发展,虽然个人信息保护属于传统民事权利保护的范畴,但是个人信息是随着科学技术的不断发展而出现的。正如有学者所言:"利用从大型数据集处收集的信息来预测和潜在地影响人类行为,代价则是人的隐私、自由

---

① 参见《指导性案例 195 号:罗文君、瞿小珍侵犯公民个人信息刑事附带民事公益诉讼案》,载最高人民法院网站,https://www.court.gov.cn/fabu-xiangqing-384441.html, 2022 年 12 月 29 日访问。

② 参见杭州互联网法院(2020)浙 0192 民初 10605 号。

和身份。"① 刑事附带民事公益诉讼程序的发展在个人信息民事保护的基础上，通过追究刑事责任，更深层次地保护个人信息。

第一，推动数字法治社会建设。数字法治建设是信息技术革命的未来走向，也是国家法治建设必然面临的难题。个人信息保护立法随着科学技术的不断进步，在法治建设过程中也产生很多新的问题，这对数字法治社会的发展与建设也产生了推动作用。数字法治社会建设离不开数字治理，数字治理是通过数字化、智能化的手段进行赋能，将数字技术运用到政府治理和社会治理过程中的重要方式。② 数字时代个人信息保护涉及的内容广泛，既涉及私法领域，也涉及公法领域，形成了体系性的个人信息保护网络。在私法领域，《民法典》第111条以总括的方式明确个人信息受到法律保护，确定了个人信息权在民法中的地位。同时，"人格权"一编中对隐私权和个人信息保护进行专门规定，将"个人信息"的范围、适用原则和免责事由等问题进行细化。在公法领域，主要体现为《刑法》对侵犯公民个人信息罪的追究。对个人信息的刑法保护直接体现为第253条之一的规定，该条规定了侵犯公民个人信息罪，对违法出售或者提供公民个人信息的行为采取刑罚处罚。此外，第286条之一、第287条之一等内容都对侵犯公民个人信息权利的行为作出规定。从个人信息保护的现有规定看，数字法治社会建设中的个人信息保护已经引起关注，但是个人信息的个人属性与公共属性问题还没有被充分认识。大量收集或者出售个人信息的行为除直接侵犯个人权利外，实质上还属于侵犯社会公共利益的行为。确立个人信息保护刑事附带民事公益诉讼制度能够丰富个人信息保护体系，推动数字法治社会的建设，完善国家的社会治理体系。

第二，打击侵犯个人信息的不法行为。收集或者出售个人信息的行为对个人信息安全造成威胁，甚至严重侵犯个人人身利益与财产利

---

① Mark Chinen, *Law and Autonomous Machines: The Co-evolution of Legal Responsibility and Technology*, Edward Elgar Publishing, p. 2.
② 参见魏礼群：《数字治理的科学内涵与实践要求》，《社会政策研究》2021年第2期。

益。正如有学者所言，随处可见的数据处理导致个人产生被监视的感觉，抑制了个人的行为自由。① 在收集或者出售个人信息时，个人数据保护的权利受到严重威胁，并且收集到的个人信息的体量越大，对作为私人利益的个人信息和作为公共利益的大量个人信息造成的威胁也就越大。② 伴随着网络技术的发展，大规模收集个人信息已不再是难题，收集个人信息之后的泄露与出卖对个人信息保护造成威胁。同时，大规模的个人信息涉及不特定多数人的利益，对公共利益保护也产生冲击。德国学者纽曼认为，公共利益是不特定多数人的利益，是对不确定多数人利益的满足，③ 收集与出售不特定多数人的个人信息属于侵犯公共利益的行为，应当通过提起刑事附带民事公益诉讼的方式打击此类行为。通过个人信息保护刑事附带民事公益诉讼制度打击侵犯个人信息的不法行为，离不开传统的法律功能。预防功能是法律的重要功能，包括法的一般预防和特殊预防。刑事附带民事公益诉讼制度通过一般预防的方式，警示潜在的犯罪分子，不得通过违法手段收集或者出售他人个人信息，否则将承受不利的法律后果。特殊预防功能的实现则针对已经实施了违法收集他人个人信息并应受到刑罚处罚的犯罪人，通过对其施以刑罚惩罚，以确保其不再实施侵犯他人个人信息的行为。

第三，服务国家安全法治建设。数字社会的个人信息保护离不开大数据的发展，其发展动因是数字计算机的发明，并且自数字时代以来，存储的信息为替代用途创造了可能性，使得数字信息成为重要的社会资源。④ 在此背景下，个人信息犯罪不断，借助大规模个人信息犯罪危害国家安全法治建设的行为时常发生。个人信息保护刑事附带民

---

① N. Helberger, F. Zuiderveen Borgesius and A. Reyna, "The Perfect Match? A Closer Look at the Relationship Between EU Consumer Law and Data Protection Law", *Common Market Law Review*, Vol. 54, No. 5, 2017, pp. 14-27.
② 参见玛农·奥斯特芬：《数据的边界：隐私与个人数据保护》，曹博译，上海人民出版社2020年版，第48—49页。
③ 参见陈新民：《德国公法学基础原理》，山东人民出版社2001年版，第186页。
④ 参见玛农·奥斯特芬：《数据的边界：隐私与个人数据保护》，曹博译，上海人民出版社2020年版，第31—32页。

事公益诉讼以保护具有公共利益的大规模个人信息为目的，确保经济社会发展中的数据安全。数据信息与国家安全具有紧密联系，违法收集大规模个人信息的行为对国家信息安全造成了冲击。二十大报告提出，要完善国家安全法治体系，强化网络、数据等领域的安全保障体系建设，对国家信息安全保护提出要求。大规模收集个人信息并进行违法活动的行为，具有危害国家数据安全和网络安全的表现，对国家数据安全造成冲击与威胁。个人信息保护法制化体现了对个人权利的保障，确立刑事附带民事公益诉讼制度能够在追究犯罪人刑事责任的同时，由检察机关代表不确定的多数主体追究犯罪人的附带民事责任，对犯罪人和社会其他主体产生威慑作用，减少侵犯个人信息的行为。数据体现的核心利益不仅是个体的信息权利，而且涉及国家数据安全，对收集或出售个人信息的行为进行治理，体现了对国家数据安全的保护，也是以数据为中心的国家信息安全建设的内容。① 国家安全的内涵具有多样性，除数据安全外，以大量个人信息为对象的犯罪还严重侵犯了国家网络安全。犯罪人收集个人信息方式的多样性导致其借助黑客等手段取得个人信息的事件时有发生，通过破坏计算机信息系统、非法利用信息网络等手段实施犯罪的活动侵害了国家对网络运行环境的保护。对违法收集个人信息的行为在民事领域和刑事领域都应当予以规制，体现了国家在数字国家安全领域的立场，刑事附带民事公益诉讼制度的确立能够为国家数据安全法治保驾护航。

三、数字社会个人信息保护刑事附带民事诉讼中的概念厘清

个人信息保护刑事附带民事诉讼的提起具有现实可能性，也具有必要性，我国目前个人信息保护公益诉讼制度已经发展数年，刑事附

---

① 参见李雪莹等：《数据安全治理实践》，《信息安全研究》2022年第11期。

带民事公益诉讼也已经在实践中逐渐出现，如何确保个人信息保护刑事附带民事公益诉讼制度有序开展，有必要对刑事附带民事公益诉讼、民事公益诉讼、刑事附带民事私益诉讼等概念进行界定。

（一）民事公益诉讼与刑事附带民事公益诉讼

1979年《刑事诉讼法》第53条确立了刑事附带民事诉讼制度，经过1996年、2012年和2018年三次修改，《刑事诉讼法》对刑事附带民事诉讼程序也作出了适当修改，体系化更强。公益诉讼是与私益诉讼相对应的诉讼方式，其目的是保护不特定主体的公共利益。个人信息保护刑事附带民事公益诉讼具有特殊性，既涉及民事公益诉讼问题，也涉及刑事附带民事诉讼问题。

第一，民事公益诉讼。民事公益诉讼以环境保护制度为基础发展而来，但是随着社会的不断推进，涉及公共利益的诉讼程序已经超出环境公益诉讼的范围。民事公益诉讼是特定国家机关、社会团体或者公民个人针对侵犯社会公共利益的民事违法行为向人民法院提起的民事诉讼，其目的在于保障社会公共利益不受任意侵犯。① 民事公益诉讼是与行政公益诉讼并列的重要公益诉讼类型，从应然意义上看，刑事公诉应当被称为刑事公益诉讼，但因为该种诉讼程序的特殊性，故未明确其公益诉讼的地位。民事公益诉讼程序的前提是解决民事诉讼领域的基本问题，需要满足民事诉讼程序的要求，但民事公益诉讼的核心在于，其解决的不是普通民事纠纷，而是为保护社会公共利益而启动的诉讼程序。因此，民事公益诉讼既需要满足民事诉讼的要求，也需要满足保护公共利益的需要。

第二，刑事附带民事公益诉讼。刑事附带民事诉讼是因犯罪行为而遭受损失的特定主体为维护个人民事利益而提起的诉讼方式。② 该种诉讼方式保护的权利内容既包括物质利益也包括精神利益，但从目前

---

① 参见张艳蕊：《民事公益诉讼制度研究——兼论民事诉讼机能的扩大》，北京大学出版社2007年版，第27页。

② 参见陈卫东：《模范刑事诉讼法典》，中国人民大学出版社2011年版，第453页。

立法规定看，刑事附带民事诉讼的内容仅包括物质利益，而不包括精神利益。刑事附带民事公益诉讼的法律依据为《刑事诉讼法》第 101 条第 2 款，即在国家财产和集体财产遭受损失时，检察机关有权在提起刑事诉讼的同时提起附带民事公益诉讼。但该附带民事公益诉讼仅为刑事附带民事公益诉讼的一部分，除此之外还应当包括因犯罪行为给社会公共利益造成损失的情形。目前刑事附带民事公益诉讼的界定，已经就该种诉讼方式的附带性特征达成一致，并且该种诉讼的附带性既包括实体问题的附带性也包括程序问题的附带性。刑事附带民事公益诉讼是享有起诉权的检察机关针对特定领域的侵害公共利益的犯罪行为，在提起刑事诉讼的同时，附带向人民法院就犯罪行为给社会公共利益造成的损害提起诉讼，要求其恢复或者保护公共利益的诉讼程序。①

从上述概念可以知，刑事附带民事公益诉讼具有附属性、主体特定性、保护对象的公益性以及适用领域的有限性等特征。附属性是刑事附带民事公益诉讼的核心特征，其需要附属于刑事诉讼存在，建立在刑事犯罪的基础之上，体现了程序性便利理论的精神和价值。② 刑事附带民事公益诉讼的启动主体由法律明确规定，是由刑事诉讼的性质决定的，目前只能由检察机关在提起刑事诉讼的同时提起附带民事诉讼。但因为刑事附带民事公益诉讼的公益属性，刑事附带民事公益诉讼的启动主体与普通民事公益诉讼的启动主体之间具有冲突与矛盾之处。仅仅由检察机关启动刑事附带民事公益诉讼是否恰当，社会组织等主体启动公益诉讼程序时如何协调相互之间的矛盾，也是我们当前面临的重要难题。刑事附带民事公益诉讼制度的保护对象是公共利益，与普通的附带民事诉讼存在差异，但因刑事附带民事公益诉讼附属刑事诉讼的特征，其与刑事诉讼的公益性具有竞合之处。不过，刑事诉讼的公益性与刑事附带民事公益诉讼的公益性不同，刑事诉讼的公益

---

① 参见刘加良：《刑事附带民事公益诉讼的困局与出路》，《政治与法律》2019 年第 10 期。

② 参见陈瑞华：《刑事诉讼法》，北京大学出版社 2021 年版，第 508—509 页。

性体现在犯罪客体上,即刑法所保护而为犯罪行为所侵害的社会关系,具有抽象性的特征。刑事附带民事公益诉讼的公益性体现在对公共利益的保护上,在个人信息保护领域,个人信息类犯罪侵犯了公民个人的数据权益,但大规模地收集他人个人信息的行为属于严重侵犯公共利益的行为。检察机关在提起刑事诉讼的同时,为保障作为公共利益的不特定多数主体的个人信息,有权在启动刑事诉讼程序的同时提起公益诉讼,这体现了对大量个人信息的保护。刑事附带民事公益诉讼的适用领域具有特定性的特征,只能适用于有限的领域。目前检察机关有权在环境污染、英烈保护、食品健康安全等领域提起公益诉讼,对大量个人信息的侵犯属于个人信息保护的领域,检察机关也有权提起公益诉讼,除此之外,公益诉讼的适用范围较普通诉讼而言受到限制。同时,刑事附带民事公益诉讼的适用范围的有限性与其附属性密不可分,在个人信息保护领域,个人信息保护的刑事附带民事公益诉讼适用范围并非涵盖所有大规模个人信息侵权案件,而是限定在构成犯罪的刑事违法行为上。

　　第三,个人信息保护领域下的刑事附带民事公益诉讼。个人信息保护领域的刑事附带民事公益诉讼是数字社会产生的重要诉讼方式,是现代科学技术对法治建设提出新挑战的应对措施。个人信息保护刑事附带民事公益诉讼是民事诉讼与刑事诉讼在个人信息保护领域的结合,是个人信息侵权和个人信息犯罪视域下对作为公共利益的个人信息进行保护的特殊程序。该种诉讼程序保护的对象具有特殊性,是因犯罪行为而产生的不特定多数人的个人信息,主要集中于侵犯个人信息犯罪中。个人信息保护刑事附带民事公益诉讼与个人信息保护刑事附带民事诉讼相比,前者注重对公共利益的保护,而后者重在对个体利益的保护,也是个人信息保护领域常见的诉讼类型。但随着犯罪手段的更新,刑事附带民事公益诉讼将成为个人信息保护的重要程序,单纯的个人信息民事侵权案件将不再是信息保护的主战场。

（二）刑事附带民事公益诉讼与刑事附带民事私益诉讼

刑事附带民事诉讼作为《刑事诉讼法》规定的特殊诉讼方式，随着社会环境的发展变化，其内容也不断适应新的社会环境。刑事附带民事公益诉讼的出现也引起学界关注，与此同时，如何界定刑事附带民事公益诉讼与刑事附带民事私益诉讼，是其有效运行的前提。刑事附带民事私益诉讼与刑事附带民事公益诉讼是一对存在密切关系的概念，刑事附带民事私益诉讼保护的利益具有个体性的特征，而刑事附带民事公益诉讼保护的利益具有公益性的特征，二者能够为因犯罪行为造成个体利益和公共利益的损害提供坚固的屏障。

第一，刑事附带民事私益诉讼的界定。刑事附带民事私益诉讼的构成基础包括刑事诉讼和私益诉讼，是二者结合产生的诉讼方式。刑事附带民事私益诉讼即《刑事诉讼法》规定的刑事附带民事诉讼，随着公益诉讼的出现与发展，传统的刑事附带民事诉讼有必要区分为刑事附带民事私益诉讼和刑事附带民事公益诉讼。刑事附带民事私益诉讼以刑事被害人的个人物质利益为保护对象，具有私益保护的特征，是在追究刑事责任的同时，救济因犯罪而受到侵犯的个人利益。《刑事诉讼法》规定，在国家、集体财产遭受损失的同时，检察机关有权提起刑事附带民事诉讼，此处的刑事附带民事诉讼在本质上属于公益诉讼的范畴，不属于刑事附带民事私益诉讼。刑事附带民事私益诉讼本质上属于民事诉讼，法院有权根据案件和当事人的具体情况适用民事诉讼程序，采取财产保全、先予执行等措施，但财产保全和先予执行应当由附带民事诉讼的原告或者检察机关提起。①

第二，刑事附带民事私益诉讼的特征。刑事附带民事公益诉讼和刑事附带民事私益诉讼共同构成刑事附带民事诉讼，与传统刑事附带

---

① 参见徐静村：《中国刑事诉讼法（第二修正案）学者拟制稿及立法理由》，法律出版社 2005 年版，第 258 页。

民事诉讼不同,刑事附带民事私益诉讼的范围较小。刑事附带民事私益诉讼具有保护范围的区分性、启动主体的有限性以及诉讼利益的可处分性等特征。首先,刑事附带民事私益诉讼的保护范围具有区分性的特征。《刑事诉讼法》第101条规定了刑事附带民事诉讼的两种形态:其中第1款规定了刑事附带民事私益诉讼,被害人因犯罪行为遭受物质损失的,其本人或者法定代理人及近亲属有权在刑事诉讼过程中提起附带民事诉讼;第2款规定了刑事附带民事公益诉讼的一种,即国家财产和集体财产遭受损失时,检察机关有权在提起公诉的时候提起附带民事诉讼。从该条规定可以看出,刑事附带民事私益诉讼的保护范围仅限于公民个人财产因犯罪行为遭受的物质损失,不包括第2款规定的国家财产和集体财产遭受损失的情形。其次,刑事附带民事私益诉讼具有启动主体的有限性特征。从《刑事诉讼法》第101条可以得知,刑事附带民事私益诉讼的启动主体为被害人及其法定代理人和近亲属,启动主体与犯罪行为造成的物质损失具有密切关系,不包括代表国家利益的检察机关,这是刑事附带民事私益诉讼的私益保护性所决定的。最后,刑事附带民事私益诉讼具有诉讼利益的可处分性特征。处分原则是民事诉讼的典型原则,体现了"当事人决定是否行使以及如何行使其依法享有的实体权利和诉讼权利的自由"①。这是对民事权利和民事权益的处分,也是刑事附带民事私益诉讼的民事诉讼本质及调整对象的平等性所决定的。

  第三,刑事附带民事公益诉讼与刑事附带民事私益诉讼的关系。刑事附带民事私益诉讼与刑事附带民事公益诉讼均因犯罪行为而产生,但是二者在参与主体、保护对象等方面的区别也值得重视。首先,刑事附带民事公益诉讼和刑事附带民事私益诉讼的产生依据相同。无论是刑事附带民事公益诉讼还是刑事附带民事私益诉讼,程序的启动都以犯罪行为的存在为前提。刑事附带民事公益诉讼和刑事附带民事私益诉讼的启动均具有附属性的特征,这种附属性的存在价值

---

① 王次宝:《处分原则的限制及其路径》,《北方法学》2019年第1期。

在于保障国家、集体和个人的合法财产,同时节约诉讼成本并提高诉讼效率。① 犯罪是刑事附带民事公益诉讼和刑事附带民事私益诉讼的适用前提,只有在犯罪行为造成物质性损失后才会产生。其次,刑事附带民事公益诉讼和刑事附带民事私益诉讼的参与主体不同。就现有规定而言,刑事附带民事公益诉讼的参与主体主要包括刑事附带民事诉讼被告人、检察机关和人民法院,其中检察机关居于原告的主体地位。从应然意义上而言,刑事附带民事公益诉讼与普通民事公益诉讼一样,启动主体包括社会组织等,但是因刑事附带民事公益诉讼的附属性,其他主体不能成为刑事附带民事公益诉讼的启动者。刑事附带民事私益诉讼的参与主体除刑事附带民事私益诉讼被告人、人民法院外,被害人及其法定代理人和近亲属等都可以启动刑事附带民事私益诉讼。最后,刑事附带民事公益诉讼的保护对象与刑事附带民事私益诉讼具有明显差异。刑事附带民事公益诉讼的保护对象为对社会具有普遍价值的公共利益,包括国家利益、社会利益和不特定多数人的利益,具有典型的抽象性特征,无法具体到特定的个人。刑事附带民事私益诉讼的保护对象则具有特定性的特征,只有犯罪行为对公民个人物质利益造成损害的,才会受到刑事附带民事私益诉讼的保护。

四、数字社会个人信息保护刑事附带民事公益诉讼的主体认定

数字社会的个人信息保护更应受到重视,这也给检察机关带来数字检察等体制改革的机遇和挑战。个人信息保护刑事附带民事公益诉讼制度建设需要明确有权提起公益诉讼的主体。有学者提出,个人信

---

① 参见宋英辉、刘广三、何挺等:《刑事诉讼法修改的历史梳理与阐释》,北京大学出版社 2014 年版,第 186 页。

息保护公益诉讼中，检察机关和其他起诉主体的顺位具有并列的关系，① 但是在个人信息保护刑事附带民事公益诉讼中不能适用该原则。在现有背景下，检察机关是提起公诉的唯一主体，其有权在提起公诉的同时，提起附带民事诉讼。这与检察机关在刑事附带民事公益诉讼程序中的地位有关，也与社会组织等其他主体启动个人信息保护刑事附带民事公益诉讼的不足有关。

（一）个人信息保护刑事附带民事公益诉讼的起诉主体具有特定性

刑事程序涉及多元诉讼主体，多元主体之间在权利保障方面存在紧张关系，甚至有着直接的冲突。② 刑事附带民事公益诉讼的主体之间也存在紧张的关系，检察机关作为提起刑事附带民事公益诉讼的主体，与其他主体之间的权利保障关系密切。个人信息保护刑事附带民事公益诉讼是数字法治背景下对个人数字权利的保护，也是网络时代遏制大规模收集个人信息的有效方式。检察机关启动的个人信息保护刑事附带民事公益诉讼程序，因附属刑事诉讼程序的特征而具有特定性。

第一，数字社会下大规模收集个人信息的行为危害了不特定多数人的利益。个人信息保护是数字社会面临的重要难题，现代科学技术手段的高度发展引发了大规模收集个人信息的犯罪行为的发生。不具有合法性的大规模收集他人信息行为严重侵害了个人对信息保护的期待，也严重损害了社会公共利益。数字社会大规模收集个人信息的行为主要体现在以下方面。一是通过侵犯个人信息实现犯罪目的。《刑法》第253条之一明确规定了侵犯公民个人信息罪，从刑事处罚的角度对该类行为进行规制，最高人民检察院和最高人民法院联合发布的《关于办理侵犯公民个人信息刑事案件适用法律若干问题的解释》对侵

---

① 参见李晓倩：《个人信息保护民事公益诉讼的原告适格——以〈个人信息保护法〉第70条的解释论为中心》，《吉林大学社会科学学报》2022年第5期。
② 参见刘静坤：《刑事程序的权利逻辑：国际法和国内法比较考察》，法律出版社2021年版，第7页。

犯公民个人信息罪的具体行为作出规定：违反国家规定，通过获取、出售、提供、购买、收受、交换等方式获取公民个人信息以及在履行职责过程中收集公民个人信息的行为，达到情节严重的程度，均构成该罪。司法实践中发生的侵犯公民个人信息犯罪多是通过上述方式针对个人姓名、身份证号、通信方式、行踪轨迹等信息展开的。侵犯公民个人信息罪严重危害信息利益，既体现出收集个人信息的广度，也体现出收集个人信息的深度。二是通过侵犯个人信息开展一般违法活动。侵犯个人信息的行为并非都是犯罪，只有严重危害社会利益，侵犯刑法所保护的社会关系时才构成犯罪，其他不符合法律规定收集他人信息的，仅需要作为一般违法行为处置。一般违法行为多数情况下侵犯的对象具有特定性的特征，但当违法获取或者使用他人个人信息形成规模时，将不再是对个人利益的侵犯，而是侵犯了社会多数人的利益，具有典型的利益侵犯性。

第二，检察机关的公诉主体地位赋予其个人信息保护刑事附带民事公益诉讼的启动权。公诉权是《刑事诉讼法》赋予检察机关的权力，对于实现社会公平正义、推动司法改革稳步前行具有重要作用。个人信息保护刑事附带民事公益诉讼的启动是检察机关行使公诉权的附带后果，检察机关在提起刑事诉讼之后，基于公诉权的发生，与犯罪行为具有密切关系的公益诉讼程序由检察机关启动具有天然优势。一方面，刑事案件证据的适用能够推动附带民事公益诉讼的顺利开展。证据的收集与使用是刑事诉讼进行的基础，也是刑事附带民事诉讼开展的前提，检察机关提起公诉之后，已经使用过的证据能够作为刑事附带民事公益诉讼的证据直接使用，一定程度上减轻了工作压力。如果由其他机关启动该诉讼程序，前期刑事诉讼取得的证据的使用需要进行审查，不利于通过诉讼程序及时保障公共利益。另一方面，检察机关启动刑事附带民事公益诉讼取得的社会效果更强。社会效果是判断诉讼制度的重要标准，以个人信息为对象的犯罪严重破坏了国家对个人信息保护的社会秩序，刑事附带民事公益诉讼程序在对社会秩序进行保护并予以恢复的前提下，通过对社会利益的保护，增强了检察机关参与司法的社会效果。

（二）检察机关提起个人信息保护刑事附带民事公益诉讼的可行性

检察机关提起刑事附带民事公益诉讼具有现实基础和条件，刑事附带民事诉讼程序的发展为刑事附带民事公益诉讼提供了经验基础，国家治理体系和治理能力现代化为检察机关提起刑事附带民事公益诉讼制度提供了政策依据。检察机关提起涉个人信息的公益诉讼具有天然优势，正如有学者所言："个人信息保护检察公益诉讼是实现个人信息国家保护义务的重要方式，也是检察机关广泛参与个人信息保护的重要途径，更是保护个人信息的责任主体由个人为主转向社会为主的桥梁。"①

第一，检察机关提起个人信息保护刑事附带民事公益诉讼具有经验基础。检察机关的重要职能是提起公诉，确保刑事犯罪得到公正处理。在刑事附带民事公益诉讼中，检察机关也能够将侦查机关收集的证据一并用于附带民事公益诉讼，为其开展附带民事公益诉讼提供经验。检察机关是法律规定的有权提起公益诉讼的主体，在民事公益诉讼、行政公益诉讼领域，检察机关发布公告后，如果没有其他社会组织提起公益诉讼，检察机关有权提起公益诉讼。虽然检察机关启动公益诉讼的前提是其他组织在公告后没有提起公益诉讼，但检察机关在实践中提起公益诉讼的案件数量较多，已经形成了相对丰富的经验。在数字时代，"数字检察""智慧检察"等检察改革与检察理念推动了检察职能的转变，赋予了检察职能科技色彩。个人信息保护除对物理空间的信息进行保护外，在科技时代，如何从虚拟空间进行保护需要具备专业知识进行辅助。检察机关无论是在提起公益诉讼的经验方面，还是在数字技术的运用方面，都具有启动个人信息保护刑事附带民事

---

① 许身健、张涛：《个人信息保护检察公益诉讼的法理基础与制度完善》，《法学论坛》2023年第1期。

诉讼程序的经验优势。

第二，检察机关提起个人信息保护刑事附带民事公益诉讼具有政策支持。检察机关作为司法机关，在案件处理与行使法律监督权的同时，也承担着参与社会治理的责任。国家治理体系和治理能力的现代化是国家社会治理的重要方向，也是党的二十大报告提出的加强市域社会治理现代化的体现。数字化改革是社会治理的必由之路，也是构筑共建共治共享的数字社会治理体系的内容。① 个人信息保护作为数字社会治理的细化，在保护个人信息过程中应当贯彻国家治理体系和治理能力的现代化。检察机关提起个人信息保护刑事附带民事公益诉讼是贯彻数字社会治理的体现，是借助刑事附带民事诉讼解决实践中侵犯作为公共利益的大量个人信息的行为。《"十四五"国家信息化规划》提出了构筑共建共治共享的数字社会治理体系的要求，《国务院关于加强数字政府建设的指导意见》提出，要推动数字化治理模式的创新，实现社会治理能力的提升与发展，这都为检察机关提起个人信息保护刑事附带民事公益诉讼提供了政策依据。此外，各地检察机关的试点与改革也体现出检察机关提起个人信息保护刑事附带民事公益诉讼的政策导向。浙江省湖州市在数字检察的探索过程中，利用大数据探索检察改革新路径，推动刑事附带民事公益诉讼的顺利进行，为个人信息保护刑事附带民事公益诉讼提供了实践经验。

（三）社会组织提起个人信息保护刑事附带民事公益诉讼具有缺陷

法律规定的机关和有关组织是《民事诉讼法》规定的民事公益诉讼的启动主体，其中检察机关是最常见的启动机关。由法律规定的机关和有关组织启动民事公益诉讼体现了稳定性与灵活性相结合的原则。个人信息保护刑事附带民事公益诉讼的提起要以刑事诉讼的提起为前

---

① 参见王志立、刘祺：《数字赋能市域社会治理现代化的逻辑与路径》，《中州学刊》2023年第2期。

提，并且刑事诉讼中已经收集的证据可以在刑事附带民事诉讼中直接使用。社会组织提起刑事附带民事公益诉讼不能实现刑事诉讼过程中对公共利益保护的目的，也不能保障刑事附带民事公益诉讼的效率，容易对诉讼程序中当事人的诉讼权利造成侵害。

第一，社会组织提起个人信息保护刑事附带民事公益诉讼保障公共利益的强度不足。社会组织是《民事诉讼法》等规定的有权提起民事公益诉讼的主体，该主体在维护民事诉讼权益过程中具有重要作用，起到了保障社会公共利益的目的。但是社会组织因权力缺位而导致强制性不足，特别是在刑事附带民事公益诉讼中，无法起到充分保障公共利益的作用。个人信息保护刑事附带民事公益诉讼自身具有特殊性，既体现在适用程序的附属性，也体现在数据收集的国家权力干预性方面。其中适用程序的附属性体现了该诉讼程序的刑事前置性，只有在启动刑事诉讼程序的同时才会附带提起个人信息保护的民事公益诉讼。刑事公诉的启动者为检察机关，社会组织无权启动刑事诉讼，单纯由其启动附带民事公益诉讼既不能保障诉讼程序的效率，也不能确保公共利益保护的公正性。此外，个人信息保护与个人信息的收集和处置具有对应性，司法实践中大量收集个人信息的行为普遍存在，对此类行为的规制多数需要公安司法机关开展前期工作，需要借助向网络服务提供者调取数据信息等行为收集证据，该类行为具有国家公权性，单纯通过社会组织调查收集个人信息无法实现收集证据目的。因此，无论从证据的收集还是从个人信息保护民事公益诉讼的附属性来看，由社会组织提起个人信息保护的刑事附带民事公益诉讼无法全面保障社会公共利益。

第二，社会组织提起个人信息保护刑事附带民事公益诉讼不利于效率价值的实现。效率是诉讼追求的价值目标之一，个人信息保护类诉讼程序因个人信息被侵犯的速度快而更需要保障诉讼效率价值的实现。社会组织作为提起公益诉讼的法定主体，在维护社会公共利益、推动社会发展方面发挥了重要作用。但是，社会组织启动个人信息保护刑事附带民事公益诉讼程序不利于效率的实现,这既与社会组织自身特征有关,也与个人信息保护犯罪的复杂性密切相关。一方面,从社会组织自身来看,其在本质上是由固定社会成员基于特定目标按照法律规定的程序设立的开放系统,最典型特征在于非官方性。官方性特征以国家强制性作为基础,社会组织的非官方导致其在参与因犯罪行为而启动的刑事附带民事公益诉讼时存在障碍,无法保证诉讼程序的顺利开展,导致诉讼效率降低。另一方面,个人信息犯罪的复杂性不利于社会组织提起个人信息保护刑事附带民事公益诉讼。个人信息保护刑事附带民事公益诉讼的适用与个人信息犯罪密不可分,犯罪的复杂性需要侦查机关查清案件事实并收集证据,也需要检察机关对侦查机关收集的证据等进行审查,审查的标准较高。社会组织的专业性体现在各自专业领域,在追诉犯罪过程中,其专业性不如检察机关。个人信息保护刑事附带民事诉讼的专业性审查较高,检察机关启动该程序能够在较短的时间内确保诉讼程序顺利进行,提高诉讼效率,确保诉讼当事人能够及时获得公正裁判。

五、数字社会个人信息保护刑事附带民事公益诉讼的实现路径

随着数字社会的建设,数字法学或者数字法治建设是当前社会发展的重要领域,个人信息保护是数字法治发展的必然结果。数字法治的个人信息保护需要坚守数字程序正义理念,以个人信息权利保护强化数字人权的基本权利地位。个人信息保护刑事附带民事公益诉讼程序还需要通过具体程序的设计推动程序的高效运转。

(一)数字社会个人信息保护刑事附带民事公益诉讼的理论支撑

在数字社会,对个人信息的保护与数字司法理念密不可分。数字

社会背景下，公民个人信息保护的刑事附带民事公益诉讼需要遵循诉讼效率、司法公正等传统法律价值和理念，但也发展出新的理念，这既是社会科技发展的结果，也是数字法学发展带来的新理念。检察机关启动个人信息保护刑事附带民事公益诉讼需要坚持数字正义理论和数字人权理论，其中数字正义理论是基础原则，数字人权理论是目的原则。

第一，数字正义理论。数字正义理论是数字法治社会产生的特有理论，是对数字权利进行保护过程中追求的目标。数字正义是数字社会所要保护的人民利益，是社会公正而非"机器正义"，是数字法治建设的支撑。[①] 有学者提出，"数字资源的分配是数字正义实现的根本依据""数字权利的充分配置是数字正义实现的基本保障""算法决策的公开透明是数字正义实现的外在表征""代码规制的规范有效是数字正义实现的内在要求"[②]，明确了数字正义的内涵，体现了数字权利的实体保护。但同时，数字正义的程序保障也应当受到重视，数字正义的程序保障要求处理涉及数据的案件时要严格按照法律规定的程序，确保数据的收集、使用等环节均符合正义理论的要求。个人信息保护刑事附带民事公益诉讼以个人信息为保护对象，个人信息在多数情况下体现为电子数据，刑事附带民事公益诉讼程序体现了数字正义的理念。一方面，刑事附带民事公益诉讼由检察机关保护公民个人信息，体现了数字实体正义。虽然检察机关提起个人信息保护刑事附带民事公益诉讼具有典型的程序性特征，但是从本质上而言保障了不特定公民的个人信息权，属于实体权利保护的范畴。另一方面，检察机关启动个人信息保护刑事附带民事公益诉讼的过程体现了数字程序正义。与传统程序正义不同，个人信息保护问题关涉数据权利，数据权利的实现依赖检察机关程序启动权的行使。数字程序理论需要遵循严格的诉讼

[①] 参见高景峰：《数字检察的价值目标与实践路径》，《中国法律评论》2022年第6期。

[②] 周尚君、罗有成：《数字正义论：理论内涵与实践机制》，《社会科学》2022年第6期。

程序，检察机关按照刑事附带民事诉讼和公益诉讼的程序保障个人信息权是程序正义理论的体现。

第二，数字人权理论。现代科学技术的融合发展将人类推进到数字经济时代，促进了人权理论的新发展，传统三代人权发展格局开始转向第四代人权的发展，① 数字人权理论应运而生。数字人权是数字经济时代下的人权，体现了人权的数字化要素和公民基本权利的转型升级，② 数字人权是数字科技发展的后果，是数字社会对公民个人权利的保障。数字人权是以传统人权制度体系为基础产生并发展，对传统人权观念形成了冲击，正如有学者所言："'数字人权'强调数字科技重塑了人权，人的信息存在方式赋予人权数字属性，并且数据信息法益推动了人权的数字化演进。"③ 数字人权是智慧社会下传统人权概念的衍生，④ 是传统人权与智慧社会融合的体现。公民个人信息保护是智慧社会保护公民基本权利的具体表现形式，检察机关启动刑事附带民事公益诉讼是借助刑事诉讼和公益诉讼双重程序为数字人权提供保护屏障。数字人权理论的落地需要将其纳入国家治理的具体工作中，无论是国家公权力机关收集违法犯罪信息，还是个人违法收集他人信息，均属于国家社会治理的内容，需要将数字人权保护作为社会治理各项活动的基础，即应当将数字人权价值注入公共政策中。⑤ 检察机关通过启动个人信息保护刑事附带民事公益诉讼的方式保护作为社会公共利益的个人信息，是社会治理过程中数字人权保护的具体活动，践行了数字人权的理念。

---

① 参见马长山：《智慧社会背景下的"第四代人权"及其保障》，《中国法学》2019年第5期。
② 参见宋保振：《"数字人权"视野下的公民信息公平权益保障》，《求是学刊》2023年第1期。
③ 郑智航：《数字人权的理论证成与自主性内涵》，《华东政法大学学报》2023年第1期。
④ 参见桂晓伟：《智慧社会的数字人权保护——基于"能力路径"的理论建构》，《法学评论》2023年第1期。
⑤ 参见马长山：《数字时代的人权保护境遇及其应对》，《求是学刊》2020年第4期。

（二）数字社会个人信息保护刑事附带民事公益诉讼的具体程序

数字社会个人信息保护刑事附带民事公益诉讼与传统犯罪的刑事附带民事诉讼及民事公益诉讼不同，体现了诉讼的数字化特征，在诉讼程序的设计上也存在特殊之处。个人信息保护刑事附带民事公益诉讼在诉前需要履行排他性公告程序，将程序的启动权限定为检察机关的专属权。个人信息保护公益诉讼因保护利益的广泛性，使得管辖法院具有多样性，但为保障诉讼的高效进行，应当明确立案管辖附随刑事诉讼的原则。同时，扩大追究范围以实现保护利益的最大化，此外，检察机关启动个人信息保护刑事附带民事公益诉讼不适用调解与和解程序，限制检察机关处分权的行使。

第一，诉前公告程序。目前个人信息保护刑事附带民事公益诉讼的启动主体并未有明确的规定，作为公益诉讼的组成部分，在个人信息保护刑事附带民事公益诉讼中，检察机关具有启动诉讼程序的天然优势和责任。个人信息保护刑事附带民事公益诉讼本质上属于民事公益诉讼的范畴，根据《民事诉讼法》的规定，社会组织也有权就因信息犯罪而侵害公共利益的行为提起民事公益诉讼。同时，检察机关在提起公诉的同时，也有权启动附带民事公益诉讼，与社会组织提起的民事公益诉讼启动权产生了竞合。在这种情况下，应当通过诉前公告保障检察机关启动刑事附带民事公益的唯一主体地位。诉前公告是公益诉讼程序的组成部分，学界有观点认为，诉前公告程序的设置目的在于督促社会组织积极参与维护社会公共利益，及时启动公益诉讼程序。同时，也有观点认为，诉前公告程序的目的具有补充性的作用，是在社会组织不提起公益诉讼时，由检察机关依法提起公益诉讼的程序。笔者认为，诉前公告程序在普通公益诉讼中存在双重价值，但是在刑事附带民事公益诉讼中起到了排除的作用。刑事附带民事公益诉讼中，检察机关应当是启动附带民事公益诉讼程序的唯一主体，为防止其他社会组织提起刑事附带民事公益诉讼，应当由检察机关以发布公告的形式告知其他社会组织无须提起公益诉讼。个人信息保护刑事附带民事公益诉讼程序作为刑事附带民事诉讼的特殊领域，需要通过检察院发布诉前公告的方式告知外界。实践中也会存在检察机关不启动刑事附带民事公益诉讼程序而社会组织启动民事公益诉讼的情况，在这种情况下，该程序因检察机关未启动刑事附带民事公益诉讼程序，程序的启动权当然由社会组织继受，故出于保障社会组织启动诉讼程序的权利和社会公共利益的双重目的，社会组织有权单独提起民事公益诉讼。

第二，坚持管辖附随。管辖附随是一并审判原则的体现，强调刑事附带民事公益诉讼程序与刑事案件的解决适用相同程序。但是管辖附随与一并审判原则存在不同，一并审判原则强调案件由同一审判组织审判，而管辖附随则是从管辖的角度强调案件的受理部门具有同一性。管辖附随要求个人信息保护刑事附带民事公益诉讼程序的管辖由刑事案件的管辖决定，附带民事公益诉讼程序的管辖法院不再受公益诉讼程序管辖机关的约束。之所以坚持管辖附随原则，一是与刑事附带民事诉讼的性质相关。刑事附带民事公益诉讼程序作为民事诉讼的组成部分，与刑事附带民事诉讼在本质上均受到刑事诉讼的影响。虽然刑事附带民事公益诉讼从本质上属于民事诉讼的范畴，但是其与刑事诉讼密不可分，在证据收集与使用、案件的管辖等方面均受到刑事诉讼程序的制约。正如有学者提出，刑事附带民事公益诉讼案件应当优先适用《刑事诉讼法》的特别规定。① 管辖附随是刑事附带民事公益诉讼程序与刑事诉讼程序相结合而产生的管辖原则，个人信息保护刑事附带民事公益诉讼与刑事诉讼管辖权的一致性是附随管辖原则的体现。二是管辖附随符合诉讼经济的要求。刑事附带民事诉讼追求诉讼效率，有学者提出，附带民事诉讼与刑事诉讼如果分别管辖存在诸

---

① 参见周晓：《侵犯公民个人信息犯罪刑事附带民事公益诉讼案件的审理困境和规范应对》，《法律适用》2023年第2期。

多不便，"两处判决，难保无矛盾冲突之处。有附带私诉办法，则裁判出于一人，前后必无歧义。此又裁判上之便益也"①。诉讼经济是国家公权力机关在处理案件过程中遵循的基本原则，目的在于保障案件的快速处理，确保当事人及时获得公正的裁判结果。管辖附随的核心在于将个人信息保护的刑事附带民事公益诉讼案件的管辖与刑事诉讼的管辖合并，减少繁琐的立案程序。个人信息保护类公益诉讼程序因案件证据收集、事实调查等环节比较复杂，由检察机关根据管辖附随原则办理案件，可以以国家公权力保障个人信息保护附带民事公益诉讼的顺利进行。

第三，扩大追究对象范围实现利益保护最大化。个人信息保护刑事附带民事公益诉讼程序的设置目的在于保护作为不特定多数人的个人信息不被侵犯，这就需要从附带民事公益诉讼程序的民事诉讼性质着手，责任追究的范围不再局限于刑事诉讼当事人，而应当对追诉对象的范围进行适当扩大。最高人民法院关于《刑事诉讼法》的司法解释第180条规定了刑事附带民事诉讼中负有赔偿责任的人的范围，包括刑事被告人和其他未被追究刑事责任的共同侵害人、对被害人的物质损失依法应当承担赔偿责任的单位和个人等5种情形。个人信息保护的刑事附带民事公益诉讼程序的被告人的范围包括刑事案件的被告人，同时还应当扩大被告人的范围，明确规定不构成犯罪的普通侵权人也应当作为共同被告人一并承担侵犯公共利益的责任。此外，在责任的追究与承担方面，应当明确规定刑事案件被告人和普通侵权人在个人信息侵权方面承担共同责任，不区分先后顺序。个人信息保护刑事附带民事公益诉讼程序的追诉主体与刑事附带民事诉讼相同，但普通刑事附带民事诉讼程序并未规定承担赔偿责任主体的先后顺序，因个人信息保护刑事附带民事公益诉讼程序的特殊性，应当将承担赔偿责任的顺序予以明确。检察机关针对个人信息保护案件提起刑事附带

---

① 冈田朝太郎：《刑事诉讼法》，熊元襄编，李凤鸣点校，上海人民出版社2013年版，第83页。

民事公益诉讼程序的，应当将普通侵权人作为共同被告人一并起诉，并在刑事附带民事公益诉讼起诉书中明确追究责任的范围。在赔偿责任的分担方面，刑事案件的被告人与其他普通侵权人承担同等的责任，并且不同被告人之间的责任属于连带责任，在刑事被告人或者普通侵权人不能完全承担赔偿责任时，由其他共同被告人承担责任。

第四，检察机关处分权的限制。处分原则起源于私法自治的理念，刑事诉讼中的处分原则最主要的体现是检察机关的自由裁量权的行使。① 诉讼程序中的处分权体现在诉讼和解与调解程序中，民事诉讼程序中双方当事人享有广泛的处分权，有权对个人享有的诉讼权利进行处分。刑事附带民事诉讼中检察机关的处分权规定在《刑事诉讼法》第103条，赋予检察机关在刑事附带民事诉讼中进行调解的权力。此外，第101条规定检察机关启动刑事附带民事诉讼时享有起诉裁量权，也应当属于检察机关处分权的范围。刑事附带民事诉讼中检察机关处分权的规定促进了刑事诉讼效率的实现，但是在个人信息保护刑事附带民事公益诉讼中，检察机关不应当享有过多的处分权。一是检察机关原则上具有启动个人信息保护刑事附带民事公益诉讼的义务，但由检察机关单独提起更符合诉讼效率的除外。检察机关提起个人信息保护刑事附带民事公益诉讼程序需要兼顾诉讼公平与效率，原则上检察机关具有启动个人信息保护刑事附带民事公益诉讼程序的义务，是因为个人信息保护刑事附带民事公益诉讼程序具有公益性的特征，犯罪行为侵害的是不特定的多数人的利益，检察机关原则上无权处分公共利益。在特殊情况下，如果检察机关提起刑事诉讼的同时启动个人信息保护刑事附带民事公益诉讼严重阻碍诉讼程序的进行，检察机关可以在刑事诉讼程序结束之后另行启动刑事附带民事公益诉讼程序，但刑事诉讼收集的证据和发现的事实材料可以一并使用。二是检察机关不享有接受调解和进行和解的权力。调解与和解的后果需要处分实体

---

① 参见卫跃宁、李佳威：《刑事诉讼处分原则之"承认"的规范重构》，《北方法学》2022年第4期。

权益,检察机关提起个人信息保护刑事附带民事公益诉讼程序的目的是保护公共利益。公共利益是否具有可处分性具有争议,笔者认为公共利益不具有可处分性,在个人信息保护刑事附带民事公益诉讼程序中,检察机关无权代表受害人处分公共利益,也无权与被告人达成和解或者接受调解。限制检察机关的处分权体现了刑事诉讼中的国家权力制约与个人信息保护,对公权力的制约主要体现在刑事诉讼中,公权力不受限制地行使将会对私权利造成干预。① 虽然公益诉讼中也具有公共利益的内容,但其与刑事公诉存在本质差别,这种公共利益是不特定多数个人利益的集合,赋予检察机关启动接受调解与和解的权力对该公共利益造成了严重侵犯。

---

① 参见韩阳:《刑事诉讼的法哲学反思——从典型制度到基本范畴》,中国人民公安大学出版社2012年版,第88—93页。

数字宪治主义战略：一项未竟经纶业

杨学科*

摘要：数字社会需要一个整体性的理论框架去面对当下数字社会、未来数字社会的宪治以及这种数字社会宪治的可持续性。宪治主义并没有停滞不前，也在创造性适应数字环境中萌发新的生命力，数字宪治主义是继自由宪治主义、社会宪治主义后的宪治主义3.0阶段。数字宪治的前提是数字立宪，最适宜的数字立宪，是整体性的立法，专门的数字立宪最合乎宪法体系的融贯性考量。数字宪治在形式上是一种特殊的社会治理方式，主要依照数字宪制来进行治理。数字化是数字宪制的媒介，数字化不仅是法律行为、法律关系中的监管对象，还能作为法律本身的工具和参数行使着监管主体的职责。形式宪治相当于给数字宪治确立了形式上的宪治规则，如果想让宪治公平合理地践行，必须赋予宪治实质性的理想要素：限制宪治各方的权力扩张，保障个人基本权利。同时，数字宪治价值也值得社会广泛论辩。宪治是人类文明的最高体现，自然而言，数字宪治就是新的数字文明的制度愿景。数字宪治文明的内涵集中于两方面，即数字文明时代的国家文明一方面通过实现的数字化程度来衡量，这主要体现在以数字技术为中心的数字基础设施建设程度；另一方面通过宪治文明水平来衡量。理论上的数字宪治主义是需要发展的东西，需要通过实实在在的数字宪治作业才能完成，但实践中，我们不应高估数字宪治，这不是灵丹妙药。

关键词：数字宪治主义 数字权力 数字人权 数字宪治文明

---

* 杨学科，广东金融学院法学院讲师。本文系2020年度国家社科基金重大项目"数字社会的法律治理体系与立法变革研究"（项目编号：20&ZD177）的阶段性研究成果。

在数字化转型的时代,以数据和算法为基础架构的数字化成为生活、学习和工作的标配,但数字技术的应用扩张,不断地高科技化,爆发式速度推进,对当今数字社会甚至可以想象的未来都有一种破坏性影响,当然这包括对法律的影响,也正在产生一个宪法时刻,例如,私权力产生对法律有什么影响?机器人和数字机器能否有人格,能否应用法律规范?是否应专门制定数字权利保护法律?本文认为,在应对策略上,需要一个综合性的理论框架,即数字社会需要一个整体性的理论框架从根本上去面对当下数字社会、未来数字社会的宪治以及这种数字社会宪治的可持续性,从而理解数字时代的社会运作模式并确立其合宪和违宪的运作模式。

数字技术的宪法变革力是惊人的,但并未意味着宪法的哥白尼式的剧变,并没有改变宪治主义的权力制衡和权利保障的核心特征。宪治主义探讨的核心议题是如何治理数字技术,如何对权力负责,如何对权利进行保障,以及什么价值观占主流,这些都没有变。但既然是宪法的一个新的时刻,也必然意味着数字宪治主义存在着不同于以往宪治主义的特征,这就是下面即将探讨的宪治主义3.0。

一、宪治主义的理想演进类型

"宪治主义"一词根据《牛津英文辞典》,是1832年首次使用的。在英文中,宪治主义(Constitutionalism)的ism词缀表明这是一种理想化的理论或主义。但在实践中,宪治主义是相对成功的基本规范体系建构,在全世界广为传播,呈现出"胜利者的姿态",宪治最初的对法治、民主和人权的承诺,被誉为"西方给世界最好的礼物之一"[1]。同时,宪治主义并没有停滞不前,也在创造性适应新环境中萌发新的生命力,根据社会变革需要设定理想型规范模式。

---

[1] A. Junji, "Constitutionalism as a Political Culture", *Pacific Rim Law & Policy Journal*, Vol. 11, No. 3, 2002, p. 563.

（一）宪治主义1.0：自由宪治主义

宪治主义的出场是带有国家宪治底色的，这与威斯特伐利亚主义的主权国家紧密相连。宪治主义1.0阶段的宪治主义出场是为了反抗近代专制政治，通过规制政府权力的行使来建构一个有限政府。所以，宪治既被认为是有限政府的代名词，又被广泛认为是国家形式的民主治理。自由是自由宪治的普遍化的价值观念，这与自由主义核心价值"个人自由至上"有关。此时的自由主义是经历了文艺复兴、宗教改革等启蒙运动后所凝练出的价值观念，认为有必要限制国王的绝对权力并让国家行政机构的工作（"国家利维坦"）服从某些特定的规则以限制其权力。这时候，个人自由的主要威胁也从封建寡头、宗教势力过渡到了民族国家权力。由此，在自由主义指导下，宪法是所有国家权力和权利规范的来源，宪法规范是人民意愿的自由创造，宪法规范划分了政府权力与个人自由的界限。启蒙运动关于公民的个人权利和自由的最高价值的思想在逻辑上导致了这样一种思想，即可以说，此阶段的宪法是"权力书"，主要是人民授权衍生构成政治权力然后用宪法权力措置规制政治权力，也就是通过宪法规范上的权力分离（权力的水平划分和最终的垂直划分）来实现权力行为的合理性和合法性。

在自由宪治主义内部，根据宪治的运作方式又可分为政治宪治主义和司法宪治主义。在政治宪治主义中，宪法充当政治规范，将议会至上理论作为有限政府的一种形式。在司法宪治主义中，宪法是司法审查的标准，主要是法院对政府权力实施限制。但无论是政治宪治主义，还是自由宪治主义，它们都归属于自由主义体系，"可以通过其对人的尊严和自由及通过自我限制和负责任的政治权力进行民主治理的核心承诺而得以识别"[①]。在宪治主义1.0阶段，我们看出了宪法是自由主义的产物，与民族国家息息相关，主要是对抗国家权力来保障个

[①] K. L. Scheppele, "Autocratic Legalism", *The University of Chicago Law Review*, Vol. 85, No. 2, 2018, p. 559.

人自由。故而，此阶段也被贡塔·托依布纳（Gunther Teubner）称为"国家宪治"，是国家权力领域的宪法化。但国家宪治的自由主义底色，并不代表着此阶段的宪治是自由的，相反，自由宪治主义的"失败"却为宪治主义的嬗变埋下了伏笔。滥用宪治是自由宪治主义的一处败笔，利用自由宪法的形式实现非自由的目标，不同形式的宪治国家就被这些自由宪治国家视为异类。自由宪治主义国家内部过分偏重自由权利等消极权利，社会经济权利等积极权利则处于一片萧条中。这种价值规范上的国家权力为恶的观念，使得实践中自由宪治主义过度节制，面对公众迫切甚至窘迫的社会经济权利需求，国家权力还在消极无为。于是，这种古典自由权的最高实现程度和社会经济权利的最低实现程度的二元分化，加剧了自由宪治主义的内部分裂。

（二）宪治主义2.0：社会宪治主义

社会宪治主义（Social Constitutionalism）是自由宪治主义国家转型和反思的结果。只为建立自由宪治的国家，不积极干预，社会不平等和不公正却在撕裂自由宪治国家的实质意义。社会宪治主义主张国家对政治进行干预以执行社会政策，建立更加公正和平等的社会。这种宪治模式早在1917年的《墨西哥宪法》① 中就得到体现，但直到1919年德国《魏玛宪法》将其传播，社会宪治主义才流传开来。德国《魏玛宪法》对宪治主义2.0阶段的特殊贡献是权利制度的新概念，其基本概念是人的尊严，而不是宪治主义1.0阶段的自由。另一个特点是宪治主义2.0尝试将宪法的权力最高属性和国家权力概念分开，强调宪法的权力最高性不是基于主权意志，而是来源于其保障公民权利和自由的宪法内容。可以说，此阶段的宪法是"权利书"，旨在通过将所有权利的基础即"人性尊严规范"建构成为宪法秩序中最高的法律价值

---

① 世界上第一个将所有社会权利提高到保障范围的宪法是1917年《墨西哥宪法》，该宪法于1917年5月1日生效。相对这一点，国内的普遍说法是1918年制定的《魏玛宪法》开始了国家干预社会的措施，第一次将社会权纳入基本人权。从社会权利内容上看，1917年《墨西哥宪法》是早于《魏玛宪法》的。

来推进社会平等和公平,并着重增强了社会权利设置。

现今宪法学理论面对着数字化、私人化和全球化的三大挑战,宪法问题出现在跨国政治中民族国家的界限之外,同时又出现在制度化政治之外的全球社会"私人"领域,还出现在私权力产生的数字社会领域。托依布纳所言的社会宪治(Societal Constitutionalism)主要是思考这些问题,认为社会宪治主义是一种超越国家的规范性建构,宪法不仅存在于民族国家中,而且在全球社会的许多部门中正在兴起,呈现出宪法的碎片状态,有社会宪治、政治宪治、科学宪治、经济宪治等等,但这种宪治主义主要基于宪法主体的划分,认为民族国家宪治转向社会各部门宪治,这种社会宪治主义只是一种方法论[①]的操演,主要是托依布纳面对宪法理论的三大挑战,意图避开"方法论民族国家主义"[②] 的理论解释方法,去探索"(宪)法如何可以出现,如何可以像现在出现的面貌一样运作"[③]。然而,此处的社会宪治主义与宪法的发展阶段以及更为重要的以权利嬗变为基础的考量有关。在社会宪治主义阶段,权利主要由对抗国家的消极权利变为积极要求国家义务实现的积极权利,国家的形式也从自由形式国家变为福利形式国家:"一方面,福利国家对诸多体制负有责任,对教育、科学、健康照护、广播和电视被宪治化为半国家体制,只给予有限的自治。另一方面不干扰其他社会子系统的自治尤其是经济自治,但又承担其全社会范围的协调工作。"[④]

(三)宪治主义3.0:数字宪治主义

美国社会学家戴维·夏利(David Sciulli)与德国社会学家贡塔·

---

① 系统论目的是观察、构架和解释对象、参与者或代理的模式行为。参见 S. Wheatley, "The Emergence of New States in International Law: The Insights from Complexity Theory", *Chinese Journal of International Law*, Vol. 15, No. 3, 2016, p. 580.
② 贡塔·托依布纳:《宪法的碎片:全球社会宪治》,陆宇峰译,中央编译出版社 2016 年版,第 11 页。
③ 钟芳桦:《卢曼〈社会中的法〉导读》,《台湾法学》2012 年第 201 期。
④ 贡塔·托依布纳:《宪法的碎片:全球社会宪治》,陆宇峰译,中央编译出版社 2016 年版,第 28—29 页。

托依布纳的社会宪治理论,可被确认为数字宪治主义的理论之源,尽管其只是很好地解释数字宪治实践的方法,对数字宪治制度建构的作用有限。特别是托依布纳设想的社会宪治理论,无疑是很好的数字宪治实践的理论解释方法。他的社会宪治理论主张将宪治与国家解绑,认为超越政治和民族国家的跨国社会子系统内也会发生自我宪治过程,宪治扩展到社会各部门,社会子领域也有宪法,于是需要重新解释整个社会的宪法。归纳起来,他的研究侧重点就是,研究真正在民族国家之外发生的宪治化进程;发展社会宪治理论;为制定宪法政策和宪法性法律提供规范性观点。前述社会宪治理论是数字宪治主义理论之源的原因,就在于其对数字宪治主义存在借鉴之处:可将数字社会作为社会中的子领域来考察其宪治化。

　　自由宪治主义是在公民权利和国家权力二元基础上的宪治化,然而,社会宪治主义允许了社会公权力的存在,基于消极国家观的自由国家宪法转变为基于积极国家观的社会福利国家宪法,虽然主要是通过国家的直接政策干预,但是采取间接方式允许对社会施加以民主政治为模型的宪法①,这里就有了社会公权力分享宪法权力的空间。在这种宪法理论逻辑之后,人民授权的合法性逐渐转化为宪法规范直接赋权的合法性。而数字社会之所以能成为宪治主义3.0阶段,也在于数字社会是一个宪法时刻,确实标志着宪治发展的新阶段,标志着一场革命性的变革,宪治不再依附于民族国家,私人开始逐渐分享宪法权力。这就为以往宪治主义理论所不能周全阐释,传统宪法(理论)普遍面临着宪法老化和更新的问题。之所以是时刻、新阶段、革命性变革,则意味着后面谈及的形式数字宪治开始形成,传统宪治的结构不足以应对数字技术改造的世界,如法国法学家阿兰·苏普瑞特(Alain Supiot)所认为的那样,宪法法律秩序也发生了相应的转变,从国家治理转向了"数字治理"(governance by numbers),数学量化已成为新的

---

　　① 参见贡塔·托依布纳:《宪法的碎片:全球社会宪治》,陆宇峰译,中央编译出版社2016年版,第32页。

规范性法律秩序的基础。① 再就是，数字宪治特定于数字环境，相对于第一次、第二次、第三次工业文明阶段的宪治，已有很大不同。例如权利内容也需要更新换代为第四代人权②，诸如隐私、通信自由、言论自由和新闻自由等传统权利已经很难应付、适应第四次工业革命时代的权利发展阶段。并且"宪法将随着未来技术的发展而改变，因为它过去也一直在改变……这种变化将如何发生、将以何种形式发生以及这些变化将产生多大的效果，还远远不清楚"③，数字科技的发展前景甚至可能出现科幻小说所设想的场景，这都给面向未来的宪治和宪治可持续性研究提出了新的期待可能。

宪治是对社会生活问题的综合性、抽象性应对策略，不同的社会发展背景决定着不同的宪治机制。数字宪治主义特定于数字环境这个语境（子领域）中应用宪治原则，就必须创新性地宏观架构出一个国家的基本的数字社会宪法规范，建立和确保在数字环境中保护基本权利和权力平衡的规范框架，"要求所有利益相关者对数字技术的弊端做出反应，同时，提供指导这种宪治对策的理想、价值观和原则"④，来建构数字社会的宪治治理框架，以便数字科技真正为社会大众服务。这是一项重要的未来宪治的议程。数字宪治不是宪治理论轨迹中的一个全新现象，正如爱德华多·塞莱斯特（Edoardo Celeste）提出的，数字宪治主义是一种"使当代宪治主义的价值观适应数字社会的意识形态"⑤。其中的核心理念和目标并未改变，而是要适应一个由物联网、大数据、人工智能和机器人等技术实现网络空间和物理（现实）空间

---

① A. Supiot, *Governance by Numbers: The Making of a Legal Model of Allegiance*, Hart Publishing, 2017.
② 参见马长山:《智慧社会背景下的"第四代人权"及其保障》,《中国法学》2019年第5期；杨学科:《第四代人权论：数字时代的数字权利总纲》,《山东科技大学学报（社会科学版）》2022年第2期。
③ J. Rosen, B. Wittes, *Constitution 3.0: Freedom and Technological Change*, Brookings Institution Press, 2011, p. 8.
④ E. Celeste, "Digital Constitutionalism: A New Systematic Theorization", *International Review of Law, Computers & Technology*, Vol. 33, No. 1, 2019, p. 7.
⑤ E. Celeste, "Digital Constitutionalism: A New Systematic Theorization", *International Review of Law, Computers & Technology*, Vol. 33, No. 1, 2019, p. 1.

高度融合的社会经济系统。

数字宪治被定义为"将权利和原则纳入数字技术全球治理的政治过程，特别是互联网"。不同的数字宪治道路反映了不同的价值观。中国正朝着一种以安全和发展并重的技术发展模式迈进，而美国的自由主义方式导致科技巨头掌控市场，进而在新领域拓展影响力。欧洲则表现出一种战略：将重心放在保护基本权利和民主价值观上，作为通往欧盟数字主权的途径。

数字宪治主义自20世纪90年代网络全球传播以来构成了一个新的理论和实践领域，其基础是数字科技如何影响宪治的演变与宪法对公共和私人行为者实施的数字科技所产生的权力的反应之间的动态辩证法。[1] 已有的数字宪治框架的建构中，洪堡大学英戈弗·帕特里奇（Ingolf Pernice）教授提出了一个不像国家宪法但遵循宪治逻辑的超越传统宪治理论模式的典型思考视角：多级宪治（multilevel constitutionalism）。这一宪治方法包括四个假设：（1）它不是以国家和国家主权为中心，而是以每个人的个人主权为中心。（2）主权权力由共同体人民赋予各个政治行动层面的机构，并与其他行动层面的机构共享。（3）各级行动层面的权力分配以辅助性原则为指导，该原则确保每一级的最大效力和民主控制，使个人能够在最大程度上实现政治自决。（4）不同层次的政治行为及其各自的宪法规定不是相互独立、相互孤立的，而是一个以法治为基础的复合、分层的宪治体系的组成部分。[2] 多级宪治可以为数字社会提供宪法视角，使我们能够在全球层面上构想出一个具有高度民主合法性、植根于全球人民意志的全球风险治理框架。当然，多级宪治只是在数字社会的全球化挑战的背景下，尝试在国家、超国家和全球各级层面以协调一致的方式有效管理网络风险，切入点也只局限于数字社会的全球化挑战的民主问题，说浅一点就是，多级宪治

---

[1] G. De Gregorio, "The Rise of Digital Constitutionalism in the European Union", 2020: 16 [2020-03-16], https://papers.ssrn.com/sol3/papers.cfm?abstract_id=3506692.

[2] I. Pernice, "Risk Management in the Digital Constellation—A Constitutional Perspective (part II)", *IDP-Internet Law and Politics*, No. 27, 2018, p. 8.

是欧盟宪治的扩大版。而本文认为,数字宪治主义的探讨还应从宪治规范、程序、本质以及价值观依次展开,这样才能展现数字宪治主义的整全图景。

二、数字立宪

宪法是时代的产物,是一定社会政治、经济和思想文化互动的结果。一般而言,宪法是宪治主义的前提基础,宪治主义是宪法的实践。数字社会已经成为现实,但传统意义上的数字立宪还不存在。数字社会的宪法需要更新,这是事实,但至于选择何种更新的方式,是立宪、修改,还是解释①,这是需要斟酌的。宪法以及其设计中所涉及的谨慎思想都应得到我们的尊重。数字立宪技艺也是重要的一环,需要立法者是一个技术高超的"建筑师",知道如何增加建筑物合力,减弱建筑物的破坏性张力。

尼尔·沃克(Neil Walker)在 2010 年观察到,"现代国家长期以来一直是宪治的无可争议的家",但是,今天不再是这样。② 国家并不必然是宪治主义的故乡了,传统意义上强制将宪治与国家联系起来的观念被打破,现实中的宪法生态系统变得更为多元化、复杂化和分散化。尽管传统宪治主义还只关注民族国家,为国家保留了中央位置,但实际上,跨国公司、跨国政权和国际组织等越来越多地使用宪法。数字社会的互联网治理机构 ICANN(互联网名称与数字地址分配机构)是根据美国加利福尼亚州法律建立的纯粹社团,它拥有自己的基本权利标准,还有针对域名分配问题的司法权(ICANN 仲裁庭),按照贡塔·托依布纳的观点,这是典型的"基于其私人秩序将自身宪治化"③。贡

---

① 参见杨学科:《人工智能的宪法挑战和宪法弹性回应》,《青岛科技大学学报(社会科学版)》2021 年第 3 期。
② N. Walker, "Beyond the Holistic Constitution", in P. Dobner, M. Loughlin, *The Twilight of Constitutionalism*, Oxford University Press, 2010, p. 291.
③ 贡塔·托依布纳:《宪法的碎片:全球社会宪治》,陆宇峰译,中央编译出版社 2016 年版,第 79 页。

塔·托依布纳的社会宪治理论是很有解释力的方法论工具，将宪法看作一个超循环闭合的自创生社会系统，① 能拓展宪法学的研究视野。他还认为社会只存在初级法律规范，这仅仅标志着法律化而非宪治化，只有规范初级法律规范的次级规范产生，也就是次级规范规定了识别、设置、修改、颁行和委托颁行初级规范，宪治化才开始。② 正因如此，宪法会出现双重反思现象，首先是自我构成的社会系统的反思性，其次是支持其自我奠基的法律的反思性。③ 如前所述，这种宪治过程的双重反思性，在数字科技领域是比较典型的。数字系统的自我反思性建立在是/否二元代码的技术逻辑之上，完成数字系统的自我奠基，代码也就充当了控制行为的初级规范，只有数字系统的反思性得到次级法律规范的支撑，宪法才能出现。一般意义上，在数字社会领域，存在平台审核机制和相应的规章设置，来规制作为初级规范的代码。这种数字社会宪法的自治不是纯粹的自治，还必须通过法律规范他治的界定，来回避数字社会系统自我奠基的悖论，避免极端功能分化的去整合趋势。④

数字宪治主义出现了"薄"和"厚"两种理论形式。根据巴黎政治大学法学院教授纪尧姆·杜索（Guillaume Tusseau）的讲述⑤，"薄"数字宪治主义是指针对个人权利宪章、互联网原则以及一些国家制定的数字权利法案，涵盖了言论自由、平等、隐私、参与和多元化等概念，致力于适应新型工具的使用和新威胁的出现，如大规模监视、个人画像、影响选举和文化缺失等问题。而"厚"数字宪治主义更加符

---

① 参见贡塔·托依布纳：《法律：一个自创生系统》，张骐译，北京大学出版社 2004 年版，第 9 页。
② 参见贡塔·托依布纳：《宪法的碎片：全球社会宪治》，陆宇峰译，中央编译出版社 2016 年版，第 123—124 页。
③ 参见贡塔·托依布纳：《宪法的碎片：全球社会宪治》，陆宇峰译，中央编译出版社 2016 年版，第 122 页。
④ 参见贡塔·托依布纳：《宪法时刻来临？——"触底反弹"的逻辑》，宾凯译，《交大法学》2013 年第 1 期。
⑤ "Taking Chaos Seriously: From Analog to Digital Constitutionalism (s)", (2023-03-08) [2023-03-12] https://www.sciencespo.fr/ecole-de-droit/en/actualites/taking-chaos-seriously-analog-digital-constitutionalisms.html.

合社会领域的自我宪法化理念，形成了规范、基本价值观和争端解决程序等宪法制度。例如，Bitnation 在 2014 年的创建为社会契约理论的相关性提供了证明。Meta 设立的监督委员会类似于宪法法院，如果用户对 Facebook 或 Instagram 上的内容作出的决定不满意，可以向该委员会提出上诉。"薄""厚"数字宪治主义对数字立宪的要求也不一样，"薄"数字宪治主义仍主要是模拟领域宪治主义的延伸，重视国家出场的"国家—政治宪法"；"厚"数字宪治主义虽是多元宪治主义，但重心在社会领域的自我宪法化。

　　这里所讲的数字立宪是外在于数字社会系统并对其自我奠基起着支持作用的宪法规范，也就是外部的国家—政治宪法，而不是内部的数字社会宪治化过程（没有"宪法"的宪治）。没有"宪法"的宪治是一种不以传统的"国家—政治宪法"为内部基准但符合宪治逻辑的宪治，本文不可不交代的立场是，数字立宪既需要肯定"没有'宪法'的宪治"的合宪性，又需要国家掌握国家—政治宪法的主动权。因为我们必须承认的是，新技术虽然挑战着公共权力，但国家的许多核心职能还在继续行使，还没有"新的权威和合法性来源"能完全取代国家[①]，剥夺掉国家层面的立宪权还为时过早。同时也要考虑到，数字社会的迅猛发展，需要数字立宪超前立法，需要面向未来的立法，这就需要发挥立宪的想象力和谨慎远见技艺。毕竟，数字立宪面对的是一个具有潜在变革的数字时代，宪法要阐明今世后代的道路，按照莱斯格的比喻，那就是数字立宪要充当数字时代数字法律规范体系乃至数字社会规范体系的"灯塔"[②]。

[①]　R. Hirschl, A. Shachar, "Spatial Statism", *International Journal of Constitutional Law*, Vol. 17, No. 2, 2019, p. 393.

[②]　美国宪法学者劳伦斯·莱斯格（Lawrence Lessig）曾被他的一个学生问道："宪治到底是协助我们在黑暗中摸索的手电筒，还是指引我们前行、岿然而立的灯塔？"他回答说："灯塔——它指引我们确立最基本的价值理念。"我同意莱斯格教授的观点：宪治（法）如同灯塔——帮助锚定基本价值观的指南。宪治（法）的教育价值在于它被看作是现存的和未来几代人的灯塔，一个指引前面道路的工具，一个鉴往知来的最基本价值观锚点。参见莱斯格：《代码2.0：网络空间中的法律》，李旭、沈伟伟译，清华大学出版社2018年版，第4页。

在数字社会领域最早的网络监管观点是网络自由主义观点,以"感恩至死"(Grateful Dead)乐队前词作者约翰·佩里·巴洛雄辩的《网络空间独立宣言》最为声名籍甚也是最为狼藉的,要求捍卫自由主义者的互联网,坚信网络世界是"一个崭新的心灵家园"。① 相对于巴洛的未来数字乌托邦的网络自由主义愿景,现实的网络却存在着反乌托邦的梦魇,并未使世界更民主、自由,反而裹挟的暴力和阴暗面使得网络"厕所化",同时创造了新的民粹阶层和精英阶层之间的裂痕,"阴沟里的卢梭"代表的夸大其词、抹黑造谣、八卦私隐"网红"互联网,精英阶层的正能量好像都不如这些充斥着腐败、黄色、低俗的文化合法性强,并且还加强了数字科技寡头的权力垄断。② 总体上,网络自由主义的宽容所造成的三大问题垄断、监视和虚假信息,激化了其宣扬的自由民主的危机,这与网络自由主义的初衷背道而驰。因此,加强对互联网的监管成为重要的呼声:"问题已不再是是否可以对互联网进行规制,而是要规制什么,为什么要规制,如何规制,由谁规制。"③ 劳伦斯·莱斯格就对技术决定论持尖锐批评态度,认为巴洛的网络世界的理想是没有法律的世界,华丽的宣言并不能解决任何问题,巴洛的理想恰恰需要政治活动。④ 并且,针对数字立法的必要性,莱斯格也批评了弗兰克·伊斯特布鲁克(Frank Easterbrook)法官的网络法马法论⑤只是新酒装旧瓶的"无新意"言论,认为"网络法"不是

---

① 参见莱斯格:《代码 2.0:网络空间中的法律》,李旭、沈伟伟译,清华大学出版社 2018 年版,第 320—322 页。
② "网络厕所化"和"阴沟里的卢梭"这些说法来源于徐贲的文章《网络公共厕所和阴沟里的卢梭》,其中阴沟里的卢梭代表着网络时代黄色八卦新闻所代表的文化更能挑起民众对精英阶层的蔑视和仇恨。参见徐贲:《人文的互联网》,北京大学出版社 2019 年版,第 85—91 页。
③ 罗伯特·鲍德温、马丁·凯夫、马丁·洛奇:《牛津规制手册》,宋华琳、李鸻译,上海三联书店 2018 年版,第 585 页。
④ 参见莱斯格:《代码 2.0:网络空间中的法律》,李旭、沈伟伟译,清华大学出版社 2018 年版,第 322—323 页。
⑤ 伊斯特布鲁克将"网络空间的财产"这一主题等同于"马法",认为网络法只是网络空间涉及相关纷争的法律规则的整合,涉及问题还得回到基础法律部门寻求解决。对网络空间采用"新法律"不仅有将技术与更广泛的法律体系隔离的风险,还可能损害法律体系的统一性。见 F. H. Easterbrook, "Cyberspace and the Law of the Horse", *University of Chicago Legal Forum*, 1996, pp. 207-216。

"马法",网络空间是一个特殊的法律调整对象,网络法能成为独立的法律领域,网络法的设置可以提供有关"作为监管者的法律限制以及逃避这些限制的技术"的宝贵且更普遍的教训。① 2014 年,万维网的发明者蒂姆·伯纳斯-李爵士 (Sir Tim Berners-Lee) 呼吁为数字时代制定一份大宪章。随后,数字立宪的文件频繁发表,代表了呼吁在网络空间中加强权利保护的传统。2019 年 11 月 25 日,李爵士又在柏林召开的互联网治理论坛 (IGF) 上正式推出 Web 契约 (Contract for the Web),该契约是一项全球行动计划,旨在确保我们的在线世界安全和赋能所有人,并且旨在"修复"互联网原则,防止我们陷入"数字反乌托邦"。该契约列出了政府、公司和个人必须遵守的九项核心原则,包括提供负担得起的、可靠的互联网访问以及尊重公民言论和人格尊严的责任。② 虽然契约 (Contract) 不像实际的宪法那样在政治、其他法律中占有主要地位,但是这项契约似乎与一场有关互联网权利、原则和权力限制 (即宪法化) 的对话十分契合,而这正是数字宪治主义的概念所体现的。③ 总体上,Web 契约是数字立宪文件的最新发展,符合数字宪治主义的内涵要求。

实际上,这样非正式的、民间的数字立宪的文件还是比较多的,但普遍是缺乏约束力的文书。虽然这些文书动议明确保护数字权利、民主治理和限制数字权力,但人们普遍怀疑这些文书的效力。真正国家

---

① L. Lessig, "The Law of the Horse: What Cyberlaw Might Teach", *Harvard Law Review*, Vol. 113, No. 2, 1999, pp. 501-549.
② 原则 1:确保每个人都可以连接到互联网。
原则 2:始终保持所有互联网可用。
原则 3:尊重和保护人们的基本在线隐私和数据权利。
原则 4:使互联网负担得起,所有人都可以使用。
原则 5:尊重并保护人们的隐私和个人数据以建立在线信任。
原则 6:开发支持人类最好的技术并挑战最坏的技术。
原则 7:成为网络上的创造者和合作者。
原则 8:建立尊重公民话语和人格尊严的强大共同体。
原则 9:为网络而战。参见 https://contractfortheweb.org/#main。
③ "The Contract for the Web: The Newest Manifestation of Digital Constitutionalism?" (2019-11-29) [2020-01-01], https://voelkerrechtsblog.org/the-contract-for-the-web-the-newest-manifestation-of-digital-constitutionalism/.

层面的数字立宪是巴西《互联网权利法案》（Marco Civil da Internet），这是一部规范公民、企业和政府使用互联网的权利和义务，旨在加强对数字时代基本自由的保护的法律，被称为"互联网宪法"。这部法律是受斯诺登事件影响，由总统迪尔玛·罗塞夫①（Dilma Rousseff）于2014年4月23日批准的。后来，巴西又加强了这部法律的二级立法以及数据保护法的立法工作。尽管民族国家有"寿终正寝"之说，已遭到内外的毁灭性打击，② 然而，如莱斯格主张的那样，没有国家的立宪的政治行动是不可能的。完全剔除民族国家的巴洛的网络理想主义，"纵使文章惊海内，纸上苍生而已"③，终究只是理想。

数字宪治是在数字社会背景下维护法治、权力分立、民主和保护个人权利等基本原则的一种新型宪治形态。除了作为国家宪法的修正案，数字宪治的原则还可以作为在线平台的内部规则、国家宪法法院和跨国司法机构的判例法，甚至还可以作为由公民推动的具有法律约束力的互联网权利声明。对于数字立宪，主权主义者和数字宪治主义者之间存在着一定的分歧，主要集中在国家定位上。前者希望将互联网置于以国家为中心的工具之下，如国家法律和政府政策；而后者则认为数字宪治不存在国家的主张，希望建立一个以国际人权法和国内民主宪法为基础的规范框架。自治社会部门制定的规范与国家机构以及社会背景的相互影响，使得这些规范在法律层面逐渐制度化，最终实现以国家为中心的文书到数字宪法的过渡。

如前所述，数字宪治的前提是数字立宪，数字立宪事关互联网、大数据、人工智能等新兴数字科技，涉及个人、企业和政府三大主体，更要关注大数据和算法的法律影响。以我国为例，我国的法律主要是

---

① 迪尔玛·罗塞夫是巴西历史上第一位女总统，2011年就职总统，2016年被弹劾罢免。根据爱德华·斯诺登泄露的NSA文件，罗塞夫及其助手受到美国国家安全局实施的监控，为此，2019年9月17日，罗塞夫总统拒绝了美国国宴的邀请，这是第一次有国家领袖这么做。

② 参见阿尔文·托夫勒：《第三次浪潮》，朱志焱、潘琪、张焱译，生活·读书·新知三联书店1983年版，第399页。

③ 龚自珍：《金缕曲·癸酉秋出都述怀有赋》。

围绕着数字技术的互联网、大数据、人工智能的先行专门立法,数字立法的"四梁八柱"基本构建完成,先后制定了《网络安全法》《电子商务法》《数据安全法》《个人信息保护法》《反电信网络诈骗法》五部专门法律,还包括《信息网络传播权保护条例》(2013 年修订)、《互联网上网服务营业场所管理条例》(2019 年修订)等行政法规,《最高人民法院、最高人民检察院关于利用网络云盘制作、复制、贩卖、传播淫秽电子信息牟利行为定罪量刑问题的批复》等司法解释,《国家互联网信息办公室、文化和旅游部、国家广播电视总局关于印发〈网络音视频信息服务管理规定〉的通知》等部门规章,以及《网络短视频平台管理规范》《网络短视频内容审核标准细则》等行业规定。这可以看出来我国是专门的数字科技相关立法先行,如果数字立宪的话,只能是数字技术专门立法先行,再制定数字宪法(或数字基本法、数字宪章)。这将与巴西的互联网宪法立宪后再立法的实践相反。

  如何对相关科技议题做出妥善的立法回应,是现代社会立法机关面临的一大挑战。① 本文认为,最适宜的数字立宪,是整体性的立法。一个数字宪法就好,最好不要再区隔为互联网宪法、大数据宪法、人工智能宪法甚至区块链宪法。大数据、人工智能、互联网三者关系呈现为大数据是人工智能的原料,互联网是大数据聚合、人工智能分析的传输途径。如果三者都专门立宪,这样的过度分化反而割裂了三者的耦合关系,增加了沟通的压力。况且,"庞杂的法律可能并不意味着进步"②,创制出那么多宪法,这种泛宪法化,也会冲蚀宪法的基本规范属性。宪法拜物教、宪法崇拜或宪法偶像崇拜也是一项空洞的努力,将无法产生更好的民主结果或帮助解决日益复杂的社会问题。③ 由此可知,整体性的数字立宪是最可行的数字立宪途径,这才洞察到了数字

---

① 参见邢斌文:《立法者如何讨论科技议题——以法律草案审议过程为例》,《北京科技大学学报(社会科学版)》2021 年第 6 期。
② 保罗·卡恩:《法律的文化研究》,康向宇译,中国政法大学出版社 2018 年版,第 200 页。
③ B. C. Jones, "Preliminary Warnings on 'Constitutional' Idolatry", *Public Law*, 2016, pp. 74-92.

社会的本质，立宪因而得以延展出整全性。

数字立宪还有一个大问题就是融贯性问题，如果数字立宪采取立宪的形式，这将产生与政治宪法①的融贯性问题，实践中除了巴西的相关经验、法国在《宪法》序言中附加《数字宪章》的修正案动议，可借鉴的经验可以说没有了。采取修改宪法的形式，将工商业时代的宪法逻辑与数字社会的宪法逻辑融贯地体现在一体，由上面的阐述，也可推断这是很难完成的一项宪法修改工程。因此可言，专门的数字立宪是最合乎宪法体系融贯性考量的，当然，宪法中增加数字条款和数字专章也是短期内可行的径路。

三、形式数字宪治主义

数字宪治在形式上是一种特殊的社会治理方式，主要依照数字宪制来进行治理。数字化是数字宪制的媒介，数字化不仅是法律行为、法律关系中的监管对象，还作为法律本身的工具和参数行使着监管主体的职责。按照系统论的理解，就是数字化不仅"构成"法律权力，同时还对这种法律权力进行"限制"。

（一）基于数字化的宪法治理

本尼迪克特·金斯伯里（Benedict Kingsbury）提出了"基础设施即法规"（infrastructure as regulation）的思想，作为思考法律、技术和社会的一种手段。作为这一想法的一部分，金斯伯里认为，基础设施包括数字基础设施在内。因为基础设施是涵盖性术语，与"基础设施"密切相关的其他概念包括系统、网络、平台和机器学习/人工智能。②按照这种观点，也就是说数字技术可作为规制基础设施。金斯伯里进一步阐释这一思想，"基础设施即法规"理念指的是基础设施可以（并

---

① 即宪法是建立在国家法律制度基础之上的最高规范。
② B. Kingsbury, "Infrastructure and InfraReg: on Rousing the International Law 'Wizards of Is'", *Cambridge International Law Journal*, Vol. 8, No. 2, 2019, p. 177.

且经常确实)与法律有某种重要的联系。简单地说,基础设施可能是实施法律的一种手段。它可以替代法律或取代法律,可能会成为法律的障碍,或阻止法律,或与法律进行病理性(pathologically)互动。它塑造了法律关系,还可能会产生依赖关系,引发合作或结构冲突。① 数字技术作为监管基础设施能对监管产生影响,首先在于数字技术预设的"合法/非法"二元符码,可以要求、引导、防止、促成特定的期望的行为类型。② 在这一点上,数字技术作为规制基础设施(例如互联网协议、云计算服务、区块链、智能合约、电子商务平台),通过数字信息系统的排名、互联网数据的标准化等数字化的治理,是存在法律意义的,也切实提高了治理效率和创新了治理方式。其次,数字平台公司的选择也可能影响监管。数字平台公司做出的基础设施选择可能对社会秩序(包括人权和公民权利)产生实际影响,并实际上限制了监管的可能性。因此,通过做出这样的选择,这些公司正在行使它所谓的"机会建构权力"(opportunity-structuring powers)。③ 实际上,数字平台公司正在将私人自我监管"宪法化",从而对政治言论进行监管,并删除其认为侵犯个人隐私的内容。

传统宪法治理的力量是呈现为碎片化科层分工的总体支配性国家权力,然而,如今很多宪法治理任务是通过数字化基础设施的技术治理来实现的,呈现网状结构的私权力开始成为宪法治理的重要力量。这种基于数字化的宪法治理,集聚了大数据、云计算、物联网、区块链、人工智能等数字新技术,将数据和算法作为宪法治理的核心依据,具有强大的治理效能,已成为国家治理体系和治理能力现代化的重要组成部分。借此,罗杰·布朗斯沃德(Roger Brownsword)教授关注这

---

① B. Kingsbury, "Infrastructure and InfraReg: on Rousing the International Law 'Wizards of Is'", *Cambridge International Law Journal*, Vol. 8, No. 2, 2019, p. 182.

② 例如罗伯特·摩西(Robert Moses)建造纽约的大路以使人们能够从城市进入海滩时,他建造了1000多个低立交桥,以防止低收入人群使用的公共汽车在此行进。Facebook等数字平台公司每天都会对访问和行为进行类似的选择。

③ B. Kingsbury, "Infrastructure and InfraReg: on Rousing the International Law 'Wizards of Is'", *Cambridge International Law Journal*, Vol. 8, No. 2, 2019, p. 181.

种规制越来越多地由技术管理（technological management）而不是法律规则承担的现象，呼吁重新构想这种现象：首先，将法律规则重新构想为更大的技术监管环境中的一个要素，技术管理也是其中的一部分；其次，重新想象法治是对任意行使权力的制约（无论通过规则还是通过技术手段来行使）。[1] 布朗斯沃德教授也将这种技术规则化的阶段称为 Law 3.0，即技术的发展让监管机构可以采取技术修正的手段进行管理纠偏，而非仅仅依赖传统规则，这和"像律师一样思考"的 Law 1.0 阶段和以 Law 2.0 模式进行推理的阶段有所不同。[2] 宪治可以看作是通过宪法的治理，数字宪治则由宪法通过数字化转码的形式来实现。基于数字化的宪法治理是形式数字宪治主义的一个类别，从治理角度看，数字化技术是数字宪治重要的支撑性治理技术，是基本趋势，一些国家已经利用大型科技公司的平台和数据来推动民主变革，而不是受到它们的威胁或限制。基于数字化的宪法治理可以说是技术治理和宪治主义的交织，能发挥数字技术的优势补强宪法治理，却也存在诸多社会风险。基于数字化的宪法治理，是将数字技术作用于宪法治理，但这种宪法治理需要再治理的机制。

（二）数字化宪法治理

上述基于数字化的宪法治理中，数字化是治理工具；而数字化宪法治理中，治理对象是数字化。宪法治理中，数字化作为治理工具本身，是需要反思性的，这自然需要外在限制性规范再治理。当然，这里数字化最适恰的解释是数字领域，而非仅仅限于前述基于数字化的宪法治理中的数字化治理工具。

最初的互联网自由主义，历史上最大的无政府状态实验，已被证明是无序的混乱。毕竟，数字化领域的法律问题呈现出多、新、险的特点，数字化领域的法律问题已经遍布社会的方方面面，数字司法领

---

[1] R. Brownsword, *Law, Technology and Society: Reimagining the Regulatory Environment*, Routledge, 2019, pp.1-178.

[2] R. Brownsword, *Law 3.0: Rules, Regulation and Technology*, Routledge, 2020.

域中的预测性 AI 和算法量刑引发了智能司法问题;数字经济领域的智能合约、沙盒监管等引发的监管法律问题;数字法治领域的人工智能驾驶、深度伪造、人脸生物特征识别等引发的法律问题。新的数据问题(数据海量、数据安全、数据隐私、数据污染、数据老大哥、数字殖民主义、数据达尔文主义)、算法问题(算法歧视、算法权力),这些不同于以往的数字新问题风险性大增,也决定了法律应对难度比较大,这就更需要从根本规范上构建数字化问题的宪法应对之道。

数字化的宪法治理更多是面对复杂"数字系统"时,如何通过宪法治理的问题。前述的宪法发展阶段在很大程度上也与治理对象的复杂程度有关。牛顿革命后的 18 世纪科学的特征是发展有组织的简单性科学,通过统计力学研究,19 世纪的科学着眼于无组织的复杂性,而 20 世纪和 21 世纪的科学则面对有组织的复杂性。① 这体现在宪法阶段上,就是宪治主义 1.0 阶段,宪法治理的主要对象是君权压制自由的简单问题,因此,宪法中一般将政府定位为守夜人的角色。在宪治主义 2.0 阶段,宪法治理的对象变成复杂的社会保障问题,所以,宪法将政府的角色定位到了全职保姆的角色。而到了宪治主义 3.0 阶段,宪法的治理对象开始变成有组织的复杂数字化问题,数字化技术不仅代表着数据和算法的规模、速度和能力的变化,而且数字化技术的高度专业化所造成的信息不对称,还严重挑战了国家直接有效规制它们的能力。在这一点上,数字化系统更多呈现出自生系统的特点,尊重数字化系统的自生系统特性,宪法治理需要肯定数字化系统的技术治理和自我治理的"软规制"(soft regulation)属性。

在劳伦斯·莱斯格眼中,"宪法的意义来自每个人都知道的事实(当时和现在)和立宪者实际写下的内容"②,这就是宪法的内容若要

---

① S. Kauffman, *The Origins of Order: Self-Organization and Selection in Evolution*, OUP, 1993, p. 173.

② J. Rosen, B. Wittes, *Constitution 3.0: Freedom and Technological Change*, Brookings Institution Press, 2011, p. 244.

呈现意义，就要有场景代入感。在数字化时代，数字化宪法治理在角色定位上，不仅应该承担起数字科技成就的"分配者"角色，构建起惠益分享数字科技福利的宪制体系，也应该充当好数字化领域的权利和义务平衡的"调节者"角色，确定人类治理数字化领域的合理途径。这种合理途径的选择，不宜生硬地一刀切，而要多点宪法实验，多预留点弹性空间。

四、实质数字宪治主义

合乎形式数字宪治并不是数字宪治合宪性的充分性的唯一来源，形式宪治相当于给数字宪治确立了形式上的宪治规则，如果想让宪治公平合理地进行，必须赋予宪治实质性的理想要素：限制宪治各方的权力扩张，保障个人基本权利。如果只确定了形式数字宪治，没有确立实质数字宪治，可能就只是确立了数字技术中心主义，而没有以符合人性的、更具远见的、更民主的数字宪治计划来取代，[1] 就像一艘遨游大海的宪法之舟安满风帆，却没有锚。在此意义上，实质数字宪治主义是形式数字宪治主义规范化的工具。

当然，时至今日，数字立宪尚未展开，形式数字宪治更多只能从治理角度进行理解，但是实质数字宪治主义，作为一系列的宪治原则和宪治价值观，要求数字宪制及其实施的方式为"善"的价值，可作为意识形态存在。这正如爱德华多·塞莱斯特所指出的那样，数字宪治是使当代宪治的价值观适应数字社会的意识形态。它并没有确定对数字技术挑战的规范回应，而是体现了为之提供指导的一系列原则和价值观。反过来，新兴的规范性响应可以被视为数字环境宪法化过程的组成部分。[2] 一言蔽之，即形式数字宪治从治理角度来看是数字社会

---

[1] 参见阿尔文·托夫勒：《未来的冲击》，蔡伸章译，中信出版社 2006 年版，第 272 页。

[2] E. Celeste, "Digital Constitutionalism: A New Systematic Theorisation", *International Review of Law, Computers & Technology*, Vol. 33, No. 1, 2019, pp. 76-99.

的构造（constitutive），实质数字宪治则表明数字宪治也确实是宪法的（constitutional）。

（一）数字权力制约

宪治主义是一个与权力有关的概念①，对权力施加限制的规范必须以法律或宪法惯例的方式规定下来。数字宪治主义作为宪治主义的一部分，自然也是一个与权力有关的概念。宪治主义1.0、2.0阶段的权力等同于政府权力，国家权力是宪治中唯一合法的权力来源；而数字宪治则面临着权力的行使由公共和私人行为者共享的数字时代问题，数字化时代的私人行为者扮演着日趋重要的角色。特别是数字平台的崛起正在从根本上改变宪治国家的面貌。这种趋势促使保障权利和自由的功能得以通过平台化实现，同时也赋予（自赋+他赋）了平台创建者自主管辖权，并构建出与其他地理区域隔离的数字平台空间。

宪治概念是权力向权威转化的另一个名称。② 形式数字宪治主要是数字权力的宪法承认和规制的规范及运作体系，强调规范的宪法化、程序的合宪性。现阶段则无正式的数字立宪行为，形式数字宪治作为规范工具，按照政治宪法的理论是没有建立起来的，但按照托依布纳的社会宪治来解读，形式化的数字宪治已经完成。因为政治宪法对数字社会的规范作用已经捉襟见肘，政治宪法所构建的"国家权力—公民权利"体系在数字平台私权力崛起的数字社会已经难以完全奏效。在这种情况下，数字社会往往会发展出自我宪治规范，例如这些数字宪治规范具有构成性和限制性功能，数字宪治规范首先需要一套具体决策和治理制度来实现自治性，完成高度专业化的数字领域的治理任务，同时，通过一些自我约束机制制度化，来完成子系统运行的限制性功能。例如在互联网治理域名领域，代码通过自我奠基与自我限制

---

① P. Scott, "(Political) Constitutions and (Political) Constitutionalism", *German Law Journal*, Vol. 14, No. 12, 2013, p. 2160.

② J. Přibáň, "Constitutional Imaginaries and Legitimation: On Potentia, Potestas, and Auctoritas in Societal Constitutionalism", *Journal of Law and Society*, Vol. 45, 2018, p. 30.

塑造出独立的社会子系统即互联网系统，并在此系统内部形成一套代码规则来解决冲突。确实，"互联网领域确已出现符合宪治功能（自我奠基与自我限制）、宪治过程（结构耦合的双重反思）和宪治结构（混合的基础符码）的宪治主义"①。当然，这还只是方法论的理论推演，形式上的数字宪治，没有成文的数字立宪，是很难说达到的。但这种理论的演绎，更多是表达了实质数字宪治主义中的权力自治和权力制约的宪治核心要义。

同时，宪治概念也是有限权力的名称，数字宪治主义也要建立权力均衡的宪治理念。数字宪治在数字领域限制数字权力。首先要承认权力可由公共和私人共享，存在私权力，这样宪法的基本结构将从"国家权力—公民权利"变为"权力—公民权利"，甚至是"权利—权力"。其次，面对数字权力的扩张，在数字权力构成宪法权力的同时要对其予以限制。对数字权力的限制，存在着高度专业、科学性强、理解难度大的特点，这就需要多元治理，肯定技术治理的合法性。

在数字时代，如何合理、合法地限制权力的行使，是一个值得深思的数字宪治问题。随着数字化世界日益渗透，规范建设正趋向多样化，越来越多地依赖于私营部门的技术标准和规则制定。因此，在数字社会，公共权力不再是尊重宪法原则的唯一威胁，而是包括了公共和私人行为者实施的数字技术所产生的权力。在面对数字社会中对基本权利和民主价值观的挑战时，《数字服务法》可以作为欧洲宪治模式的一种弹性范例，强调宪法在限制平台权力方面发挥关键作用，同时促进对基本权利和自由的保护。它不应被视为转向监管干预或欧洲宪法价值观的帝国主义延伸，而应被视为欧盟解决平台权力的宪法路径的表达。总体上，欧洲数据保护的兴起和巩固促进了宪法范式的演变，以及纵向宪法价值观向横向原则和操作规范的转化。这种方法有助于维护人类尊严的核心地位，避免网络平台等强大行为者对个人数据进

---

① 连雪晴：《互联网宪治主义：域名争议解决中的言论自由保护新论》，《华东政法大学学报》2018年第6期。

行不透明和不负责任的处理,同时确保在处理涉及冲突权利时采取相应的正当程序措施。①

(二)数字人权保障

自宪治主义2.0阶段后,人的尊严逐渐成为宪治主义的核心原则,"是一种特殊的地位原则,其功能在于统一我们的规范秩序。更全面地讲,人的尊严表示在任何机构或程序中都应维护的基本地位"②,不应将人的尊严降低为法律规范或法律原则。在数字时代,数字技术如同一把双刃剑,数字技术给人类带来便捷、高效、丰富和舒适的"美丽数字新世界",同时,我们将毁于我们热爱的东西(数字技术)③,数字技术破坏隐私权等基本人权和自由,加剧社会的不平等(数字鸿沟等),产生数字犯罪(包括数字诈骗/盗窃、网络色情/淫秽、数字暴力、虚拟欺凌)。这为宪治主义的权利设置带来扩张和收缩的新可能,扩张的主要是围绕着数据和算法展开的新权益,数据权益主要是数据人格权益和数据财产权益,算法方面的权益主要是算法解释权,这些权利已经为跨国数据规定或者法院司法所认可。如前所述,这些人权都可放入被称为第四代人权的数字人权的框架当中。但数字人权的规章,并没有宪法意义的宪章,多是类似法律文本形式的政治宣言(比如《欧盟数字基本权利宪章》),包含着数字基本权利的提议。

数字人权将对现有权利框架的理解应用于数字领域,扩展了权利范围。现在世界范围内,数字权利在法律上主要是在个人信息保护法等私法中作为一般人权进行保障,但数字权利的内容已经超越公私法界限,例如对个人数据信息的保护,需要针对个人数据信息犯罪的刑法立法保障,也需要个人数据信息行政法保护立法,以及针对个人数

---

① Giovanni De Gregorio, *Digital Constitutionalism in Europe: Reframing Rights and Powers in the Algorithmic Society*, Cambridge University Press, 2022, p. 272.

② S. Riley, "Human Dignity as a Sui Generis Principle", *Ratio Juris*, Vol. 32, No. 4, 2019, p. 439.

③ 参见波兹曼:《娱乐至死》,章艳译,广西师范大学出版社2004年版,"前言",第2页。

据信息的人格权和（或）财产权的民法保护立法等，公法、私法界限的分明已经远不足以厘清数字人权保障问题，甚至不能更好地保障数字人权。数字人权需要更高层次的规范保障、更多元的治理保障，可以预见的是，未来数字人权会以新的宪法权利条款的形式，或者专门的数字立宪（或区域数字基本权利宪章）的形式实现规范上的宪法化。

数字人权问题是数字社会最基本的人类问题之一，也是敏感和富有争议的问题。从逻辑上讲，数字人权保障清单是难以详尽无疑的。从互联网到大数据，再到人工智能，新的数字人权会随着时间增加成为一般权利，遂此，数字人权的数量会逐渐增加。这就会出现一种宪法难题：不可预见的数字人权会在宪法规范中缺失，宪法规范滞后于数字人权发展现实。这就需要数字人权立宪者具有未来眼光，有预见性地进行立法，以具有概括性、抽象性的弹性立法为主，永远不要只凝视过去、现在的一面，对看不见的未来一面无所筹谋，无立宪想象力。还有一点就是，数字人权旨在引发和实现普遍意义上的数字平权革命，使获取、应用和控制数字技术和数字信息的能力从少数组织和个人的特权变为公众可以享受的基本权利。因此，数字人权立宪一定要与数字科学福利权①同篇布局，第四代人权即数字人权的享有是数字科学福利的体现，数字科学福利是第四代人权即数字人权的旨归。这也符合罗尔斯正义二原则，数字社会的人们应当完全平等地自由享有数字权利，但对于数字科技领域科学福利最小受惠者，应用科学福利权去兼顾平等，实现符合公平的正义、再分配的正义。

最后，尊重和维护人的尊严是数字伦理的核心，可以帮助我们平衡数字社会中普遍存在的监视和权力的不对称。② 保护数字人权、抵御数字平台侵犯我们的权利，是数字宪治的核心理念。将人类置于目前主导数字政策制定方式的技术主导的思想和行动力量矩阵的中心，这

---

① 参见杨学科：《揭开人权灰姑娘的面纱：科学权之科学福利权》，《山东科技大学学报（社会科学版）》2020 年第 3 期。
② European Data Protection Supervisor, "Opinion 4/2015, Towards a New Digital Ethics", (2015-09-11) [2019-12-16], https://bit.ly/38Y4Nf3.

是应对地球未来的反民主设计的一种方式。① 在数字社会，基于人权的方法，不仅在数字技术开发和应用中变得越来越重要，在宪法框架内，架构数字权利也越来越变成"政治行为"，毕竟把数字人权这辆车放在法律（宪法）这匹马前面，并不能让数字人权变成数字权利，② 时下就是选择和行动的时刻。长期以来，欧盟积极行动，其数字技术领域的政策已经从自由经济的角度转变为旨在保护基本权利和民主价值观的宪法方法。③

五、数字宪治价值

宪治是规范、程序、本质以及价值观的汇聚体。上文的数字宪治主义作为理论兼有描述性和规范性面向，它描绘出了数字宪治的形式运作逻辑，同时规范性地阐释了数字宪治的实质内涵。然而，如德国司法部部长塞宾·洛伊特霍伊赛尔-施纳伦贝格尔认为的那样，"数字社会需要的主要并不是新的法规，它需要普遍的数字价值"④，因而，对于数字宪治的价值观探讨可能更有利于深入理解数字宪治。

无论是宪治的历史长河，还是宪治文本，很多都闪烁着人文主义的光辉。透过人文主义精神才能理解宪治产生的思想背景，没有人文主义就没有宪治文本的人权价值光彩，没有人文主义就没有人类体验为无意义的世界创造意义。⑤ 数字人文主义是人文主义在数字社会的延

---

① B. Wagner, M. C. Kettemann, K. Vieth (Eds.), *Research Handbook on Human Rights and Digital Technology: Global Politics, Law and International Relations*, Edward Elgar Publishing, 2019, p. 19.

② B. Wagner, M. C. Kettemann, K. Vieth (Eds.), *Research Handbook on Human Rights and Digital Technology: Global Politics, Law and International Relations*, Edward Elgar Publishing, 2019, p. 17.

③ Giovanni De Gregorio, "The Rise of Digital Constitutionalism in the European Union", *International Journal of Constitutional Law*, Vol. 19, No. 1, 2021, p. 41.

④ 贾维斯：《分享经济时代：新经济形态，分享什么，如何分享》，南溪译，中华工商联合出版社2016年版，第268页。

⑤ 参见尤瓦尔·赫拉利：《未来简史》，林宏俊译，中信出版社2017年版，第200页。

续，认为只有以人类为中心，才能真正解决数字技术所带来的问题。这在《维也纳数字人文宣言》（Vienna Manifesto on Digital Humanism）中体现得尤为明显，此宣言认为监管机构需要干预技术垄断，根据人类的价值观和需求塑造技术，而不是让技术塑造人类。宣言中的数字人文主义指的是一种描述、分析并最重要地影响信息技术和人类之间复杂相互作用的方法，以改善社会和生活。总体上，这种数字人文主义对数字化持有工具主义的立场，不会将人转变为机器，也不会将机器解释为人。因此，这种数字人文主义不同意将数字化实体赋予电子人格，以及人类甚至数字化实体像神一样造"人"。

上述的数字人文主义将社会价值设限"终结于人类自身"，主张人的中心性、人类的价值是社会的绝对价值，以及人的地位的超验性，采取的是"强接纳人类—强拒绝非人类"的立场，这种主体性的过分膨胀背后的人类沙文主义和物种歧视曾给环境、非人类的物种等带来"人文的灾难"。本文认为，在这个后人类社会中，一种全新的人类生存形式正在形成，"我们正在建设一个新的数字社会，我们所构建或未能构建的价值观将定义我们的新数字结构"[1]。数字人文主义绝非只有上述一种类型，（后）数字人文主义也应在我们的法律（道德）关注范围内为非人类实体腾出空间，认识到人类只是世间的一种生命形式，并非世间唯一的理性存在物，有限度地承认人类以外的社会存在物的相对价值，更新为"强接纳人类—弱接纳非人类"的立场。这种数字人文主义主张抛弃人类中心主义的观念，超越只有人类的法律范式，事实上并不真的意味着人类的终结，代表着一种反人类主义，而是意味着人类作为自我中心的自主主体概念的终结。这种观念会给数字宪治价值带来新可能，例如，数字构造物可能会有具体人格以及相应的法律责任，生态环境价值得到呈现。当然，社会价值的形成是需要社会调适整合的，因而，这种新的数字社会的价值，关乎人类和世界的

---

[1] N. M. Richards, J. H. King, "Big Data Ethics", *Wake Forest Law Review*, Vol. 49, 2014, p. 395.

未来命运，是值得社会广泛论辩的。

这种新的数字社会价值的调适整合，也暗合了人类地位的历史变迁规律。意大利旅英信息哲学家卢西亚诺·弗洛里迪（Luciano Floridi）将我们的"历史"描述为人类在世界上失去中心地位的过程，他将"数字化"更彻底地定位为"第四次革命"，其中人类作为信息体（inforgs）被嵌入信息圈并与人工智能和同一信息圈中的其他居民混合。他认为，以太阳为中心的哥白尼宇宙论使人类在宇宙中失去中心性，这标志着"第一次革命"——一场关于自我理解的革命。达尔文进化论使人类在生物界失去中心性，这标志着"第二次革命"。笛卡尔的"我思故我在"和弗洛伊德的"无意识论"，使人类失去了在意识世界中的中心性，它引发了"第三次革命"。现在图灵的计算机科学和随后人工智能技术的快速发展让人类失去信息圈中唯一智慧智能体的中心地位，正在引发"第四次革命"。① 人类的历史地位呈现为趋低态势，但并不意味着人类及其尊严不高于机器、技术。随着科技的不断进步，人类与非人类之间的界限变得越来越模糊，我们需要对这种关系进行深入思考和探讨。在数字宪治中，我们应该尊重每个个体的尊严和自由，包括人类和非人类。这意味着我们需要考虑如何给予非人类相应的权利和资格，以使它们能够被视为一种具有独立价值和尊重的存在。例如，在人工智能和机器人领域，我们需要考虑如何确保它们不会受到虐待或滥用，同时也需要考虑它们的自主决策和行为责任。这可能涉及制定适当的法律和规定，以确保人类和非人类之间的公正和平等。总之，数字宪治需要我们调整"人—非人类"② 价值关系，尊重人类和非人类的权利和尊严是未来数字宪治的一个重要目标，非人可人，

---

① 参见卢西亚诺·弗洛里迪：《第四次革命》，王文革译，浙江人民出版社 2016 年版，第 101—107 页。

② 混沌共和国宪法超前为"人—非人类"提供了思考的模板。1999 年，"混沌共和国"（Republic of Chaos）的宪法承认"任何能够思考和渴望的生物或数字实体，以及电子人和机器人都是公民。他们必须尊重国家主权和民主原则"，"这些原则不仅适用于混沌共和国，也适用于混沌共和国的数字领土"。"Constitution of the Republic of Chaos", http://republiqueduchaos.org/en/index.html.

人"人"和美，需要我们共同努力实现。

宪治的发展并非从历史遗迹中提炼出一块完整的大理石，而更像是一个洋葱，由内到外逐层形成，内在的基本价值观逐渐影响着外部层面，不断萌芽新的原则规范以应对日益复杂的社会情况。① 在19世纪的漫长岁月中，宪法思想、范式和机构迅速发展，并在20世纪70—80年代达到顶峰。然而，自20世纪末以来，特别是在新千年开始后，这些思想、范式和机构变得越来越不适应现实情况。② 现代宪法的确是为物理世界而生，旨在规范国家政治制度和公民权利义务等方面的事项。然而，随着数字化时代的到来，现代宪法在应对数字世界中的问题方面确实存在着数字私权力、数字人权等挑战。这些问题需要根据数字化时代的特点进行更新和完善，以更好地保障公民权利，并适应数字经济和社会的发展。"适应和变革是宪治生命周期不可或缺的一部分。"③ 数字宪治就是一种普遍的适应和变革方案。它是现代宪治发展的新阶段，是宪法研究的新思想、新范式和新模式。它试图在宪治理念的基础上，充分借鉴和利用数字时代的技术手段，适变应变，把宪法结构扩展到数字环境中，构建一个更加公平、透明和高效的治理体系，保障数字公民的权利和自由，在数字化时代中为社会治理提供更多的可能性。数字宪治的目的是将数字社会的目标与宪治相结合，主张在数字空间的社会关系范围内扩展宪法价值和原则，保护数字人权和平衡数字权力。

六、迈向数字宪治文明

"数字革命"深刻改变着世界，数字未来已来。人类正在经历人类

---

① Edoardo Celeste, *Digital Constitutionalism: The Role of Internet Bills of Rights*, Routledge, 2022, p. 81.
② M. Belov, "Three Models for Ordering Constitutional Orders", *Pravni zapisi*, Vol. 13, No. 2, 2022, p. 365.
③ Edoardo Celeste, *Digital Constitutionalism: The Role of Internet Bills of Rights*, Routledge, 2022, p. 86.

历史上最大、最快和最普遍的转变,这种文明已不同于游牧文明、农业文明、工业文明的缓慢进步,而是快速迭代升级中的新文明。按照《失控》作者凯文·凯利的观点,我们已经历经了基于物联网实现所有信息数字化的互联的第一个数字文明,第二个是人类的关系可被机器(算法)读取的数字文明阶段,未来第三个数字文明将采用区块链技术镜像整个世界,所有物理物件都能进行数字化,机器可以读取搜索整个世界的一切信息。① 这表明,库克里克意义上的"一个前所未有的、由人类和他的作品控制的文明"②,以数据化和算法化为标志的数字文明,"完完全全的新社会"③,已经成为人类文明发展的新篇章。与此同时,数字文明如何"扩展人类经验,增加人类价值并丰富我们的生活",也将成为数字宪治文明的治理研究课题。可以肯定的一点是,数字文明肯定不是数字权力的蛮横和数字权利的匮缺。

　　文明不只是品味上的进步:始终接受美好的事物,拒绝讨厌的事物。④ 文明同样也是对共存的渴望,以及同理心的进步:不仅使那些圈内的人受益,而且还应使那些圈外人也受益。所以,数字文明意味着拥抱美好、有利于人类福祉的数字技术,不仅需要数字技术使那些熟悉和有能力负担数字的人受益,而且还应对那些不熟悉或没能力负担数字的人(数字弱势群体、受数字科技影响的人、潜在受数字科技影响的人等)做出更有利的科学资源再分配。文明其表,制度其里,这就需要制度上的应对措施。宪治是人类文明的最高体现,只有数字社会的成员能够看到数字社会如何保持数字技术的正义享有,而非简单的平等享有,并对数字技术权力予以规制的时候,宪治才会存在并将持续下去。自然而言,数字宪治就是新的数字文明的制度愿景。

　　不容忽视的事实是,数字宪治文明嵌入数字技术体系的变迁进步

---

① 《连线》杂志创始主编凯文·凯利:《未来已来》,https://www.tuoluocaijing.cn/article/detail-45026.html。
② 克里斯多夫·库克里克:《微粒社会:数字化时代的社会模式》,黄昆、夏柯译,中信出版社 2017 年版,第 185 页。
③ 阿尔文·托夫勒:《未来的冲击》,蔡伸章译,中信出版社 2006 年版,第 101 页。
④ K. F. Gerould, *Modes and Morals*, Charles Scribner's Sons, 1920, p. 138.

的事实和保障数字文明的法律和政策之中。因此，数字宪治文明的内涵集中于两方面，即数字文明时代的国家文明一方面通过实现的数字化程度来衡量，数字技术元素已成为人类文明的重要底层元素，这主要体现在以数字技术为中心的数字基础设施（新基建）建设程度上；另一方面通过宪治文明水平来衡量。一个国家在大数据、云计算、物联网、人工智能、虚拟现实、区块链等新兴数字技术应用方面，处于发展弱国状态，即使有强大的宪法治理水准，也很难称得上"数字"宪治文明。当然，如果这些新兴技术应用处于超级强国状态，但宪法勉为"数字治理"之难，不能为数字治理提供宪法保障，则仍然难以称得上数字"宪治"文明。由是观之，宪法治理水平应与数字文明的发展水平相称，两者缺一不可，否则就不是数字宪治文明。

宪法深嵌于特定的时代背景中，数字文明进化的发展趋势同样也是宪法所不能脱离的。如上所言，一部成熟的宪法一方面应适应日新月异的数字社会，同时，一部成熟的宪法也应该是受尊重的社会契约，数字宪治也应是数字社会的社会契约。这个数字社会的社会契约若要受尊重，也必然要遵守宪法的核心定律即"权力制约和人权保障"。难以想象一个算法权力无法无天、大权凌人的宪法，一个数字权利残缺不全、人微权重的宪法，一个算法权力巨细无遗、数字权利寡薄不全的宪法，是一部成熟的数字社会宪法。所以，一部成熟的数字宪法在另一方面仍然需要保护宪治的基本理想：权力制约和人权保障。这样的数字宪法、数字宪治才是社会正义的蓝图和反对数字暴政的堡垒。这样的数字宪法才值得我们发自内心的尊重、真正的信仰和忠诚。我们绝大多数人是包容性宪法的热情捍卫者，"更喜欢一个会燃烧国旗然后将自己包裹在宪法中的人，而不是一个会燃烧宪法然后将自己包裹在旗子中的人"[①]。这份热爱、挚爱和执着也会倾注到数字社会宪法的新构想中。

---

① M. Ivins, "File These Items in the I Can't Believe This Drawer", *Globe-Times (Amarillo)*, 1997-07-01（A10）.

人类的宪治事业也充满历史的风云变幻，并非都顺风顺水。理论上的数字宪治主义是需要发展的东西，需要通过实实在在的数字宪治作业才能完成。但实践中，我们不应高估数字宪治，这不是灵丹妙药，药到病愈。但是，有一点可以肯定的是，数字宪治是治病之药，有助于解决数字社会的一些弊病。对于数字宪治为何"是治病之药，而不是灵丹妙药"，主要在于一些失败的宪治事例的教训。对此，学者托依布纳有审慎的思考："很难评估数字宪治主义会对社会产生什么样的影响，我们需要对宪治主义保持清醒的态度。政治宪法的历史例子可以使我们意识到宪治可以实现什么，而没有实现什么。宪治有许多失败之处。南美洲知道那些所谓的正式宪法的痛苦经历，这些宪法在世界其他地区也失败了。政治宪法是一个很好的指南，可以帮助我们评估国家以外的宪法能给我们带来什么，以及它们不能实现什么。"[1] 历史上也不乏一些法治独裁者，"学会了讲民主宪治主义的语言，同时确定了其张力和复杂性的共振频率点，以扭转其影响"[2]。这种循着专制主义的剧本，披着宪治主义外衣的伪宪治主义，同样制造了许多法治灾难。正因如此，如托夫勒所言，提出明天的宪法蓝图并不容易，需要进行彻底的讨论、争执、辩论和设计。[3] 实际上远非这些言语上的理论构想就足矣！数字宪治经纬业，励精图治谱新篇，从数字宪治批判和理想走向数字宪治行动乃至变革，更需要的是看透数字社会弊端、怀有数字宪治理想、充满行动力的数字宪治变革推动者实践推动的大量有效的数字宪治变革的发生。

---

[1] R. V. Gascón, "Constitutional sociology and corporations: A conversation with Gunther Teubner", *Tempo Social*, Vol. 31, No. 1, 2019, p. 325.
[2] K. L. Scheppele, "Autocratic Legalism", *The University of Chicago Law Review*, Vol. 85, No. 2, 2018, p. 565.
[3] 参见阿尔文·托夫勒：《第三次浪潮》，朱志焱、潘琪、张焱译，生活·读书·新知三联书店1983年版，第484页。

域外译评

范式的转变：向独具一格的数字时代竞争法迈进

奥列斯·安德里赫克[*] 著

韩天竹[**] 译

摘要：欧盟数字竞争法正处在一个范式转变（paradigmatic transformation）的过程中。最能体现这一转变逻辑的法律文件是欧盟《数字市场法》（DMA）。本文对欧盟数字竞争政策和法律广义上的理论基础进行梳理，探讨 DMA 程序上的创新之处，以证明本文所提出之假设。支撑本文的核心观点是，对数字市场更为激进的规制方式，虽然正在形成中，但已经可以反映出客观上社会经济与政治的趋势。这意味着，传统纯粹化、内向型竞争规范模式将逐渐向多中心模式转化。本文的早期版本被葡萄牙竞争局（Portuguese Competition Authority）授予 2021 年"竞争政策学术贡献奖"。

关键词：竞争法 数字市场 数字经济 反垄断 数字市场法

一、引言

《数字市场法》是欧盟数字经济领域的新法规，旨在重新调整竞争法执行机构及市场主要竞争者之间关系的范式。[①] 经过公开咨询[②]、专

---

[*] 奥列斯·安德里赫克（Oles Andriychuk），英国纽卡斯尔大学教授。原文 "Shifting the Digital Paradigm: Towards a *Sui Generis* Competition Policy" 载于 *Computer Law & Security Review*, Vol. 46, 2022。

[**] 韩天竹，山东科技大学文法学院副教授。

[①] Proposal for Regulation of the European Parliament and of the Council on Contestable and Fair Markets in the Digital Sector (Digital Markets Act), Brussels, 15.12.2020 COM (2020) 842 final 2020/0374 (COD).

[②] Commission's Factual summary of the contributions received in the context of the open public consultation on the New Competition Tool, 15 December 2020.

家论证①以及非常激烈的学术辩论②，该法的提案由欧盟委员会于 2020 年 12 月通过一般立法程序提交给欧洲议会，汇集了欧盟竞争法知识共同体（epistemic community of EU competition law）对这项改革利弊的阐述。③

欧盟委员会的这项提案在理事会和议会经历了几个阶段的重要改变，④ 新规的首要任务是规制数字市场的主要参与者，即享有"守门人"（gatekeeper）地位的参与者，其目的是提高核心平台服务（core

---

① Jacques Crémer, Yves-Alexandre de Montjoye, Heike Schweitzer, "Competition Policy for the Digital Era", European Commission Report, 2019. See also Jason Furman, Diane Coyle, Amelia Fletcher, Derek McAuley, Philip Marsden, "Unlocking Digital Competition", Report of the Digital Competition Expert Panel, 2019; Ian Brown, "Interoperability as a Tool for Competition Regulation", Open Forum Academy Report, 2020. Christoph Busch, Inge Graef, Jeanette Hofmann, Annabelle Gawer, "Uncovering Blindspots in the Policy Debate on Platform Power", Final Report by the Expert Group for the Observatory on the Online Platform Economy, 2021.

② Heike Schweitzer, "The Art to Make Gatekeeper Positions Contestable and the Challenge to Know What Is Fair: A Discussion of the Digital Markets Act Proposal", *Zeitschrift für Europäisches Privatrecht (ZEuP)*, Vol. 28, No. 3, 2021, pp. 1 – 35; Pablo Ibáñez Colomo, "Protecting the 'Law' in Competition Law", *Journal of European Competition Law & Practice*, Vol. 11, No. 7, 2021, pp. 333 – 334; Giorgio Monti, "The Digital Markets Act: Improving Its Institutional Design", *European Competition and Regulatory Law Review*, Vol. 5, No. 2, 2021, pp. 90 – 101; Frederic Jenny, "Changing the Way We Think: Competition, Platforms and Ecosystems", *Journal of Antitrust Enforcement*, Vol. 9, No. 1, 2021, pp. 1–18; Damien Geradin, "What Is a Digital Gatekeeper? Which Platforms Should Be Captured by the EC Proposal for a Digital Market Act?", 18 February 2021, SSRN; Michael Jacobides, Ioannis Lianos, "Ecosystems and Competition Law in Theory and Practice", UCL Centre for Law, Economics and Society Research Paper Series, 1, 2021, pp. 1–41; Alexandre de Streel, Richard Feasey, Jan Krämer, Giorgio Monti "Making the Digital Markets Act More Resilient and Effective", CERRE Recommendations Paper, May 2021, pp. 1–97; Nicolas Petit, "The Proposed Digital Markets Act (DMA): A Legal and Policy Review", 2021, pp. 1–24, forthcoming in *Journal of European Competition Law and Practice*; Assimakis Komninos, "Legal, Institutional and Policy Implications of the Introduction of a New Competition Tool", *Concurrences*, Vol. 19, No. 1, 2021, pp. 1–16.

③ DMA 于 2022 年 10 月正式出台，其法案于 2019 年由欧盟委员会提交审议，其间经过了数次欧洲议会辩论及草案修改。原文的写作与发表在 DMA 正式出台之前，因此，原文中的用词为"DMA 法案"（DMA proposal），译文中则使用 DMA，译者也将部分将来时态改写为一般现在时或者过去式。同时，作者对 DMA 的梳理是基于 2020 年草案，DMA 终稿已经修改了部分法条的顺序，但是实质内容并未改变，不影响译文的实效。——译者

④ 即《内部市场和消费者保护委员会报告草案》，报告人为安德利亚斯·施瓦布（Andreas Schwab）. Committee on the Internal Market and Consumer Protection (IMCO) Draft Report on the proposal for a regulation of the European Parliament and of the Council Contestable and fair markets in the digital sector (Digital Markets Act) (COM [2020] 0842–C9 0419/2020–2020/0374 [COD]), Rapporteur: Andreas Schwab, 01.06.2021.

platform services，以下简称 CPSs）的公平性与可竞争性，从而使接受服务的商业用户及最终用户受益。为此，新规为守门人设置了广泛的义务条款。① 欧盟数字竞争法的发展进程预示了 DMA 的通过，并使其成为一种必然。数字经济的发展带来了竞争法目标的重释以及竞争法执法机制的重塑，从而影响了竞争法、经济及政策的转变。本文的目的是梳理数字竞争法的发展进程，同时阐述数字经济带来上述转变的原因及路径。DMA 具有前瞻性和潜在的深远影响，本文旨在分析促成这一新规则的社会经济因素，提供分析这些因素的基础理论框架，从而有助于解释新规产生的背景，更好地理解其本质。

新规在方法论和规范范式上的新颖性并不影响竞争法的教义和理论基础，② 它补充和丰富了现有竞争法体系，而并非具有替代或限制的效果。传统的事后规制模式不可限制、垄断甚至耗尽竞争。③ 竞争的概念非常广泛，并非主流经济或法学理论所界定的那么僵化和一成不变。将竞争理论主要归结为新古典主义微观经济指标或者判例法的非反思性教条主义（unreflective dogmatism）是一种趋势，该趋势是当下竞争法范式的基础，同时也在许多方面制约着竞争法的发展。

本文支持 DMA 所带来的竞争法改革，在这一点上，本文与多数近期竞争法学术成果是一致的。然而，本文亦属于 DMA 支持者中的少数派，因为作者认为引入新数字竞争规则的关键原因是促进更多新设市场主体进入已形成稳定规模的核心平台。本文并不质疑新规则对企业

---

① 根据 DMA 第 2（2）条，核心平台服务（CPSs）包括：（1）在线中介服务（例如电子商务市场或在线软件应用服务）；（2）在线搜索引擎；（3）在线社交网络服务；（4）视频分享平台服务；（5）网络通信服务；（6）操作系统；（7）网页浏览器；（8）虚拟助手；（9）云计算服务；（10）广告服务，包括由上述 9 项所列核心平台服务的提供者所提供的任何广告网络、广告交易及其他广告中介服务。

② Heike Schweitzer, "The Art to Make Gatekeeper Positions Contestable and the Challenge to Know What Is Fair: A Discussion of the Digital Markets Act Proposal", *Zeitschrift für Europäisches Privatrecht (ZEuP)*, Vol. 28, No. 3, 2021, pp. 1-35.

③ 本文同意拉马德里（Alfonso Lamadrid）的观点，即"竞争法从来不是根据理想化的基准来对市场竞争结果进行优化或微调的工具"。详见 Alfonso Lamadrid, "The Proposed New Competition Tool: A Follow-Up", Chillin' Competition Blog, 29 June 2020, available at https://chillingcompetition.com/2020/06/29/the-proposed-new-competition-tool-a-follow-up/。然而，与拉马德里提出的批评理由相反，本文强烈支持竞争法这一学科新的扩张性发展。

及终端用户带来的新纵向利益的重要性,这些利益并非应得权益,而应被视为鼓励更多新设市场主体参与竞争的因素。本文认为新规是务实的,并非只存在于道义层面。很多 DMA 的支持者反对上述观点,他们认为 DMA 主要是作为系统性失衡、歧视及剥削的救济工具;然而,质疑 DMA 的学者却支持上述观点,因为他们多数并不赞成 DMA 以基本权利为导向。①

本文由八节组成。在第一节的简要介绍之后,第二节分析促使欧盟及其他国家和地区修改竞争法基本原则及竞争法与政策存在基础的宏观经济背景。基于这一背景,新规则更加符合逻辑,更具有合理性。第三节讨论 DMA 的规范目的。作者认为,DMA 对竞争的影响取决于对其核心目的的理解。本节并不涉及对竞争目的相关文献的实质性分析,而是将重点放在对平台内竞争和平台间竞争差异的讨论上。第四节不再聚焦新规则的宏观经济背景,而是将关注点转移到竞争规则的技术特征上,考察当下竞争规则的事后和事前机制的设置,分析新规如何在概念上将这两个独立的竞争规则执行机制联系起来。以新规为代表的独特竞争规则的出现,其实是全球竞争监管领域发展的缩影,新规的影响力也会以布鲁塞尔为中心向世界蔓延。第五节探讨新规最核心的要素,即 DMA 第 6(1)条,在新规的提案中,该条被委婉地表述为"可进一步规定的守门人义务"。在从实体与程序两个层面分析守门人义务的同时,本节将分析第 6(1)条为何以及如何促成了竞争法主动性的一面。② 第六节将讨论守门人二元义务的可行性及其存在的挑战。作为最后结论,第七节探讨 DMA 对数字市场竞争或新规在实施层面上(现实或潜在)的负面影响。

---

① 更多讨论参见 Oles Andriychuk, "Will the Digital Markets Act Deliver?", Chillin' Competition Symposium on the Digital Markets Act, October 2021, available at https://chillingcompetition.com/2021/10/26/chillincompetition-dma-symposium-will-the-dma-deliver-on-carrots-and-sticks-and-some-magic-tricks-by-oles-andriychuk/。

② 主动性和预防性是竞争法相互依存的两翼,详见 Oles Andriychuk, "Dialectical Antitrust: An Alternative Insight into the Methodology of the EC Competition Law Analysis", *European Competition Law Review*, Vol. 31, No. 4, 2010, pp. 155-165。

二、多元监管工具的必要性

目前，关于竞争法性质的讨论空前热烈。在法经济学范式长期影响下，竞争标准逐渐趋同，法律与经济部门也逐渐融合，在规范范式与方法论上都形成了对新古典主义的共识。内部和外部的一系列相互独立却又互相影响的因素，引发了竞争法范式的转变。然而，新竞争法范式的出现过程是漫长且复杂的，被称为"哥白尼式转变"（a Copernican transformation of the field）。[①] 欧盟竞争法的新范式至少由如下七个因素导致：（1）方法论；（2）数字经济特质；（3）战略竞赛；（4）规范模式；（5）策略性；（6）事后规制的滞后性；（7）功能性。

（一）方法论的转变（去计量化/去公式化）

曾经或现在仍在主导竞争法方向的各种经济学理论与方法，其本质上是对市场运行过程的一种数学化或者公式化推演，这种趋势体现在产业经济学和计量经济学中，其基本原理存在于大多数新古典主义经济学的主流分支中。这些方法的基本假设是，竞争在整体上是可以计量的，且被影响的社会利益最终在数量也是与其相称的。首先，该假设意味着计量经济学模型的迅速发展旨在解释过去、现在和未来的市场运行过程；其次，不论市场运行过程有多么复杂和多样，终将被简化为共同的规范标准，即价格理论及其对消费者的影响。这种简化的观点不乏反对者，其批评的焦点要么是放在改进模型的参数或者扩大其标准和变量上，而不去质疑模型本身的有效性；要么是从规范和方法论角度认为这种观点是不切实际的异端邪说。这种将竞争法完全理性化的趋势实际上是用自然科学来计算各种社会科学这一更广泛运

[①] Pablo Ibáñez Colomo, "Protecting the 'Law' in Competition Law", *Journal of European Competition Law & Practice*, Vol. 11, No. 7, 2021, p. 333.

动的一部分。① 这种可计算性可以为复杂决策过程的每一步选择都提供一种表面上无偏见、中立且精确的解释,且从政治角度来看,这种依据复杂数学运算结果而作出的决定为决策者提供了一个可靠的合法性盾牌。以新规为代表的新范式本身并不反对基于数学运算结果来制定竞争法或竞争政策,而是认为竞争法对社会运行过程的影响更为广泛和多样化,并非完全可量化或者可预测。新范式并不批判理性化或者可计量性本身,而是反对将它们绝对化或者公理化。之前的范式认为经济本身是整体的、单一的,而新范式认为经济是多元的。在涉及多方利益的情况下,各方都会将其对经济、法律及事实的合理解释提交给决策者,这些不同的解释有时甚至是对立的,但都符合一定的标准,这并非自相矛盾,而是经济活动及法律语言复杂性的客观表现。② 这种基于数学计算而制定竞争规则的方法有诸多缺点,在数字经济领域表现得最为突出。如果这种纯粹基于计算而得出的对经济事实的解释(不同的解释存在冲突,但却都客观且有效)完全被决策者采纳,那么竞争法执行者的角色将会变得更加积极主动,远远超出了新古典主义法经济学方法论赋予它的事实核查、合法化认定等角色,而是变得更加灵活,被赋予了主动解释、战略规划等权限。这种转变也同时具有重大隐患。本文最后一节便会分析其中最为棘手的隐患。

(二)数字经济的特质

数字经济的特殊性是促使竞争法范式转变的第二个条件。数字经济

---

① 对反垄断理论的讨论,参见 Ariel Ezrachi, "Sponge", *Journal of Antitrust Enforcement*, Vol. 5, No. 1, 2016; Stavros Makris, "Openness and Integrity in Antitrust", *Journal of Competition Law & Economics*, Vol. 17, No. 1, 2021 and Oles Andriychuk, "Between Microeconomics and Geopolitics: On the Reasonable Application of Competition Law", *Modern Law Review*, Vol. 85, No. 3, 2022.

② 这种分析方式更多见于宪法学相关文献中,因为宪法学相关领域涉及更为久远、更为激烈的权利及权益冲突。详见 Alec Stone Sweet, Jud Matthews, "Proportionality Balancing and Global Constitutionalism", *Columbia Journal of Transnational Law*, Vol. 47, No. 1, 2008, p. 88.

有网络效应（network effects）、零价格市场（zero-price markets）、赢家通吃和市场倾覆（winner-takes-all and market tipping）、规模和范围经济（economies of scale and scope）、去中介化（disinter-mediation）、数据协同效应和市场竞争（data synergy and competition for the markets）、全球数字竞赛（global digital race）及其他特质，使得数字经济的规范模式独具一格。① 数字经济的特质为更主动、灵活的竞争法的必要性提供了支撑。数字经济运行具有特殊性，有必要采取积极主动的竞争规范模式，这就需要对传统的模式进行修改。与前一点相比，方法论涉及的是过度依赖经济学和认知方法所带来的负面效应，而数字经济的特质问题关注的是数字市场的真实情况和系统特征，不再是仅基于理论层面。

（三）战略竞赛

这一因素是"第四次工业革命"带来的，涉及全球数字转型进程。数字实力（大数据、接口、基础设施、议程设置、趋势及关注度设定）的积累对一个国家或地区未来几十年在全球经济（以及文化、社会及政治）格局中的作用和地位具有决定性意义，目前对数字主权的讨论正在迅速升温。在这一点上，英国和欧盟都是净贡献者，因为他们的终端和商业用户为非国内算法提供了支持，他们的发明创造为非国内创新增长做出了贡献，他们的人才为非国内企业提供了技术支持，从而为其他国家的数字财富、影响力和收入的增加做出了贡献。基于许多原因，英国和欧盟两大法域在全球数字竞争的舞台上一直并将长期保持重要地位，然而，它们与数字经济龙头的位置仍相距甚远，数字先锋第一梯队与第二梯队间的差距似乎正在扩大。这种战略竞赛体现了数字竞争对立、对抗的特性。由于这种特性超越了竞争法及竞争政策的规制范畴，所以其永远不会公开出现在竞争法条

---

① 详见 Laurine Signoret, "Code of Competitive Conduct: a New Way to Supplement EU Competition Law in Addressing Abuses of Market Power by Digital Giants", *European Competition Journal*, Vol. 16, No. 2-3, 2020, pp. 221-231。

文中，然而，它的巨大作用却不可忽视。它们不是新范式出现的主要驱动力，而是推动旧范式被淘汰的动因。方法论的转变这一因素揭示了对经济理论机械化依赖的短视，而战略竞赛这一因素则具有政治、战略的意义，它解释了各国政府争夺数字主权，积极形成本国数字市场的原因。①

（四）规范模式

这一因素是竞争法内部价值与目标的体现。从词义上讲，竞争法是保护并促进竞争的规范，然而在现实中，其主要目的却体现为对消费者福利的保障，主要通过新古典主义价格理论来衡量。我们目前正经历一场经济的结构化复苏，在竞争过程中强调竞争者的数量和质量，同时为中小竞争者提供公平与机会。即使在消费者福利增加、创新不断增长的情况下，也有合法的理由对竞争过程进行规范，特别是在以价格为标准衡量消费者福利以及创新利益在主要守门人内部进行分配时。竞争法经历了哈佛学派和自由主义学派的主导时期，对它的批判也形成了恶性循环。然而，如果我们结合去计量化、去公式化、竞争法的碎片化，以及更多现实背景，对可竞争性和公平这些竞争法核心目的的理解可能有更大的转变，其程度已经远远超出了新旧的正统竞争理论的更替。②

（五）实施策略

在数字经济及数字竞赛全球化的当下，对竞争的监管无处不在。职能部门对竞争法条文的理解和运用基于其视角与利益的不同而不同。

---

① Oles Andriychuk, "Shaping the New Modality of the Digital Markets: The Impact of the DSA/DMA Proposals on Inter-Platform Competition", *World Competition: Law & Economic Review*, Vol. 44, No. 3, 2021, p. 271.

② Giorgio Monti, "The Digital Markets Act—Institutional Design and Suggestions for Improvement", TILEC Discussion Paper, 2021 - 004, 2021, p. 1, available at https://papers.ssrn.com/sol3/papers.cfm?abstract_id=3797730:"如果把DMA看作是回归到20世纪80年代，即委员会饱受批评的形式本体主义（form-based approach）时代，是一个错误。"

虽然不同国家大多引入相同或类似的立法词汇、规范性目标以及禁止性规范，但是基于竞争以外的因素也会决定或限制竞争法的实施，造成了实施效果的巨大差异。在某些情况下，我们会看到对竞争法条款极不寻常的解释；而在另外一些情况下，有些条款会被架空，不会得到实施，目的便是逐底竞争（race to the bottom）。我们不可能期待所有法域在国内竞争法立法上达成统一共识，各个国家的执行机关也会结合自身的经济及非经济因素来解释竞争法，比如基于社会利益、先前做法、执法优先性等因素的合理取舍。对竞争原则教科书式的运用只能发生在没有或者少有外界影响的静态系统中。数字市场的出现带来了更多外界影响，各国的应对方式和利益各不相同，国家或者地区纷纷采取了多种激励措施。有些研究表明，发展中国家为了实现更广泛的社会公共利益，有合法理由明确适用竞争政策工具。有些国家全面适用竞争法规则和原则，而有些国家却选择忽视，最终促使前者的竞争规则也变得不能被普遍接受。竞争是多元的、多功能的，与环境相联系，且在某种意义上具有工具性，竞争理论也应当从本质上体现出这些特征。

（六）功能性

对守门人的监管需要采用更务实、更有针对性的方法，这种方法需适应数字经济的快速发展，反映了执法者对经济发展和商业实践的理解。我们经历了从以自由主义意识形态为主导的互联网自由主义时代到对数字经济进行积极监管的互联网实用主义或国家主义时代的转变，在这一过程中，诸多规范竞争的原则和工具得以使用。从本质上说，DMA 的规范具有智能性、针对性、非对称性和区分性。DMA 排斥一刀切，在数据收集和使用方面采用有针对性和区分性的做法以突出竞争者的市场地位。新范式采用了更为主动的规范方式，这是应对迅速变化且内在复杂的数字关系的唯一途径，同时，新范式更具针对性和个性化，因为数字时代的关系更加依赖于环境且独立于法律。

（七）事后规制的滞后性

正在形成的新范式并非有意替代已经确立的竞争法、经济学或相关政策，而是对它们的有效补充，其主要目的是建立一种事前与事后规范协调组合的竞争规范模式，当其中一种规范模式过于消耗时间或浪费资源时，或者因其他原因不适合采取时，则启用另外一种。过去十年欧盟采用的是事后规制方式，其对数字竞争的规制效力却相当有限，主要是因为守门人被指控的反竞争行为以及要求侵权人所采取的补救措施既不能代表数字经济的转型，也不能有效地恢复欧盟内部市场的竞争功能。传统的事后规制模式远远不能满足为保护或提高竞争而对市场主体进行的监管。市场需要的是更灵活、更细致的针对性干预。非法行为发生并被识别后，救济措施才能被确认并实施，损害赔偿决定才能作出，即事后规制规则只能在侵权发生后才适用。在大多数案例中，即便是那些虽经历挫折但却获得成功的案例，事后规制的结果也仅对个案有益，对整个市场来说不具有普遍意义。[①] 此外，竞争的去公式化意味着合法性的门槛可能不会具有唯一性，每一个国家都会根据其立场和利益来调整其国内市场。事后规制的模式远远不能应对上述情况。

三、竞争法目标的多元化

从规范角度讲，DMA 有两大目标：可竞争性和公平。这两个目标在词义上都很宽泛、多义，且具体涵义有赖于上下文。正如下文所言，这种模糊性是立法者有意而为之，目的是增加文本的灵活性。概括来说，可竞争性目标旨在激发并提高竞争，公平性目标则是为了规制市

[①] Philip Marsden, "Google Shopping for the Empress's New Clothes—When a Remedy Isn't a Remedy (and How to Fix it) ", *Journal of European Competition Law & Practice*, Vol. 11, No. 10, 2020, pp. 553-560.

场上不正当剥削的现象。DMA 为实现这两个目标做出了具体规定。学界对它们的探讨非常激烈，也很有启发性。① 值得注意的是，欧洲议会曾将 DMA 的目标进行了放大，使其囊括增加消费者福利和促进创新。然而，这种扩大并没有体现在最终的 DMA 条文中。②

　　保护、维持与促进经济竞争是公共政策所追求的重要目标。出于方便、可控以及经济竞争固有特点的考量，这种公共政策可能会被简化为单纯的法经济学工具。然而，现实中同一市场的竞争存在各种合法的形式，对任何一种形式的优先，在很大程度上都是国家的一种政治选择。在数字经济背景中，平台内和平台间竞争的共存便是这种目标多元性的体现。前者使监管者的注意力集中于平台内部形成的竞争，③ 这意味着平台的主导地位是经济的一种准合法或至少不可避免的先决条件，其重点是预防该平台采取损害下游市场竞争的行为。这些市场往往有很多层次，保护这种主导平台的内部竞争的确比挑战或取代它现实中的功能地位更重要且更实际。数字市场平台间竞争的情况则完全不同。数字市场本身是很容易被单一或寡头垄断的，真正竞争

---

① 参见 Thomas Tombal, "Ensuring Contestability and Fairness in Digital Markets through Regulation: A Comparative Analysis of the EU, UK and US Approaches", *European Competition Journal*, early view: https://www.tandfonline.com/doi/full/10.1080/17441056.2022.2034331; Thorsten Käseberg, "The DMA—Taking Stock and Looking Ahead", *Journal of European Competition Law & Practice*, Vol. 13, No. 1, 2022; Pablo Ibáñez Colomo, "New Times for Competition Policy in Europe: the Challenge of Digital Markets", *Journal of European Competition Law & Practice*, Vol. 12, No. 7, 2021 (and the entire JECL special issue); Alexandre de Streel, Giorgio Monti, "Improving Institutional Design to Better Supervise Digital Platforms", available at https://papers.ssrn.com/sol3/papers.cfm? abstract_id = 4015703; Simonetta Vezzoso, "The Dawn of Pro-Competition data Regulation for Gatekeepers in the EU", *European Competition Journal*, Vol. 17, No. 2, 2021; Giorgio Monti, "The Digital Markets Act: Improving Its Institutional Design", *European Competition & Regulatory Law Review*, Vol. 5, No. 1, 2021; Elias Deutscher, "Reshaping Digital Competition: The New Platform Regulations and the Future of Modern Antitrust", *The Antitrust Bulletin*, Vol. 67, No. 2, 2022。

② 作者认为，这种排除是出于一种正确的考量，参见 Oles Andriychuk, "The Digital Markets Act: A Comparative Analysis of the Commission's, IMCO-Parliament's and Council's Drafts of the DMA", p. 2, available at https://papers.ssrn.com/sol3/papers.cfm? abstract_id = 3976158。作者认为，如果欧盟委员会需要证明其每一个决定都能增加消费者福利或者促进创新，将会为 DMA 的实施带来不必要的系统性挑战，更何况，如此一来，"守门人"便可以以上述目标为依据，挑战委员会的每一项决定。

③ Niamh Dunne, "Platforms as Regulators", *Journal of Antitrust Enforcement*, Vol. 9, No. 2, 2021。

者共存的情况在本质上是罕见的，其内在系统性特征可以解释这一点。对数字市场的监管需要有战略性的实施方案以及非常娴熟且有针对性的干预。我们可以看到有些国家存在一些全球守门人的替代性服务提供商，这些国家的竞争法充满了灵活性和机会主义，有助于实现他们培育国内竞争对手的战略意图。通常，国家可以通过限制全球规模的守门人来达到培育国内平台的效果，然而，这种做法的效果不容乐观，立法者们必须在DMA的有效性和尊重自由民主的总体原则之间选取一个微妙的平衡点，一旦失衡，危险便会产生。然而，这种危险的存在并不否定对竞争与产业政策之间关系新视角的讨论。相反，两者之间如何产生更有效、更易接受的对话形式成了空前重要的政策议题。

数字平台间竞争的非体系化、相互滋养等特点意味着针对这种竞争监管的重点并非保护而在于促进。数字经济具有交互操作性及数据可移植性等特点，充分利用这些特点，再加上对新平台实体的鼓励，平台间竞争可以实现高效化。很明显的是，核心服务交互操作这一想法是非常难以维持效率的。[①] 此外，可交互性可能会产生反效果，因为企业或终端用户可能会依赖现有网络平台，通过使其无用而阻止可能的转会。在这种假设下，企业用户可以有机会从守门人竞争对手那里获得其CPS的所有潜在利益，利用所需的外部功能和守门人CPS上无

[①] 对欧盟数字市场可交互性的讨论，参见 Wolfgang Kerber, Heike Schweitzer, "Interoperability in the Digital Economy", *Journal of Intellectual Property, Information Technology and E-Commerce Law*, Vol. 8, No. 1, 2017, pp. 39 – 68; Jacques Crémer, Yves-Alexandre de Montjoye, Heike Schweitzer, "Competition Policy for the Digital Era", European Commission Report, 2019, available at https://ec.europa.eu/competition/publications/reports/kd0419345enn.pdf; See also Jason Furman, Diane Coyle, Amelia Fletcher, Derek McAuley, Philip Marsden, "Unlocking Digital Competition", Report of the Digital Competition Expert Panel, 2019, available at https://assets.publishing.service.gov.uk/government/uploads/system/uploads/attachment_data/file/785547/unlocking_digital_competition_furman_review_web.pdf; Ian Brown, "Interoperability as a Tool for Competition Regulation", Open Forum Academy Report, 2020, available at https://openforumeurope.org/publications/ofa-research-paper-interoperability-as-a-tool-for-competition-regulation/; Christoph Busch, Inge Graef, Jeanette Hofmann, Annabelle Gawer, "Uncovering Blindspots in the Policy Debate on Platform Power", Final Report by the Expert Group for the Observatory on the Online Platform Economy, 2021, available at https://platformobservatory.eu/app/uploads/2021/03/05Platformpower.pdf。

法提供的改进，但仍依赖于守门人的 CPS，而不是转会到守门人竞争对手旗下。当然，这只是一种假设，不能被视作为促进交互性的一种优势。

接下来要考量的一个问题是，监管者应鼓励哪一种新入场的竞争者呢？首先，是否应当将新入场者限定为在其他服务平台亦不具备守门人资质的服务提供者；或者是否不应设限，将新入场的机会留给所有提供者，包括现有守门人？其次，本地新入场者是否可以得到监管者的优先考量呢？如果是，在多大程度上优先呢？

如果选择前一种模式，那么关于生态系统竞争的话题便有了极高的关联度。这种竞争形式是基于一种微妙的观察，即所有大型数字企业，虽然它们在某些市场领域中占据垄断地位，但是它们都会在另外一块市场上为了追求更多的市场份额而进行战略竞争。这种竞争的最终目的是要为用户提供最广泛的数字服务，从而将他们锁定在平台提供的生态系统中。这种模式类似于北美的职业体育俱乐部。俱乐部之间的竞争非常激烈，基本上不给或者极少给予新俱乐部入场的机会。虽然存在争议，但是在这种模式下的竞争态势非常繁荣，达到了平台内竞争的所有健康指标。即便如此，这种模式也是有问题的，因为新入场者的门槛高的不切实际。对于那些不满意于竞争现状的国家来说，这种模式也是不可接受的，因为它们的目标是促进市场结构更公平且更具代表性，或者让新入场者（通常是国内的）发挥更大的作用。

即便解决了这一规范难题，还有更多难以达成共识的问题存在，例如，干预强度、规范的可执行性以及所选优先事项的一致性等。一连串的复杂性解释了欧盟极少将数字平台间竞争作为明确监管目标的原因。然而，从欧盟数字经济战略发展的角度出发，结合当下对欧盟数字主权的热烈讨论，守门人替代者的存在，将产生一系列积极的影响。这也是 DMA 绝不能忽视平台间竞争问题的原因。

四、事前、事后机制的僵局困境

狭义上的竞争法（通常是预防性、事后规制方式）与广义上竞争法（通常是积极、事前规制方式）在方法论上几乎是二分的。尽管两者都针对同一现象，它们在基本理论、规范以及方法上有很大的不同。本节的目的是分析为什么DMA可被视为一架独具一格的桥梁，连接起了竞争法事后与事前规范模式。

在反竞争行为发生之前，市场的竞争功能一直存在，这便是支撑事后/事前二分法的典型假设。这些情况应当通过有效实施事后规制规则来补救，然而在有些情况下，事后规则却无能为力，需要有更为积极主动的监管干预，即事前监管规则，旨在避免更系统性的市场失灵。从程度上来说，最积极的事前监管措施并非单纯的预防性补救措施，而是积极地构建和促进竞争，对之前的垄断市场进行"有利竞争的干预"。通常情况下，有些市场失灵是基于行业的特殊性及历史、地理和文化属性，只有事前监管才能纠正这种市场失灵，事后规范对此是无效的。

事后规制规则的原理具有普遍性，适用于所有行业。先前对竞争规则的讨论几乎全部或大多针对事后规则。然而，事前规制规则往往是针对具体部门的，且具有临时性，因此，很难将这种规则内化到已经成型的事后规制的体系和惯例中。也就是说，事前规则通常是特殊的、针对具体部门的措施，超越了典型的竞争规则的程序、模型及衡量标准。我们注意到了这两种规则之间存在相互依存关系，然而，从定义上讲，先前的竞争法范式倾向于将两者（竞争与监管）分开来看待，认为两者间并不存在关联。DMA规则的诞生弥合了这种两极分化，因其更突出沟通性、解释性、参与性和个性化。

两种范式的区别在于，新的事前规制范式建立在竞争法目标多元化的基础之上，逐渐抛弃了市场完全可以自我规范的新古典经济学假设。从此，竞争法变得更加务实而非教条主义，更具针对性而非公理主义。①

对数字竞争的规范多元化使得更具针对性的干预政策成为可能。DMA 便是其中一个具有代表性的例子。DMA 的理念是将解释的灵活性和事后规则的监管理念以及事前针对性监管结合起来，从而实现竞争法事前、事后规则的扬长避短。如此看来，这种理念在表面上缺乏博德尊（Podszun）等②所论述的"原则性方法"，因为 DMA 中的义务清单"看起来像是对过去和正在进行的案例的随机取舍"。我们不难找出满足 DMA 第 5、6 条所涉及的案例，然而，这种满足更像是折中的大杂烩，充满了自我矛盾，而并非经过调整的、彼此间相互支持的和谐义务组合。

尽管本文不涉及对第 5、6（1）条的实质性分析，但是我们有必要在这方面做出一个重要假设，即第 6（1）条的全包含性或者模糊性是有意而为之。这种故意的设计是基于三个相互依存的因素。通过识别这些因素，我们可以便可以理解为什么 DMA 的确是独具一格的竞争法范式。

第一个因素是，尽管从形式上看，DMA 第 6 条可以产生直接影响，但是在实践中，欧盟委员会可以根据每个守门人的情况来作出具体解释。因此，DMA 本质上规避了所有可能的有效救济，使欧盟委员为每一个具体案件来选择最合适的救济措施。③

第二，这种开放式立法解释方式是竞争法独特范式的核心特征之一，它可以使竞争法更加灵活，能够适应快速变化的数字现实，易于实施和监督，具有选择性、可沟通性、可参与性，并且可以适应未来

---

① 从这个意义上讲，本文所论述的功能多元主义与从规范公平与正义的角度来设计新的竞争工具这种方法不同。参见 Ceara Tonna-Barthet, Louis O'Carroll, "Procedural Justice in the Age of Tech Giants—Justifying the EU Commission's Approach to Competition Law Enforcement", *European Competition Journal*, Vol. 16, No. 2-3, 2020, pp. 264-280。

② Rupprecht Podszun, Philipp Bongartz, Sarah Langenstein, "Proposals on How to Improve the Digital Markets Act", Policy paper in preparation of the information session on the Digital Markets Act in the European Parliament's Committee on Internal Market and Consumer Protection (IMCO) on 19 February 2021, p. 3.

③ 本文也讨论了实施 DMA 第 6（1）条的程序问题。

的发展。统一和连贯的义务清单的确可以增加规则的可预期性、确定性和透明度,使竞争法远离法治争论,然而,这种统一和连贯却同样会使竞争法失去效力。DMA 第 5、6(1)条中的全包含性或者模糊性意味着欧盟委员会可以更多地参与监管。DMA 不仅监管已获得守门人地位的企业(第一层不对称),它还允许监管机构针对每一个守门人来设计义务范围(第二层不对称)。如此便赋予了监管者极大的灵活性,但同时也允许监管者更多地参与到市场的微管理过程中。对欧盟委员会角色与功能的重新定位代表了欧盟竞争法范式的转变。欧洲议会报告草案似乎加强了这种模糊性,其第 71 号修正案提议将 DMA 法案第 5、6 条中的开放式用词贯穿到其立法宗旨中。①

DMA 仍是竞争法,② 且在一定程度上比事后规制规则更具有竞争法属性,因为它并没有把经济竞争简化为消费者福利这一单一指标,也并不认同"如果福利在增加,便没有监管干预的理由"这一短视且具有误导性的理念。在零价格的数字市场中,福利更加难以衡量;即使可以被衡量,监管干预和引导竞争的理由仍是存在的。在竞争过程中存在比价格理论更广泛、更多样的因素,③ 而且在这个过程中,并不是所有的因素都能自我纠正。

值得注意的是,DMA 在保护和满足终端用户(即消费者)的利益方面是相当不足的,即便 DMA 引入了旨在增加数据可以执行、交互操

---

① 欧洲议会报告草案的第 71 号修正案建议将该期限延长至三年。详见 European Parliament, Committee on the Internal Market and Consumer Protection Draft Report on the Proposal for a Regulation of the European Parliament and of the Council Contestable and Fair Markets in the Digital Sector (Digital Markets Act) (COM [2020] 0842-C9 0419/2020-2020/0374 [COD]), Rapporteur: Andreas Schwab, 01.06.2021, p.50: "DMA 第 5、6 条中的义务适用于根据第 3 条所制定的核心服务平台,即守门人,包括守门人所属的任何企业,不得从事任何合同、商业、技术或其他任何其他虽然在形式上不被第 5、6 条所禁止,但其目的和效果却与被禁止行为相同的行为。"

② 施魏策尔(Heike Schweitzer)的观点与之相同,但其表述不同:"虽然 DMA 不再是基于《欧盟运行条约》(TFEU)第 103 条所制定的竞争法,但是其仍然属于竞争政策的范畴。"参见 Heike Schweitzer, "The Art to Make Gatekeeper Positions Contestable and the Challenge to Know What Is Fair: A Discussion of the Digital Markets Act Proposal", Vol. 28, No. 3, 2021, p.5。

③ Oles Andriychuk, "Competition Overdose: Curing Markets from Themselves: Ten Points for Discussion", *Legal Studies*, Vol. 44, 2021, forthcoming.

作性和访问透明度等义务,其重要目的也是在于保护和促进平台内或平台间竞争。将竞争的多重语意简化为单纯地去计算消费者福利的损害或增加,将挫伤欧盟数字市场的竞争性。首先,消费者通常相当满意守门人或者超大在线平台的现有模式;其次,鉴于竞争救济措施被普遍适用,将其本身作为一种目的,不论从竞争过程角度还是从终端用户利益角度来看,都可能会适得其反;最后,由于创新和效率等指标在计算上不可能考虑到欧盟在数字竞赛中的特殊利益,且在这个多面市场中,享受创新和效率的市场主体很可能会让消费者享受到由此产生的利益(符合《欧盟运行条约》[TFEU]第101[3]条),但又同时巩固了自己守门人的地位,阻止了新主体进入市场。

支持DMA第6(1)条的人认为该条设置了广泛的义务,但是也允许监管机构进行个性化处理,是一种有益的尝试;然而他们也认为,从确定性角度来看,在监管介入之前,赋予无针对性义务清单以法律效力,也是有问题的。第三个因素便是对上述论点的一种回应。这种观点认为,在监管介入之后而不是之前使DMA第6(1)条生效,将不会影响该条的可执行性。因为在这种情况下,作为被告的守门人可能会在司法过程中激烈地质问其与欧盟委员会之间达成了何种性质的协议以及被针对的行为如何以及从何时起符合或者不符合协议的结果。这种争议有可能会形成新的诉讼契机,从而分散欧盟委员会的资源,使其无法聚焦实质问题。

从另一方面来说,对确定违反DMA第6(1)条的时间点采用溯及既往,却可以在追究责任时选择不溯及既往,将大大增加欧盟委员会在监管过程中的议价能力,使其可以针对不同的情况来选择不同的应对方式。

五、独具一格的竞争法的呈现

竞争法的事后规制规则在解释行为时具有灵活性,但是在解决问题阶段却比较慢；事前规制规则虽可以得到较快实施，但是规则本身的柔性与模糊性使市场主体（尤其是主要市场主体）有时会无所适从。这些市场主体往往更倾向于规则明晰的事前规制规则，从而减少甚至完全消除监管机构的自由裁量权。同时，事前规制规则的横向性通常会为将要入场的准市场主体设置比现有主体更重的合规负担。

DMA法案旨在弥补这一理念上的差距。从程序角度来看，DMA第6（1）条在法理上并非最恰当的方案。它规定了一系列在法律上具有约束力的义务，但却在事实上并不打算在第8（2）条启动之前要求履行这些义务。这一设计允许但从不要求欧盟委员会"制定守门人应当实施的措施"①。DMA第8（5）条设置了监管沟通机制："委员会应通报其初步调查结果，说明其将要采取的措施或者其认为核心平台应当采取的措施，以有效解决初步调查结果中的问题。"② DMA第8条并未界定事实上的不合规行为（每一个守门人都可以合理期待监管机构对这些广泛的义务进行澄清），但是从词义上来说，第8条又要求守门人必须证明其合规性，在法理上为守门人附加了义务。这种构词方式与第5条（守门人义务）是一致的，只是第5条所列的义务直接有效（或者"自动执行"［self-executing］）。

此外，第8（4）条明确指出，"本条第2、3款不影响欧盟委员会在29、30和31条下的效力"③，这些条款涉及违规及罚款。换句话说，从传统范式角度来看，这种界定和调整监管沟通的法理机制远非完美无缺：它似乎是一个恶性循环，守门人的义务无法被最终确定。这种看似不必要的法律均衡（juristic equilibristics）可能会试图推定守门人

---

① Proposal for Regulation of the European Parliament and of the Council on Contestable and Fair Markets in the Digital Sector (Digital Markets Act), Brussels, 15.12.2020 COM (2020) 842 final 2020/0374 (COD), Art 7 (2).

② Proposal for Regulation of the European Parliament and of the Council on Contestable and Fair Markets in the Digital Sector (Digital Markets Act), Brussels, 15.12.2020 COM (2020) 842 final 2020/0374 (COD), Art 7 (4).

③ Proposal for Regulation of the European Parliament and of the Council on Contestable and Fair Markets in the Digital Sector (Digital Markets Act), Brussels, 15.12.2020 COM (2020) 842 final 2020/0374 (COD), Art 7 (3).

违规，使其承受压力。这种做法既是权宜之计，也是为了加强欧盟委员会在监管沟通中的议价能力。这两个目的都是合理且合法的，但是实际上可以通过更低的法律成本来实现。

根据 DMA 的相关规定，只有经过欧盟委员会与守门人监管沟通，对具体事宜做出单独校准（individually calibrated）之后，第 6（1）条才具有直接效力。单独校准是 DMA 设立的机制，其在法理上并非最恰当的设计，但是这并不影响其整体法律效力。DMA 第 6、8 条的实质内容似乎是打破事前/事后数字市场监管僵局的最佳法律工具，基于此建立了一个欧盟委员会与相关守门人就第 6（1）条达成一致的特殊监管机制，对相关守门人产生直接效力。

DMA 中的监管沟通机制并不局限于竞争法事前规制的预防性原则。根据相关规定，欧盟委员会不仅获得了将 6（1）条中的具体条款适用于特定守门人的主动权，同时也可以在没有同意一致的情况下，将这些条款施加给特定守门人，不仅可以适用于未来，甚至可以使其决定溯及既往。更重要的是，欧盟委员会不仅可以基于竞争法的事后规制原则、经济及政策来作出推理和最终决定，甚至可以根据更宽泛的公平与可竞争性目标来确立其结论的合法性。

由此可知，DMA 所确立的独具一格竞争法的核心特征是存在广泛的义务清单，且欧盟委员会可以基于宽泛的原则和利益来分别将这些义务分配给特定守门人。数字经济对传统竞争法理论所带来的不对称挑战，终于有了监管救济方案。欧盟委员会可以针对不同守门人以不同方案来实施救济措施，并且可以针对具体情况做出迅速调整。

六、如何界定守门人——二元或金字塔式结构？

DMA 对守门人的界定是二元的，企业要么满足法条规定的所有特征，即该企业需要履行 DMA 中规定的义务；要么不满足其中的某些特征，即 DMA 中规定的义务完全不适用。这种二元机制类似于《欧盟运行条约》第102条，是一种"非此即彼"的分类方法，其在实践中可能会产生问题，因为勉强符合条件的企业会得到比勉强不符合条件的企业更不利的待遇。

在竞争法事后规制模式下，这一问题很少被涉及，因为对市场的定义和对支配地位的确认是相对灵活和开放的，且针对每个市场的特殊情况而定，针对效果而非形式来进行评估。此外，在被调查之后，如果市场发生了巨大的变化，那么任何"非故意"的受益者都可能在新的市场调查中被认定为具有支配性。

在 DMA 框架下，这种情况发生了根本性改变。守门人的地位是事先认定的，其认定标准相当明确。虽然从形式上看，其定性标准仍是陈述性的，但是它们展现出了很强的指标性。只要企业不满足其中任何一个条件，便可以规避 DMA。如此一来，有些潜在的"守门人"可能会针对法条中最不重要的指标，策略性地减少相关操作，以规避 DMA 的适用。这种操作是否有效，取决于若干因素，其中最主要的是量化要求（quantitative requirements）。这就是为什么守门人指标的界定不能低于那些最重要或最具有系统性的企业（我们可以称之为超级守门人［super-gatekeepers］或者守门人-垄断者［gatekeepers-monopolists］）的标准。设定如此标准，每个超级守门人的所有潜在竞争者可以尽可能长时间地停留在守门人门槛之外，给予它们扩大规模并加强市场存在的空间，从而为更高效的平台间竞争创造良好的监管环境。同时，守门人标准也应被设置得足够低，从而避免守门人-垄断者通过战术性运作，减少对其垄断地位最不重要的指标以规避 DMA。以上对守门人指标设定的标准是根本对立的：门槛设置得越高，守门人-垄断者就越容易暗度陈仓，但却会使平台间的竞争环境变得更优化（因为 DMA 仅仅针对超级守门人）；门槛设置的越低，超级守门人对 DMA 的规避就越不现实，但却破坏了平台间良好的竞争环境（因为 DMA 在针对超级守门人的同时，也会针对许多它们实际或潜在的最强大的竞争对手）。因此，至少就平台间竞争而言，界定标准的设计对 DMA 的有效性至关重要。

欧洲议会的报告草案提出的意见比欧盟委员会提议的界定方式更进一步,其目的在于提高门槛,以专门规制少数几个守门人-垄断者(即与大型科技企业相关的实体)。提高门槛之后,其所涵盖义务将收紧,新提出的方案仅针对运行至少两种核心服务且月活用户在4500万以上的企业,这将使监管的二元化更加绝对和极致。

从技术方面讲,这种修正更符合促进欧盟数字市场平台间竞争的理念,因为其为那些"重量级"新入场者提供了更长的可以规避DMA的时间。更高效的平台间竞争往往是已经具有一定市场认知度的企业之间的竞争。因此,如果为那些具备市场认知度的企业提供更长的规避DMA的时间,那么这种高效竞争则更有可能出现。然而,不可忽视的是,门槛的提高会使那些守门人-垄断者尝试降低其在某一资质上的要求,以规避DMA的适用。

这就是为什么对守门人资质做出微调的法律机制在体系和战略上具有重要性。从这个角度来看,为制定标准资质的程序赋予临时性和灵活是合理的,使其类似于竞争法事后规制模式对市场和支配地位的界定。欧盟委员会作为DMA的主要执行机构,是取得这种微调权限的最佳人选。微调的目的是确保标准足够高,以涵盖那些最为系统性的守门人-垄断者;同时也要足够低,以避免适格的守门人战术性规避。这种微调的黄金分割线应是移动的,既需要战略眼光,也需要技术能力。由此看来,微调似乎不能通过立法来实现,更多依赖于执法机关的执行能力。

将认定守门人的行政自由裁量权授予欧盟委员会可能会有一分为二的效果:积极的效果是为守门人-垄断者降低门槛,以阻止其战略性规避,同时为潜在平台间竞争者提高门槛,使其在更加友好的监管环境中实现规模扩大;消极的效果是守门人-垄断者可能会被豁免,或者过早将潜在平台间竞争者列为守门人。消极的效果表明了欧盟委员会无能力或者不愿意在数字经济领域推行独具一格的竞争法规制模式,这将导致系统性失败,是无法通过降低守门人认定标准的灵活性来补救的。

欧洲议会报告草案为守门人门槛增加了另外两个条件,即守门人必须至少运营两个核心平台服务,且每个平台需要有 4500 万月活跃用户。一方面,这两个条件使大多数平台间竞争者获得了 DMA 的豁免资格,尤其对那些最终并未运营两个或以上核心平台服务且月活跃用户不足 4500 万的新企业有利好(我们可以假设 DMA 起草者的真正意图是鼓励新企业加入平台间竞争而非鼓励守门人之间试图拿下对方优势市场)。从这个角度来看,新增加的标准的确有利于提供一个更公平的平台间竞争模式,尽管有些仅提供一种核心平台服务但却拥有 4500 万月活跃用户的守门人-垄断者也会被排除在 DMA 的规制范围之外。很显然,在数字经济某一领域中占据龙头地位的企业会对其他部门产生各种溢出效应,同时,在某一市场占据龙头地位的企业往往会向其他核心平台服务扩张并成功取得主导地位。从这个意义上说,满足这两个条件的确是对潜在守门人实际经济实力的可靠测试。然而,实践中往往也会出现如下情况,即某企业只扎根于单一核心平台服务,特别是针对那些与其他服务差异性较大,或者其并无向其他市场水平扩展需求的企业。如果存在这种企业,那么上述两个条件可能会被架空,因为本该被认定为守门人的企业将会因不满足门槛条件而有效规避了 DMA。如此一来,平台间(包括平台内)竞争将被限制而非被促进。①

乍一看,欧盟《数字服务法》(DSA)提供了一种可以缓解守门人地位认定绝对二分法的消极影响的思路。与 DMA 不同的是,DSA 采取了金字塔式认定模式。这种模式是对称的,并非绝对化,即企业实力越强,其义务便越多。为此,DSA 预设了从中小型企业起算的至少六个级别的企业。即便中小型企业提供中介服务,也不受 DSA 约束,而金字塔尖端的大型网络平台,则需承担最为严格的 DSA 义务。尽管这一模式表面上很有吸引力,且"权力越大,责任越重"的理念具备公

---

① 欧洲议会新增的两个条件一开始并没有得到支持,但被 DMA 最终版本采纳。——译者

平性，但是这种模式可能仅对平台内竞争有效，促进数字市场平台间的竞争则需要一个更为主动的模式。占据龙头地位的守门人必须遵守DMA和《欧盟运行条约》第102条所规范的竞争法，然而新市场主体则只需遵守《欧盟运行条约》第102条。在调整守门人地位门槛方面赋予执行者的灵活性越大，新市场主体在DMA门槛之外的时间就越长，从而使平台间的竞争更有可能出现。很显然，执行者的这种自由裁量权应当与其战略眼光和高技术能力相匹配。

欧洲议会报告草案汇报人施瓦布议员（EMP Andreas Schwab）建议将重点放在前5名科技公司上，这意味着，根据欧盟委员会提出的建议，大约20家企业将被赋予守门人地位。① 英国竞争与市场管理局（CMA）提供了一个与欧洲议会报告草案非常相似的模式：每一个专门的数字市场部门（Digital Markets Unit）将执行一套具有强制性的行为规范，从而管理守门人-垄断者的行为。② 根据网络平台与数字广告市场相关研究（显然守门人的地位由数字广告双寡头垄断）③，每一个最大的守门人都会被分配到具体的、被单独设计的义务。如此限缩，几乎是个性化的设计，很难不令人质疑该法的真正意图是施加贸易限制。这将导致针对欧盟或者其数字企业的诉讼或直接关税制裁。尽管这些考虑都已经超出了竞争法的范畴，但是在立法过程的最后阶段对这种情况的可能性进行评估，对守门人界定话题的讨论大有裨益。

---

① Javier Espinoza, Interview with Andreas Schwab, "Financial Times", 31 August 2021.
② UK Competition and Markets Authority Press release "A Digital Markets Unit has been established within the CMA to begin work to operationalise the future pro-competition regime for digital markets", 7 April 2021, available at https://www.gov.uk/government/collections/digital-markets-unit; UK Competition and Markets Authority, "The Competition and Markets Authority has delivered the advice of its Digital Markets Taskforce to government on the potential design and implementation of pro-competitive measures for unlocking competition in digital markets", 3 April 2020, available at https://www.gov.uk/cma-cases/digital-markets-taskforce; UK Government Press release, "New competition regime for tech giants to give consumers more choice and control over their data, and ensure businesses are fairly treated", 27 November 2020, available at https://www.gov.uk/government/news/new-competition-regime-for-tech-giants-to-give-consumers-more-choice-and-control-over-their-data-and-ensure-businesses-are-fairly-treated.
③ UK Competition and Market Authority, "Online Platforms and Digital Advertising Market Study" Final Report, 1 July 2020, available at https://www.gov.uk/cma-cases/online-platforms-and-digital-advertising-market-study.

七、潜在挑战与缺陷

引入这样一个无所不能的法律工具会带来许多前所未有的挑战。本节所列的挑战并非详尽无遗，所列的缺陷也仅仅具有潜在性，具体分析如下：

（一）范围不定型

从 DMA 的各条款及其全称可以看出，其主要目标是促进数字领域的可竞争性和公平性。这两个目标是相关的，但在不同情况下的含义可能不同，有时甚至是互相排斥的。总之，它们在本质上是广泛且不确定的。因此，DMA 的实施将激发如下问题：谁来界定欧盟最高利益，且如何来界定？谁在监管沟通中主导执法部门的行为？这些目标如何明确地传达给所有利益相关者（包括委员会其他部门、欧盟其他机构、成员国及其国内主管部门、守门人及其竞争对手、消费者及更广泛的社会群体）？上述这些欧盟的总体利益应当被纳入欧盟数字主权的综合考量中。数字领域的全球竞争非常激烈，因为它决定了各个国家和地区在未来几十年世界经济和政治格局中的作用和地位。就第四次工业革命而言，数据是新的石油，平台是新的基础设施。控制数据与基础设施的实体正在成为经济、文化、政治、社会及其他领域的潮流引导者。尽管对数据的本质并非具有竞争性这一观点的论证非常吸引人，但是在实践中，数据的确是具有竞争性的，且只有经过处理的"智能"数据（因此其不具有共享性）在选择和预测行为方面才具有决定性，这种数据是至关重要的资源，依靠数字基础设施和专业技能才能实现。此外，数字竞争的真正内涵并非数据本身，而在于具有竞争性和稀缺性的用户关注度。欧盟在数字竞争中的整体利益可以通过各种方式来实现，独具一格的竞争规则表明欧盟委员会对塑造相应政策的理解和规划。然而，在实践中将这些因素作为长期战略来沟通，且保持这些规则在履行方面的一致性，难度极高。

（二）连贯性缺失

前一个缺陷将引发另外一个问题，即如果总体目标如上所述，是战略性的、无法明确界定的、灵活的、组成成分多元的、可以被多重解释的，那么竞争法新范式的长期目标与机构的具体操作很难确保统一性及一致性。

（三）执法的任意性

尽管欧盟维护数字主权的目的是正当的，但是 DMA 第 6（1）条赋予了欧盟委员会对守门人无限的控制权，这便产生了任意性隐患。如果欧盟委员会对守门人施加大部分或所有的义务，并严格监督其合规情况，这将可能降低行业领先者的地位，尤其是当执法机关针对守门人实际和潜在竞争者任意执行这种形式上有效但实质上预设立场的模式时。有学者评论道，这项改革"将为执法机关提供几乎不受限制的权限，可以自由决定何时以及如何去干预"[①]。尽管部分学者反对，但是本文认为这项改革是必要且及时的。更广泛的自由裁量权是这一独具一格竞争法不可或缺的部分，也是被反对者广泛批判的一点，他们认为这种广泛自由裁量权的消极后果其实是可以被避免的（即放弃 DMA 的全面包含性因素）。即便是支持者也承认这种消极后果的副作用，但是他们却认为这是不可避免的。也就是说，只有赋予监管者广泛的自由裁量权，才能实现对数字市场竞争的有效监管。然而，这种前无古人的自由裁量权非常微妙且具有潜在的有害性。鉴于监管机构从未取得过如此裁量权，这种创新本身所带来的挑战不可忽略。

（四）监管被俘（regulatory capture）

另外，DMA 第 6（1）条在执行过程中的灵活性与不透明性为各种监管漏洞提供了巨大空间。监管机构可能会对某些守门人产生偏见，

[①] Pablo Ibáñez Colomo, "Protecting the 'Law' in Competition Law", *Journal of European Competition Law & Practice*, Vol. 11, No. 7, p. 333.

例如，对守门人甲的监管方式较为宽松，却对守门人乙采取严格的监管方式。此外，监管机关对某些主体的同情或其本身的能力欠缺，可能会导致不良结果，将某企业定义为守门人可能会被监管机关标榜为限制相关企业实力的重要监管绩效。

（五）监管沟通空间不足

DMA 最突出的特点之一便是构建了监管沟通机制，然而，沟通的形式却并不理想。如果说立法者的本意是想通过第 8（3）条所引入的监管沟通机制来实施第 6（1）条中规定的广泛、灵活且难以遵守的义务，那么守门人理应合理期待抗辩的空间，如此才能构建更具对话性质的沟通机制。我们可以看到，DMA 第 25 条所设置的"承诺"可以弥补这一缺陷。第 8（3）条与第 25 条同时适用，也就意味着欧盟委员会对第 6（1）条中具体义务的解释范围与守门人为确保遵守第 6（1）条所做的承诺之间存在相互关联。第 8（3）条与第 25 条都预设了不遵守或违反规则的立场，以及为了合规而需继续履行的义务。然而，如果存在抗辩空间的话，守门人的义务在一定条件下是可以被豁免的。也就是说，将守门人预先置于不利法律地位的必要性为何，如何解释这种刚性，这些问题目前无法解答。

（六）法治缺失

DMA 第 5、6 条规定了守门人广泛的义务，且法条的解释空间较大。这也是 DMA 非常重要的特色。然而，这一特色将在以下问题上存在法治缺失：程序正义，与事后规制规则相区分的权力如何界定，判例法中的概念、定义及原则的相关性等。

（七）国际方面的挑战

DMA 的主动性可能会被有些国家或地区认定为保护主义或者指导主义（dirigistic），尤其是在全球数字经济发展中有较多可能会被 DMA 监管的企业所在的国家或地区。即认为新法可能会被用作推卸责任的工具，使更广泛的干预性保护主义或者权力主义政策合法化。

（八）透明度过高

守门人通常都具有适应任何监管要求的超凡能力，可以将原本旨在限制其经济规模的监管要求转化为对自己有利的条件，尤其是当监管规则具有横向性或者针对特定企业实施时。这就是为什么我们看到越来越多更具针对性甚至个性化的监管实例。DMA 在其第 6、8（3）条中提供了个性化监管的可能，其目的是缓解发展不平衡的现象。然而，在这一点上，DSA 采用了不同的原理：其使用不同的方法，根据平台的规模逐步施加更为严格的义务；同时，它允许平台依据现实选择是否与主要的实际或潜在竞争对手归为一类，从而维护其现状。同时，即使是针对所有在线平台（即包括来自金字塔底层的企业）所设的要求，都在透明度义务方面相当严格。这样会产生一个风险，即大型平台可以获取更多的公开数据，然后整合到它们的算法中，同时也更加了解了潜在竞争对手的表现。此外，更严格的规则使缓解在自由监管时期形成的竞争差距变得更加不可能。之所以需要非对称、临时性的监管沟通方式，是因为尽管 DMA 中的守门人或 DSA 中的大型在线平台经过了精挑细选，总会有些真正或潜在的竞争对手被囊括其中。守门人或大型在线平台有更大的可能会适应这种监管，同时其滥用的可能性也会更大。

上述关于 DMA 的缺点的首要问题在于其系统性缺陷，以及它们与 DMA 第 6（1）条原理的明显的对立关系：这些问题越清晰，留给欧盟委员会在监管沟通中的自由裁量空间就越小。总的来说，DMA 所带来的好处和对现状的改进超过了其存在的缺陷。欧盟委员会在竞争监管方面的人力资源缺乏加重了上述分析的系统性挑战。只有 80 人的团队去实施这一雄心勃勃的竞争法新范式，的确令人难以置信。

八、结语：竞争法的转基因之路

DMA 最重要的贡献是提供了竞争法规范的新范式。它并非仅仅是对既定原则和原监管机制渐进式的改进和完善，也不是简单使数字市场的竞争规则变得与时俱进。新法其实是一个质的转变，即转向了更具针对性、个性化、个人化的执法模式。它体现了竞争法的新载体和新实质，即更好地反映当代数字社会的需求。这些新竞争规则的真正贡献在于它们掌握、概括并反映了支撑数字部门的经济实况，这些现实同时对社会生活各个方面都产生了溢出效应。新规则为应对新出现的经济竞争挑战提供了一个更加全面、便捷、务实和具有整体性的法律工具，从广义上说，它也有助于发现、塑造和更好地调整经济竞争的新理念及在新形势下的监管策略。

从方法论上来讲，DMA 的目标是协同所有数字市场相关的规则，涉及多元化的数字服务市场，且每一种服务都有其自身的特点，因此，DMA 的这一目标是具有挑战性的。出于这一原因，DMA 在措辞中很难界定其单一重心。不同的条款侧重于解决不同的问题，其立法理念因基于不同因素而存在差异，即 DMA 中存在不同的规范性叙述方式及监管理念。本文的分析是基于 DMA 主动的、个性化的、沟通式的、参与性的竞争法叙述模式，它包含并补充了之前公式化竞争法范式的所有核心特征，虽然在某些方面超越了当初的设想，但并无违背之处。

尽管 DMA 的出台程序并非无可置疑，许多基于此的质疑应当得到妥善解决，[①] 但是 DMA 真正的法理挑战是其是否可以经得住现实的考验。此外，DMA 还有许多潜在的棘手问题，比如欧盟委员会的权限界定、竞争法的私人执行及是否违反"一事不二审"（ne bis in idem）原

[①] Alfonso Lamadrid de Pablo, Nieves Bayón Fernández, "Why the Proposed DMA Might Be Illegal under Article 114 TFEU, and How to Fix It", *Journal of European Competition Law & Practice*, Vol. 12, No. 7, 2021, pp. 576-589.

则。然而,这些程序上的问题并不能否定 DMA 的确是竞争法新范式的改革成果。本文主要的结论是,DMA 所代表的独具一格的竞争法新范式,体现了一种客观趋势。尽管其他国家也在积极改革数字经济下的竞争法规范模式,但不可否认的是,欧盟是全球竞争法重塑的先锋。[1] 在数字社会背景下,各国在监管经济竞争的方法上各有不同,因为国家往往将其国内现实利益融入监管工具的设计中。然而,从战略上来看,各个国家所面临的趋势是相同的。

---

[1] Gesetz zur Änderung des Gesetzes gegen Wettbewerbsbeschränkungen für ein fokussiertes, proaktives und digitales Wettbewerbsrecht 4.0 und anderer wettbewerbsrechtlicher Bestimmungen („GWB-Digitalisierungsgesetz"), 18.01.2021; UK Department for Digital, Culture, Media & Sport and Department for Business, Energy & Industrial Strategy, "A New Pro-Competition Regime for Digital Markets", Open consultation, 20 July 2021. The Parliament of the Commonwealth of Australia, House of Representatives, "News Media and Digital Platforms Mandatory Bargaining Code Act", Act no: 21, 02 March 2021; President of the US Executive Order 14036, "Promoting Competition in the American Economy", 09 July 2021; H. R. 3825 – Ending Platform Monopolies Act, Bill referred to the House Committee on the Judiciary, 11 June 2021; H. R. 3816-American Choice and Innovation Online Act, Bill referred to the House Committee on the Judiciary, 11 June 2021; H. R. 3826-Platform Competition and Opportunity Act of 2021, Bill referred to the House Committee on the Judiciary, 11 June 2021.

拥有数据？数据所有权的伦理反思

帕特里克·赫梅尔 马蒂亚斯·布劳恩 彼得·达布洛克[*] 著
魏远山[**] 译

摘要：在有关数字化和数据经济的讨论中，常有数据主体应是其数据的所有者之论调。文章将对此类数据所有权进行剖析：讨论此话语下的各种需求。因此，若存在这些需求，要具体说明是什么并将它们整合起来，就变得具有挑战性。文章确定了呼吁数据所有权的四个概念维度，这有助于系统化并比较不同的数据所有权立场。鉴于数据所有权主张的多元化，文章引入、阐明并捍卫了一个建设性的解释性提议：数据所有权主张应被包容性地理解为呼吁重新分配物质资源和对数据主体进行社会文化认可的尝试。尽管这种解读忽略了以数据中不存在财产为由拒绝数据所有权主张的要点，但数据所有权使人们注意到基于现状（status quo）重新协商方面的主张。

关键词：数据所有权 识别 重新分配 财产 参与 可转让性

---

[*] 帕特里克·赫梅尔（Patrik Hummel）、马蒂亚斯·布劳恩（Matthias Braun）、彼得·达布洛克（Peter Dabrock），德国弗里德里希-亚历山大 埃尔朗根-纽伦堡大学。原文"Own Data? Ethical Reflections on Data Ownership"载于 *Philosophy & Technology*, Vol. 34, No. 3, 2021, pp. 545-572。

[**] 魏远山，广东外语外贸大学法学院讲师。本文系司法部2022年度法治建设与法学理论研究部级课题"数据财产权批判研究"（22SFB5048）的阶段性研究成果。原文以CC协议4.0发布，该协议允许任何媒体以任何格式使用、共享、改编、发行和复制，只要给予原作者和来源适当的信任，提供与知识共享许可证的链接，并指出是否进行了更改。除非在材料中另有说明，原文中的图像或其他第三方材料也适用文章的CC协议。如果材料不适用文章的CC协议中，并且您的预期用途未得到法律法规的许可或超出许可用途，则您需直接获得版权持有人的许可。原文CC协议请参见 http://creativecommons.org/licenses/by/4.0/。本译文遵循原文的CC协议，除翻译外，未对原文进行修改。

一、引言

数据似乎正以前所未有的规模产生。传感器、可穿戴设备和其他设备不断地将物理运动和事态转化为数据点。在浏览互联网或使用社交媒体时,分析工具会处理每一次点击。购物兴趣和行为会融入量身定制的广告和产品中。联网汽车和自动驾驶依赖于收集和处理大规模车辆和交通数据。精准医疗旨在从大量患者数据中寻找模式和相关性,并承诺基于个体患者的具体特征和情况提供个性化的预防、诊断和治疗。工业4.0将制造和生产中的步骤数据化、自动化。物联网进一步拓展了数字化、数据化和联网对象。反复出现的现象是数据处理将变得愈发普遍和强大。现在,我们已经见证了我们如何看待、构建、思考、评估、沟通、谈判、工作、协调、消费、保持信息机密并使其透明化的转变。

在数字化背景下,一个紧迫的问题是个人的基本权利是否得到尊重,以及如何保护他们免受干扰。一个经常被讨论的建议是,这些问题是在有争议的所有权关系(即所有者与其财产间的关系)背景下产生的。其中有一组与数据所有权相关的期望。"它给那些企图释放数据经济潜能,以及重新为失去数据控制权的主体赋权的人,带来希望。"[1] 本着这种精神,数据所有权要求数据可以成为财产。然而,评论者警示说:"所有权的简化版本[……]可能会产生引人入胜的声音,但在实践中几乎没有提供指导。"[2] 虽然数据具有有形的面向,如它们与技术性物理基础设施的关系,但它们似乎也不同于普通资源和有形财

---

[1] Thouvenin, F., Weber, R. H., & Früh, A., Data Ownership: Taking Stock and Mapping the Issues, in M. Dehmer & F. Emmert-Streib (Eds.), *Frontiers in Data Science*, Boca Raton: CRC Press, 2017, p. 113.

[2] The British Academy & the Royal Society, Data Management and Use: Governance in the 21st Century, 2017, p. 32.

产。① 在数字化和数据化的生活世界中，数据权利诉求对主张基本权利和自由是必不可少的。这些初步观察促使我们澄清：数据所有权的确切含义及合理性，数据所有权试图实现的目标，以及数据所有权是否成功促进了它的目标。

本文探讨数据所有权主张的内容，目标有二。首先，对不同数据所有权概念进行深入分析，并揭示其固有概念张力和难题。正如我们将要讨论的，在数据所有权话语下提出了各种考虑。数据所有权概念是模棱两可的，甚至是自相矛盾的：它曾经表达并被用来支持那些处于紧张状态且互不兼容的主张。

其次，我们认为数据所有权的所有这些维度对信息自决都很重要，其被理解为数据主体如何塑造数据化和数据驱动分析，以影响他们的生活、保护个人领域免受他人影响以及编织与环境的信息联系的能力。具体来说，利用阿克塞尔·霍耐特（Axel Honneth）和南茜·弗雷泽（Nancy Fraser）之间的辩论，我们展示了数据所有权的含义如何引发物质所有权（与分配领域有关）和社会文化所有权（与认可领域有关）的问题。我们的建议是，如果只关注其中一个领域，就会忽略两个领域之间的重要联系。对信息自决而言，两者都是相关的。因此，我们需要认真对待数据所有权的各个方面，以了解数据主体如何行使信息自决权，以及信息自决权的行使如何被促进和便利化。我们在数据主权的语境下讨论这些挑战。②

为了实现这些目标，我们首先从法律角度简要考虑数据所有权（第二部分）。正如我们将展示的，数据所有权与当前法律框架之间的

---

① Prainsack, B., Logged Out: Ownership, Exclusion and Public Value in the Digital Data and Information Commons, *Big Data & Society*, 2019, 6 (1), p. 5.

② German Ethics Council, Big Data und Gesundheit, in *Datensouveränität als informationelle Freiheitsgestaltung*, Berlin: German Ethics Council, 2017; German Ethics Council, *Big Data and Health—Data Sovereignty as the Shaping of Informational Freedom*, Berlin: German Ethics Council, 2018; Hummel, P., Braun, M., Augsberg, S., & Dabrock, P., *Sovereignty and Data Sharing*, ITU Journal: ICT Discoveries, 2018, p. 2; Hummel, P., Braun, M., & Dabrock, P., Data Donations as Exercises of Sovereignty, in J. Krutzinna & L. Floridi (Eds.), *The Ethics of Medical Data Donation*, Cham: Springer, 2019, pp. 26–27.

兼容性仍存争议。此外，一些通常反对数据所有权制度化的理由，在当代大数据环境中开始瓦解，我们认为这表明数据所有权值得讨论。然后，我们继续就建立或维护数据所有权的意义提供解释性论述（第三部分）。事实证明，实质性需求和目标因讨论者而异。我们区分了数据所有权的四个维度。它们中的每一个都通过参考一对概念极点（conceptual poles）进行讨论：财产制度化与准财产的同源概念（第三部分第一节），数据的可交易性与禁易性（第三部分第二节），对数据主体的保护与他们参与和融入社会的努力（第三部分第三节），以及数据及其处理中的个人与集体利益诉求（第三部分第四节）。我们认为，这种特征解释了为什么数据所有权的不同提议会表达不同甚至互不兼容的需求，并帮助我们了解在使用该概念时所面临的风险。借鉴阿克塞尔·霍耐特和南茜·弗雷泽的研究（第四部分），我们继续论述为何数据所有权的这些维度对信息自决至关重要。数据所有权主张涉及并在两个不同领域之间来回切换：物质资源的重新分配和数据主体的社会文化认可。鉴于我们的研究结果，数据所有权的概念可被理解为一种表达资源，用于阐明和谈判与这两个领域有关的主张。

在下文中，我们遵循如下思路使用"所有权"和"财产权"术语："财产权［……］是所有权。在任何情况下，对某物拥有财产权就是拥有一系列定义所有权形式的权利。"①"财产"是指适用财产权的事物。

二、法律框架

法律理论中的主流观点倾向于认为数据是不能被拥有的："数据的个人所有权［……］与美国、英国和许多其他司法管辖区已确立的法律先例相悖，有充分的理由不承认事实或信息中有财产利益。"② 像

---

① Becker, L. C., The Moral Basis of Property Rights, *Nomos XXII: Property*, 1980, pp. 189-190.
② Contreras, J. L., Rumbold, J., & Pierscionek, B., Patient Data Ownership, *JAMA*, 2018, 319 (9), p.935.

《保护人权公约》（Convention for the Protection of Human Rights）这样的欧洲框架通常被理解为，将与数据相关的权利视为基本人权的延伸或子集，这表明它们是不可被转让的，且不适合被财产化、商品化和商业化。① 在美国的话语中，一些评论者已经接受了数据所有权。② 总体而言，不同国家法律框架为某种形式的数据所有权预留的空间，在范围上存在很大差异。③

尽管如此，即使就欧洲框架而言，数据权利的性质也存在争议。亨利·皮尔斯（Henry Pearce）认为，根据 GDPR，数据保护权可初步被视为个人权利或财产性权利。④ 这两种权利都朝着经济效率、公民自由和避免不公正干涉的方向发展。不过，虽然财产性权利在分配外部事物的可转让权利上是这样做的，但人格权针对与个人的人格、性格和身份有关的内部事物，是不可转让的。亨利·皮尔斯指出雅各布·维克多（Jacob Victor）⑤ 认为 GDPR 以非常类似于对待财产的方式对待数据：数据主体对个人数据⑥享有默认权利（default entitlements），因此鉴于处理个人数据需要数据主体的同意，数据所有者拥有类似于财产权的权利（第6条）。此外，个人有权访问（第15条）、删除（第17条）和迁移其数据（第20条）。后者可被视为类似于所有者在他人

---

① Purtova, N., Property in Personal Data: A European Perspective on the Instrumentalist Theory of Propertisation, *European Journal of Legal Studies*, 2010, 2（3）, pp. 202 - 204; Harbinja, E., Posthumous Medical Data Donation: The Case for a Legal Framework, in J. Krutzinna & L. Floridi（Eds.）, *The Ethics of Medical Data Donation*, Cham: Springer, 2019, pp. 103-104; Prainsack, B., Data Donations: How to Resist the iLeviathan, in J. Krutzinna & L. Floridi（Eds.）, *The Ethics of Medical Data Donation*, Cham: Springer, 2019, p. 18.

② Purtova, N., Property Rights in Personal Data: Learning from the American Discourse, *Computer Law & Security Review*, 2009, 25（6）, pp. 507-521.

③ Osborne Clarke LLP, Legal Study on Ownership and Access to Data, European Commission, Directorate-General of Communications Networks, Content & Technology, 2016.

④ Pearce, H., Personality, Property and Other Provocations: Exploring the Conceptual Muddle of Data Protection Rights under EU Law, *European Data Protection Law Review*, 2018, 4（2）, pp. 190-208.

⑤ Victor, J. M., The EU General Data Protection Regulation: Toward a Property Regime for Protecting Data Privacy, *Yale Law Journal*, 2013, 123（2）, pp. 513-528.

⑥ 反对观点参见 Purtova, N., The Illusion of Personal Data as No One's Property, *Law, Innovation and Technology*, 2015, 7（1）, pp. 88-99。

使用和访问其财产时，要求（demand）他人返还财产的能力。① 即使其他人可以获取个人数据，但这些权利仍然存在，这构成了"新制度（new regime）最类似于财产权的特征之一"②。最后，对侵权行为的法律救济渠道反映了通常用于财产保护的法律救济方式。尽管如此，亨利·皮尔斯最终还是放弃了雅各布·维克多的建议。③ 他否认 GDPR 赋予数据主体默认权利：GDPR 确实允许在未经同意的情况下处理个人数据，如"自然人在纯粹个人或家庭活动中处理个人数据"（第 2［c］条）。此外，为了国家安全，成员国可以限制 GDPR（第 23 条）的适用。GDPR 的财产权范式解读的另一个严重问题是"个人"概念的范围厘定：在数据集经常被去文本化和再文本化的大数据环境下，GDPR 使用了一个宽泛的概念，即最初看似非个人的数据如果原则上能与个人相关联时，亦可变成个人数据。但是，对"个人"的理解越广泛，个人数据可以被拥有、商品化和控制的可能性就越小。亨利·皮尔斯也不支持对 GDPR 进行个人权利解读的论点，④ 因为个人权利通常不能独立于其所有者存在，但死者确实保留了某些数据保护权。因所有权和个人权利范式与 GDPR 均不匹配，他认为"欧盟法下数据保护权利的概念是混乱的"⑤。

这些观察结果表明，学者们就现行法律框架对数据所有权的实际影响存有分歧。大多数学者认为，现行法律框架与数据所有权的想法是不相容的。其他学者声称，现行立法对数据所有权概念的定位实际

---

① 持相同观点的学者还有 Thouvenin, F., Wem gehören meine Daten? Zu Sinn und Nutzen einer Erweiterung des Eigentumsbegriffs, *Schweizerische Juristen-Zeitung*, 2017, p. 27。

② Victor, J. M., The EU General Data Protection Regulation: Toward a Property Regime for Protecting Data Privacy, *Yale Law Journal*, 2013, 123 (2), p. 525.

③ Pearce, H., Personality, Property and Other Provocations: Exploring the Conceptual Muddle of Data Protection Rights under EU Law, *European Data Protection Law Review*, 2018, 4 (2), pp. 201-202.

④ Harbinja, E., *Legal Aspects of Transmission of Digital Assets on Death*, University of Strathclyde, 2017; Harbinja, E., Posthumous Medical Data Donation: The Case for a Legal Framework, in J. Krutzinna & L. Floridi (Eds.), *The Ethics of Medical Data Donation*, Cham: Springer, 2019, pp. 97-113.

⑤ Ibid.

上是不清晰的。正如我们刚刚看到的,有些学者甚至认为某些法律框架已经在数据中配置了某种所有权。尽管后一种立场可能很少被捍卫,但它仍然存在并且有支持者。

除数据保护法外,还有其他治理数据的法律框架。如合同法定义了合同的范围和限制,通过诸如交换服务或收取费用的方式,确定了数据创建者和(与创建者协商访问和使用数据的)数据处理者的权利。不过,虽然合同法无疑可以发挥重要的功能,但也留下了一些未能解决的基本问题。例如,"[合同法]并没有解决数据的初始归属问题,即谁拥有这些数据。[……]只有那些获得了他们一开始并不拥有的东西的人,才能被期望提供一些东西作为回报"①。在这幅图景中,合同法预设而不是建立了先于法律(pre-legal)的所有权关系。与调整有形物的物权法不同,知识产权法确实将所有权配置给像数据一样的,非竞争性、非排他性和不可耗尽的实体。然而,这种保护与创造有关。即使在生成数据时不涉及任何创造行为,数据所有权主张也适用。②

法律学者批评数据所有权的一个主要原因是,数据和财产范式间存在巨大差异。③ 首先,与有形实体不同,拥有数据并不意味着一个人是唯一的拥有者和排他的使用者。数据可以复制,可以被多人同时使用。其次,即使数据并非不可排除第三方,但要做到也是很困难的。除非有人设法将数据保密,否则它可以被他人复制和使用。由于具有非竞争性和非排他性,数据是公共物品(该术语用于经济理论,与私人物品、俱乐部物品和公共池资源形成对比)。此外,数据是不可被耗尽的:它们可以多次使用而不会损失质量。由于这些反类比,赫伯

---

① Ensthaler, J., & Haase, M. S., Industrie 4.0—Datenhoheit und Datenschutz, in H. C. Mayr & M. Pinzger (Eds.), *Informatik 2016. Lecture Notes in Informatics*, Bonn: Gesellschaft für Informatik, 2016, p. 1460.

② Ensthaler, J., & Haase, M. S., Industrie 4.0—Datenhoheit und Datenschutz, in H. C. Mayr & M. Pinzger (Eds.), *Informatik 2016. Lecture Notes in Informatics*, Bonn: Gesellschaft für Informatik, 2016, pp. 1459-1472; Cohen, I. G., Is There a Duty to Share Healthcare Data? in I. G. Cohen, H. F. Lynch, E. Vayena, & U. Gasser (Eds.), *Big Data, Health Law, and Bioethics*, Cambridge: Cambridge University Press, 2018, pp. 212-213.

③ Zech, H., *Information als Schutzgegenstand*, Tübingen: Mohr Siebeck, 2012, pp. 117-119.

特·泽克（Herbert Zech）认为拥有或所有数据的论调是错误的，所有或拥有以有形物为前提。对于信息，访问才是正确的方式。

知识产权确实适合表面上非竞争性和非排他性的资源（在产权化之前）。原则上，它可以作为数据所有权的富有成果的蓝图。然而，这至少会带来两个挑战：首先，与知识产权不同，数据所有权涉及与个人相关的数据，但这些数据通常不是由个人创造或发明的；其次，知识产权是或应是真正的财产，抑或实际上只是授予某人垄断权，在法律理论中仍有争议。① 如果是这样，类似的保留意见将适用于数据所有权主张。

如果一个人决定保护信息，这可能发生在多个层面：② 第一，在句法层或代码层，指的是表达信息的代码；第二，在语义层或内容层，指的是数据的意义；第三，在结构层或物理层，指的是信息的物理体现；第四，在语用层，即信息的效果、用途和目的。这些区分意味着需要明确数据所有权主张将管理哪个层面。此外有学者指出，在实在法（de lege lata）上，这些不同层面的某些方面已受到保护。例如，在不同的立法中，数据保护法包含与个人数据有关的规定，已涉及语义层面。

排除现有法律机制，就是否应引入新的机制供给而言，法律学者的兴趣点之一是，这种引入是否有助于缓解市场失灵，从而有助于更有效的分配。③ 例如，当资源由财产制度管理时，我们可能会期望人们

---

① Lessig, L., *Free Culture. How Big Media Uses Technology and the Law to Lock Down Culture and Control Creativity*, New York: The Penguin Press, 2004; Hughes, J., Copyright and Incomplete Historiographies: Of Piracy, Propertization, and Thomas Jefferson, *Southern California Law Review*, 2005, 79 (5), pp. 993-1084; Lemley, M. A., & Weiser, P. J., Should Property or Liability Rules Govern Information? *Texas Law Review*, 2007, 85 (4), pp. 783-841.

② Lessig, L., *The Future of Ideas. The Fate of the Commons in a Connected World*, New York: Random House, 2002, p. 23; Wiebe, A., Protection of Industrial Data—A New Property Right for the Digital Economy? *Journal of Intellectual Property Law & Practice*, 2016, 12 (1), pp. 67–68; Specht, L., Ausschließlichkeitsrechte an Daten—Notwendigkeit, Schutzumfang, Alternativen, *Computer und Recht*, 2016, 32 (5), pp. 290-291; Thouvenin, F., Weber, R. H., & Früh, A., Data Ownership: Taking Stock and Mapping the Issues, in M. Dehmer & F. Emmert-Streib (Eds.), *Frontiers in Data Science*, Boca Raton: CRC Press, 2017, pp. 120-121.

③ Becker, L. C., The Moral Basis of Property Rights, *Nomos XXII: Property*, 1980, p. 193.

的生活会更好。否则，资源的开发迫在眉睫，而分配财产会激励所有者精心呵护财产并有计划的使用。这有助于避免哈丁所称的"公地悲剧"① 问题，尽管他有影响力的论述因将公地和开放获取制度混为一谈而受到批评。② 无论哪种方式，法律学者和经济学家都认为，引入和执行额外法律机制来管理资源的负担，应与这种机制产生的社会效益成正比。数据所有权的这一基本原理也被讨论。③ 作为对此问题批判性研究的例子，弗洛朗·图维宁（Florent Thouvenin）等④区分了狭义和广义的市场失灵。从狭义上讲，如果没有财产所有权就无法生产或使用该商品，就会出现市场失灵。从广义上看，如果交易成本没有达到预期水平，分配效率也没有达到应有的水平，就会出现市场失灵。弗洛朗·图维宁等认为数据所有权不是解决狭义市场失灵的必要条件；即使没有数据所有权，数据也会被生产、使用、许可、交易等。对广义市场失灵，他们抱怨没有足够的经验和概念证据证明所有权范式的优越性。

这种对数据所有权的批评通常涉及两个前提：一是数据是非竞争性的；⑤ 二是他们反对数据可以成为个人财产的观点。

对第二个主张，请注意亚当·摩尔（Adam Moore）和肯·希玛

---

① Hardin, G., The Tragedy of the Commons, *Science*, 1968, 162 (3859), pp. 1243-1248.
② Ostrom, E., *Governing the Commons. The Evolution of Institutions for Collective Action*, Cambridge: Cambridge University Press, 1990; Rieser, A., Prescriptions for the Commons: Environmental Scholarship and the Fishing Quotas Debate, *Harvard Environmental Law Review*, 1999, 23 (2), pp. 393-421.
③ Murphy, R. S., Property Rights in Personal Information: An Economic Defense of Privacy, *Georgetown Law Journal*, 1996, 84 (1), pp. 2381-2417; Solove, D. J., Privacy and Power: Computer Databases and Metaphors for Information Privacy, *Stanford Law Review*, 2001, 53 (6), pp. 1445-1455; Purtova, N., Property Rights in Personal Data: Learning from the American Discourse, *Computer Law & Security Review*, 2009, 25 (6), pp. 507-521; Thouvenin, F., Wem gehören meine Daten? Zu Sinn und Nutzen einer Erweiterung des Eigentumsbegriffs, *Schweizerische Juristen-Zeitung*, 2017, p. 21-32.
④ Thouvenin, F., Weber, R. H., & Früh, A., Data Ownership: Taking Stock and Mapping the Issues, in M. Dehmer & F. Emmert-Streib (Eds.), *Frontiers in Data Science*, Boca Raton: CRC Press, 2017, pp. 115-116.
⑤ 具体论述可参见 Purtova, N., The Illusion of Personal Data as No One's Property, *Law, Innovation and Technology*, 2015, 7 (1), p. 101。

（Ken Himma）① 从非竞争性假设推断出最大访问要求是可疑的。敏感个人信息以及凶杀纪实色情影片、淫秽色情作品或者与国家安全相关的信息等内容都是非竞争性的。然而，对最大访问权限的道德要求是不合理的。这并不能确定个人可以或应该将信息作为财产，但它确实挑战了仅基于信息的非竞争性就反对数据所有权的观点。

根据第一个主张，因为一个个体的访问权限并不会阻止其他人访问和使用相同的数据，所以数据通常被视为非竞争性的。然而，虚拟财产的支持者认为，存在非物质商品具有竞争性的例子，因此有必要在知识产权法之外为数据建立单独的法律机制。② 约书亚·费尔菲尔德（Joshua Fairfield）讨论了具有竞争性和持久性的"域名、URL（统一资源定位器）、网站、电子邮件账户和整个虚拟世界"的例子，即"关闭计算机时它们并不消失"③，人们可以与它们互动。因此，这些资源"模仿了有形商品④的物理特性"⑤。

纳德兹达·普尔托瓦（Nadezhda Purtova）⑥ 认为，竞争性仍是一个值得关注的问题。原因很简单，即提取数据的平台之间存在竞争和较量。专注于单个数据点并认为在其访问和使用中不存在竞争性是短视的。谷歌、微软、脸书等需要大规模的"用户牲畜"（user livestock）来提取有意义的信息量。在某种意义上存在竞争性，因为一旦这样的"用户牲畜"被"数字巨头"收集，这些信息就不能被其他组织或个人使用。也就是说，竞争性存在于数据获取方式的结构层面。根据纳德

---

① Moore, A., & Himma, K., Intellectual Property, in E. N. Zalta (Ed.), *The Stanford Encyclopedia of Philosophy*, Metaphysics Research Lab, Stanford University, 2017, sect. 4.2.
② Berberich, M., *Virtuelles Eigentum*, Tübingen: Mohr Siebeck, 2010.
③ Fairfield, J. A. T., Virtual Property, *Boston University Law Review*, 2005, 85, p.1049.
④ 批判论述参见 Glushko, B., Tales of the (virtual) City: Governing Property Disputes in Virtual Worlds, *Berkeley Technology Law Journal*, 2007, 22 (1), pp.507-532; Nelson, J. W., The Virtual Property Problem: What Property Rights in Virtual Resources Might Look Like, How They Might Work, and Why They Are a Bad Idea, *McGeorge L. Rev.*, 2009, 41 (2), p.281。
⑤ Fairfield, J. A. T., Virtual Property, *Boston University Law Review*, 2005, 85 (4), p.1053.
⑥ Purtova, N., The Illusion of Personal Data as No One's Property, *Law, Innovation and Technology*, 2015, 7 (1), pp.107-109.

兹达·普尔托瓦的说法，除非所有权制度得到实施，否则严重的权力失衡将在这里产生并被强化。

我们不需要完全赞同约书亚·费尔菲尔德和纳德兹达·普尔托瓦的分析，就能认识到他们强调了一些重要方面，在这些方面纯粹从法律角度看待数据所有权可能会遇到瓶颈。数据可能具有竞争性或不具有竞争性，数据可能具有或不具有现行法律是否可以在数据中编码财产权利的特征。但显而易见的是，这些问题并非仅可从法律或法律理论中得到解答。数据或其使用是持久的、稀缺的还是竞争性的？以及这对正当的所有权主张应该具有怎样的意义？尽管这些问题对法律有影响并与法律框架相关，但重要的是，它们已经超越了法律调查和讨论的范畴。

最后，他们的分析表明，关于数据所有权的辩论不仅仅涉及数据。约书亚·费尔菲尔德和纳德兹达·普尔托瓦都强调数据对数据主体的生活有现实的影响。在获取和使用商品本身时可能不存在竞争性；即使其他人使用我的数据，我也可以使用。但是他人使用数据的后果和推论，会影响我的个人自由和我在社交空间的选择。敏感信息的流动可能会影响就业、保险状况和资格，或在法庭和审判中获得公平、公正待遇的前景。这表明数据所有权不必主要出于对数据资源有效管理的考虑——如果所有数据都是非竞争性的，数据所有权的主张似乎会被削弱。如果有的话，数据所有权机制要有效管理的资源不仅是数据本身的资源，还包括正义、隐私、自决、公平、包容等社会资源。根据这种观点，数据在我们生活世界中的重要性，促使数据所有权制度成为对数据化社会中基本协调类别（fundamental categories of coordination）的一种控制方式。这反过来表明，现有法律框架对数据所有权存在的怀疑，不应阻止我们进一步探索数据所有权这个概念。

三、数据所有权的面向及其不确定性

劳伦斯·贝克尔（Lawrence Becker）区分了财产正当性的三个问题。① 一般问题（general question）是：为什么要有财产？具体问题（specific question）是：应该有什么样的财产权？特殊问题（particular question）是：谁应该拥有特定类型财产的所有权？

对财产正当性不同问题的讨论经常提到洛克：

> 尽管地球［……］是所有人类共有的，但每个人都有自己的财产。除了他自己，没有人对其身体享有任何权利。我们可以说，他身体的劳作和他双手的成果，完全是他的。只要他使任何东西脱离了自然存在的状态，并加入了自己的劳动，即附加了他自己的东西，那么这些东西就变成了他的财产。②

对洛克来说，出发点是人格固有的自我所有权。个人将劳动与自然资源混合的结果是，他自身的财产延伸到了产品上。

除洛克式的出发点外，还有其他方法可以证明财产的正当性。例如，根据劳伦斯·贝克尔描述的功利主义方法③，财产通过促进稳定和效率等对人类幸福有益。他所谓的"人格理论"④ 认为获得财产是维持和提升人格所必需的。例证包括亚里士多德的主张，即某些美德以财产为前提。在完全不同的理论框架下，康德和黑格尔一致认为财产体现了人格、能动性以及对自由的法律实施和认可。⑤

---

① Becker, L. C., The Moral Basis of Property Rights, *Nomos XXII: Property*, 1980, p. 187.
② Locke, J., *Locke: Two Treatises of Government*, Cambridge: Cambridge University Press, 1988, ch. 5, sect. 27.
③ Becker, L. C., The Moral Basis of Property Rights, *Nomos XXII: Property*, 1980, p. 193.
④ Becker, L. C., The Moral Basis of Property Rights, *Nomos XXII: Property*, 1980, p. 209.
⑤ Radin, M. J., Property and Personhood, *Stanford Law Review*, 1982, 34 (5), pp. 957-1015.

对劳伦斯·贝克尔提出的具体和特殊问题，洛克式的图景实际上是一把数据所有权的双刃剑。一方面，可以将数据所有权作为个人自我所有权的延伸来激励；① 另一方面，它也不支持这种观点。

考虑将劳动与资源混合的标准。回想起来，这个论点破坏了个人拥有与他们有关的数据的想法。② 虽然我可能在与我有关的生物医学数据中"投资了身体样本"③，但没有融入劳动，④ 反而是分析样本和数据并将其编译成证据库的医疗服务提供者，根据我提供的原材料产生价值。若劳动是任何迹象，"如果有人根据劳动财产理论对信息主张财产权，那似乎也应是健康专家或服务人员对他们的成果主张权利"⑤。同样，丹尼尔·索洛夫（Daniel Solove）指出"个人信息通常是在与他人的关系中形成的"⑥，并说明网络浏览数据是用户和网络服务提供者的共同壮举。

这些观察说明了数据所有权概念的一些初步挑战。回到劳伦斯·贝克尔的术语：基于财产一般问题的洛克式答案，我们仍然可以否定数据是否应该被拥有的具体问题。即使我们确认这一点，我们也可能不得不以一种使数据主体充其量只是共同所有者的方式来回答特殊问题。目前，我们回避这些问题，以指出即使可以解决这些问题，数据所有权概念中的歧义和不确定性仍然存在。

---

① Solove, D. J., *Understanding Privacy*, Cambridge, Massachussetts: Harvard University Press, 2008, p. 26.
② Thouvenin, F., Wem gehören meine Daten? Zu Sinn und Nutzen einer Erweiterung des Eigentumsbegriffs, *Schweizerische Juristen-Zeitung*, 2017, 113, p. 25.
③ Montgomery, J., Data Sharing and the Idea of Ownership, *The New Bioethics*, 2017, 23 (1), p. 83.
④ Cohen, I. G., Is There a Duty to Share Healthcare Data? in I. G. Cohen, H. F. Lynch, E. Vayena, & U. Gasser (Eds.), *Big Data, Health Law, and Bioethics*, Cambridge: Cambridge University Press, 2018, pp. 212-213.
⑤ Montgomery, J., Data Sharing and the Idea of Ownership, *The New Bioethics*, 2017, 23 (1), p. 84.
⑥ Solove, D. J., *Understanding Privacy*, Cambridge, Massachussetts: Harvard University Press, 2008, p. 27.

（一）财产权 vs. 准财产权

尽管有提供数据保护和控制权的法律规定，但数据并没有直接且毫无争议地归入财产和所有权类别（参见第二部分）。

理解数据所有权主张的一种方式是，它们表达了对实在法（*de lege lata*）规则的不满。就目前的情况而言，法律框架未能赋予个人对其数据的适当权利，并且对现状感知的缺陷会产生法律影响（*de lege ferenda*）。例如，卡尔-海因茨·费泽（Karl-Heinz Fezer）在最近的创新提案中主张，应在数据中引入真正的、自成一体的（*sui generis*）财产权。① 他承认个人没有在数据生产中投入劳动，但否认这会影响赋予数据主体对数据的所有权。他强调，他所谓的"公民数据"（*citizen data*）是行为生成（*behaviour-generated*）的：它们是公民互动和沟通的结果。这与这些数据是匿名的还是个人的无关。行为生成的数据并没有简化为代码，而是反映了一种文化机构的形式（a form of cultural agency），这使它们成为专门法律调整的适当对象（*rechtserhebliches Kulturhandeln*）。人类尊严、信息自决、文化意义和数据表现形式，必须成为全球数字化人权和基本权利讨论的出发点。这涉及"不亚于公民作为宪制民主主权者的公民社会地位"②。

卡尔-海因茨·费泽强调财产是个人自由权的法律制度化：它为自由提供了一个法律中介空间（freiheitlicher Gestaltungsraum durch Recht）。③ 财产的这种功能性作用及其与财产所有者自由的内在联系，应该使我们相信财产的概念是开放的，不应先验地局限于有体物和知识产权客体。如若必要，我们需要反思新的财产形式，以确保公民的主权。特别是，他提出未来的数据所有权法应将行为生成作为与知识

---

① Fezer, K.-H., Ein originäres Immaterialgüterrecht sui generis an verhaltensgenerierten Informationsdaten der Bürger, *Zeitschrift für Datenschutz*, 2017, (3), pp.99-105.
② Fezer, K.-H., *Repräsentatives Dateneigentum. Ein zivilgesellschaftliches Bürgerrecht*, Sankt Augustin und Berlin：Konrad-Adenauer-Stiftung, 2018, p.27.
③ Fezer, K.-H., *Repräsentatives Dateneigentum. Ein zivilgesellschaftliches Bürgerrecht*, Sankt Augustin und Berlin：Konrad-Adenauer-Stiftung, 2018, p.48.

产权法中创造相对应的概念。最后，卡尔-海因茨·费泽论述的核心是，出于务实的考虑，公民通过数据所有权对数据治理的影响必须具有代表性，即可通过宏观治理机构制定和阐明。通过这种方式，他将个人数据所有权和数据主体的集体表达进行了有趣的统一。

与卡尔-海因茨·费泽不同的是，其他对数据所有权的呼吁并不一定需要引入新的所有权形式，而是一些相当不同的东西。要了解原因，请注意所有权可以作为某些访问、使用和控制权的代名词。例如，托尼·奥诺雷（Tony Honoré）在其开创性论述中描述了组成所有权的 11 项权利和义务，包括："占有权、使用权、管理权、物的收益权、资本权、安全权、可传递性和无期限的权利或事件（rights or incidents of transmissibility and absence of term）、有害使用禁止权、执行责任和剩余规则。"① 托尼·奥诺雷本人认为这些权利和义务联合起来足以媲美所有权，但也坚持认为它们单独存在时并非一定是必要的。满足所有这些条件将产生完全所有权（*full ownership*）。但是完全满足所有这些条件对谈论（不完全）所有权来说是不必要的，毕竟仅在某种程度上满足其部分条件，就足以产生所有权。因此，不完全所有权能以不同的形式出现，因为它可以包含一系列不同的权利及其组合。

这导致以下三个观察结果。第一，所有权与满足不同程度的奥诺雷式条件（Honoré-style conditions）兼容。控制权和使用权并非无条件和无限制的，而是可以通过集体规则、公共机构和国家机构等方式加以限制。因此，所有权仅传达有关所有者对其资源控制程度的不准确信息。杰里米·沃尔德伦（Jeremy Waldron）以一个人可能在历史街区拥有一座建筑来阐释权利限制。② 虽然所有权赋予了控制和使用资源的权利，但存在限制。例如，所有者不能将历史街区的建筑物拆除并以摩天大楼代之。与此类似，芭芭拉·埃文斯（Barbara Evans）指出，即

---

① Honoré, A. M., Ownership, in A. G. Guest (Ed.), *Oxford Essays in Jurisprudence*, 1961, p. 370.
② Waldron, J., Property and Ownership, in E. N. Zalta (Ed.), *The Stanford Encyclopedia of Philosophy*, Metaphysics Research Lab, Stanford University, 2017, chapter 1.

使健康数据是患者所有，国家仍将保留在未经同意的情况下访问这些数据的某些权利，若此类访问符合公众的合法利益。① 所有权不是一项单一的权利，而是包含一束权利，在特定情况下明确权利的归属和主张是有帮助的。

第二，在数据所有权的呼吁中究竟提出了什么。这些呼吁的重点并非要求在一定程度上满足奥诺雷式的条件以促使我们谈论所有权，更不用说完全所有权了。这些呼吁的重点可能是这些特定条件本身。对一些人来说，这可能是一个至关重要的问题，即在给定的情况下，我们是否保留了足够多的这些条件来谈论所有权。但对其他人来说，所有权问题可能没有意义。重要的是，是否保留了足够的上述条件以促进包括但不限于人的正直、自决和参与社会活动等目标。例如，弗洛朗·图维宁强调了这一务实的问题：数据所有权是应该和现有规则一起引入，还是用数据所有权取代现有规则。前一种选择可能会产生新旧制度之间的冲突，后者会产生深远的转变，例如数据保护原则。因此，弗洛朗·图维宁更倾向于谨慎地采取小步骤的方式进行治理：不是全面引入数据所有权，而是更多地考虑个人与私营企业之间，关于数据访问和使用的可让与和可接受的合同协议——同时为不受合同协议影响的个人领域保持系统性地位。因此，他关心的是所有权通常包含的特定条件，而不是所有权本身，他出于务实的原因而拒绝数据所有权。

这直接导致了第三个建议。要求数据所有权的呼声不仅集中在奥诺雷式的权利上，还着眼于将此类权利分配给数据所有者将促进的结果。作为支持该建议的理由之一是，对数据所有权的批评，否认数据所有权比其他治理设计更好地实现了某些目标。例如，芭芭拉·埃文斯认为，现行法规（在她的案例中：美国联邦监管保护）和被提议的数据所有权模型，在平衡隐私同公共访问和未经同意的数据使用方面

---

① Evans, B. J., Much Ado about Data Ownership, *Harvard Journal of Law & Technology*, 2011, 25 (1), pp. 79-80.

并无太大区别:"在数据中创建财产权将产生一个新的权利方案,该方案实质上与既有的权利设计相似,从而使各方持续地对现行联邦法规感到同样的沮丧。"① 她总结道:"正确的问题不是谁拥有健康数据[……]。相反,关注的焦点应是私人数据可被合理地公共使用,以及如何在充分保护个人权益的同时促进这种使用。"②

正如我们刚刚看到的,所有权并不一定赋予无条件的控制权。有时,重要的是所有权通常涉及的特定权利,而不是所有权本身。有时,重要的是通过所有权术语进行谈判和批判的结果。因此,鉴于对数据所有权的保留和怀疑意见,我们提出以下调适性的建议。一种可能性是将焦点从法律编码的所有权转移到讨论者追求的愿望上:获得并保持对个人数据控制权的所有权。为此,我们将准所有权(quasi-ownership)理解为附加在奥诺雷式权利束中子权利上的关系,同时在概念上保持开放,无论是否有足够多的子权利被具体化为所有权,更不用说完全所有权了。准所有权主要寻求使个人处于能够分配、收回、屏蔽,以及出于各种目的共享他们数据的地位。这些目的包括但不限于个性化医疗、算法应用、生物医学研究,以及使用以患者为中心的卫生系统定制适于他们自己的临床护理。换句话说:最初被定义为数据所有权的内容主要涉及可控性,即数据主体行使其数据控制权的有效手段的可用性。

这标志着一个重要的辩证点:所有权的术语是可有可无的;重要的是所有权通常会促进的特定条件。如果是这样,为了清晰起见,对数据所有权的主张,实际上应该避开所有权和财产权话语。相反,支持者明确表示他们关注某些(一束)权利,无论这些权利是否符合财产权要件,更不用说产生完全所有权了。这甚至会建立在辩论中的一些共同基础之上。例如,数据所有权的反对者大方地承认,这种观点

---

① Evans, B. J., Much Ado about Data Ownership, *Harvard Journal of Law & Technology*, 2011, 25 (1), p. 75.

② Evans, B. J., Much Ado about Data Ownership, *Harvard Journal of Law & Technology*, 2011, 25 (1), p. 77.

可以被理解为"通过合同获得类似财产权的权利"①。支持者可以以此为线索，强调无论是契约性的还是非契约性的权利，与访问、使用和排除相关的权利才是重要的。此外，亨利·皮尔斯在认为欧盟数据保护法在概念上是混乱的（第二部分）之后，② 提出最适合的权利形式应是准财产权，而不是个人权利或成熟的财产权范式。例如，因为 GDPR 规定的排他性权利不是无条件的，而是取决于建立的"数据主体/数据控制者关系"的交互情况。③

怀疑论者仍然可能反对，即使是准财产权也会限制数据访问，因为个人可以限制他人访问其数据，这可能"导致研究效率降低和卫生政策有缺陷"④。例如，马克·罗德温（Marc Rodwin）提醒道："患者数据似乎是一个私人所有权排除下游发明以及个人所有者和社会利益的例子。"⑤ 患者数据所有权类似于拥有基因序列专利的私营行业组织：这种所有权限制了对创新模块的访问，并"垄断了研究所需的原材料"⑥。

无论数据中的权利是财产权还是准财产权，这都是影响研究、开发和政策形式的重要考虑因素。然而，作为反对数据所有权的一个理由，我们至少可以面对两个挑战。首先，将问题界定为数据所有权和高效研究之间的选择，会造成错误的两难境地。仍有待证明的是，对研究数据可用性的考虑是否仅仅（tout court）与数据（准）所有权相悖，或者它们是否主要敦促我们以正确的方式设计研究过程。研究是

---

① Cohen, I. G., Is There a Duty to Share Healthcare Data? in I. G. Cohen, H. F. Lynch, E. Vayena, & U. Gasser (Eds.), *Big Data, Health Law, and Bioethics*, Cambridge: Cambridge University Press, 2018, pp. 209-222.
② Pearce, H., Personality, Property and Other Provocations: Exploring the Conceptual Muddle of Data Protection Rights under EU Law, *European Data Protection Law Review*, 2018, 4 (2), pp. 205-208.
③ Pearce, H., Personality, Property and Other Provocations: Exploring the Conceptual Muddle of Data Protection Rights under EU Law, *European Data Protection Law Review*, 2018, 4 (2), p. 207.
④ Contreras, J. L., Rumbold, J., & Pierscionek, B., Patient Data Ownership, *JAMA*, 2018, 319 (9), p. 935.
⑤ Rodwin, M. A., The Case for Public Ownership of Patient Data, *JAMA*, 2009, 302 (1), p. 87.
⑥ Ibid.

否会受到阻碍不仅取决于数据所有权是否到位,还取决于数据所有者如何轻松有效地共享数据、数据相互操作性是否实现,以及个人是否信任研究过程。如果数据所有者可以控制数据流动,为研究贡献数据,但也可以在必要或需要时收回数据,那么个人将持续保留数据的假设在经验①和概念②上都很难成立。

其次,假设我们确信(准)所有权是研究的成本。即便如此,仍然存在严重的问题,即系统地绕过个人知情意愿并将数据用于研究和开发的道德理由,是否能够经受住审查。马克·罗德温和豪尔赫·孔特雷拉斯(Jorge Contreras)的考虑很可能是规范性辩论的结果,他们辩论的根基是评估所谓被削弱的公共利益。但他们的研究不能取代这样的辩论。个人不是孤立的、独立的和不受影响的主体,个人总是发现自己嵌入在社会环境中。在这些环境中,数据化和分析虽然能够产生好处和效率,但也可能引申出限制自决的结论。就数据(准)所有权进行谈判,可能是保护这些自决空间的举措之一。

综上,我们认为数据所有权主张与财产权或完全所有权的关系,比表面上要小得多。奥诺雷权利束的任何子权利都不是单独享有所有权的必需品,并且无需将权利束的每个子权利具体化就可享有所有权。这些呼吁是针对所有权还是仅针对准所有权?我们的建设性意见是:可能仅是后者。如果这些均是提议法(*de lege ferenda*)的主张,那么它们远没有卡尔-海因茨·费泽的提议那么激烈。我们认为,就合乎道德的数据治理进行辩论,是及时且必不可少的。数据(准)所有权是一种可行的选择,值得认真对待。

(二)可交易性 vs. 禁易性

奥诺雷式权利束的子权利之一是有权将自己的财产转让给他人,

---

① Mikk, K. A., Sleeper, H. A., & Topol, E. J., The Pathway to Patient Data Ownership and Better Health, *JAMA*, 2017, 318 (15), 1433-1434.

② Hummel, P., Braun, M., & Dabrock, P., Data Donations as Exercises of Sovereignty, in J. Krutzinna & L. Floridi (Eds.), *The Ethics of Medical Data Donation*, Cham: Springer, 2019, pp. 23-45.

通常是为了换取如金钱或服务等另一种商品。相信这种涉及数据的转让应是可能的，毕竟这是数据所有权制度的一个重要动机。"财产存在的理由是可转让性。"① 事实上，虽然数据被誉为 21 世纪的"新石油"和最重要的资源，但并不存在用于分配和转让数据的直接机制。② 数据所有权可以通过使数据主体将其数据的使用和访问权引入市场来弥补这一缺憾。理想情况下，这有助于交易并产生更有效的分配。例如，关于健康数据的所有权，伦纳德·基什（Leonard Kish）和埃里克·托普（Eric Topol）认为"没有所有权，就没有可信的交易。［……］为了建立一个真正繁荣的健康数据经济，我们需要借助数据所有权的力量"③。

让我们暂时回避一下我们的结论，即准所有权可能足以实现这些目标，而真正的所有权并不是必需的。目前的想法是财产化和市场数据的选择增强了数据主体的控制和权力："如果'财产权'的本质是想要它的人必须与持有人协商才能获得它，那么隐私财产化也会加强个人拒绝交易或转让其隐私的能力。"④ 正如纳德兹达·普尔托瓦强调的那样，在没有财产化的情况下，控制权的丧失迫在眉睫：数据的访问和使用将成为数据市场参与者事实上的权力。⑤ 因此，"要问的正确问题不是个人数据中是否应该存在财产，而是谁的财产"⑥。

除控制外，可交易性还可以使个人能够在处理其数据所产生的经济价值中分一杯羹。杰伦·拉尼尔（Jaron Lanier）强调，私营公司不

---

① Litman, J., Information Privacy/Information Property, *Stanford Law Review*, 2000, 52 (5), p. 1295.
② Thouvenin, F., Wem gehören meine Daten? Zu Sinn und Nutzen einer Erweiterung des Eigentumsbegriffs, *Schweizerische Juristen-Zeitung*, 2017, 113, p. 26.
③ Kish, L. J., & Topol, E. J., Unpatients—Why Patients Should Own Their Medical Data, *Nature Biotechnology*, 2015, 33 (9), p. 923.
④ Lessig, L., Privacy as Property, *Social Research: An International Quarterly*, 2002, 69 (1), p. 261.
⑤ Purtova, N., The Illusion of Personal Data As No One's Property, *Law, Innovation and Technology*, 2015, 7 (1), p. 83-111.
⑥ Purtova, N., The Illusion of Personal Data As No One's Property, *Law, Innovation and Technology*, 2015, 7 (1), p. 84.

会对个人数据驱动公司业务的个人进行补偿。他提出的解决方案是:

> 如果这些信息被证明是有价值的,那么就应向被收集信息的人付费。如果观察你产生的数据使机器人看起来更像一个天生的健谈者,或者让一个政治运动更容易将其信息投送给选民,那么你应该因为使用这些有价值的数据而被付费。毕竟,没有你,它就不会存在。[……]数量蔚为可观的人通过网络提供了惊人的价值。但现在大部分财富流向了那些汇总和传递这些"供品"的人,而不是那些提供"原材料"的人。如果我们能够打破"信息免费"的观念,进入一个普遍的小额支付系统,一种新的中产阶级和更加真实、不断增长的信息经济可能会出现。我们甚至可以加强个人自由和自决,即使这个机制变得非常好。①

杰伦·拉尼尔不仅要求承认数据所有权,他还预设了某些(非法律)所有权关系和权利。因为他认为到目前为止,人们并没有从他们的数据创造的价值中获得公平的份额。这应该通过他提出的小额支付系统来解决,以适当补偿个人。

个人应能交易其数据的想法受到了诸多批评。首先,如果数据主体能够在市场中交易其数据,可能会产生不良后果。数据的商业化似乎赋予了初始数据所有者权力,但也可能导致其失去控制数据和参与社会的能力。一旦访问权和使用权被出售或与服务进行交易,个人就不再对其数据拥有控制权和许可权。因此,对个人数据在交易后保留权利的直觉,与所有权的可交易性抵触。正如乔纳森·蒙哥马利(Jonathan Montgomery)在个人健康数据方面指出的那样,"当我将'关于我的'信息提供(或出售)给他人时,并没有切断它与我隐私的关联"②。由于即使在出售了他们的数据之后,个人仍保留对隐私的正当

---

① Lanier, J., *Who Owns the Future?* New York: Simon & Schuster, 2014, p. 9.
② Montgomery, J., Data Sharing and the Idea of Ownership, *The New Bioethics*, 2017, 23 (1), p. 82.

诉求，乔纳森·蒙哥马利认为数据属于私有财产类别是不可信的。可交易性可能会进一步鼓励隐私的市场化，并最终破坏而不是强化隐私。"个人数据中可转让的所有权概念令人不安，因为转让的机会无处不在。[……]个人数据市场是问题所在。基于财产权模型的市场解决方案无法治愈它，反而只会使其合法化。"①

其次，进一步的担忧与数据所有权引发的态度和期望有关。考虑一下，如果个人在其数据中拥有财产权，他们究竟将拥有什么。如果我们从其他人对数据的生成和处理所贡献的劳动中抽取出来，那么就没剩多少价值了。"从能支持有用的新应用意义上看，数据财产化提议之所以失败，是因为患者的原始健康信息本身并不是一种有价值的数据资源。创建有用的数据资源需要大量人力和基础设施服务的投入，除非有办法获得必要的服务，否则拥有数据是徒劳的。"② 根据英国科学院和英国皇家学会的联合报告，数据所有权可能"产生对数据使用的补偿预期"，即使"价值通常来自数据的组合和使用，而不是来自单个数据点"。③ 该报告确实承认所有权概念对"提取数据的商业价值"和"保护[数据]作为资产并实现其价值"的经济重要性。④ 但它也告诫人们不要因过于简单的数据所有权、可转让性和数据价值模型而产生误解。

最后，因可交易性反对数据所有权，表明数据不同于其他可以销售的商品。与典型的财产不同，数据转让并不意味着出让方或捐赠者会失去任何东西。数据可以传输但不能撤回，可以被多人同时拥有，⑤

---

① Litman, J., Information Privacy/Information Property, *Stanford Law Review*, 2000, 52 (5), pp. 1299-1301.
② Evans, B. J., Much Ado about Data Ownership, *Harvard Journal of Law & Technology*, 2011, 25 (1), p. 75.
③ The British Academy, & the Royal Society, Data Management and Use: Governance in the 21st Century, 2017, p. 32.
④ Ibid.
⑤ Solove, D. J., *Understanding Privacy*, Cambridge, Massachussetts: Harvard University Press, 2008, p. 27.

并且可以同时在多个地方存在。① 卢西亚诺·弗洛里迪（Luciano Floridi）指出，信息的获取和使用是无损的；"与一个人拥有的其他东西相反，一个人不会因其信息被他人获取而丧失个人信息"②。这些市场化的挑战可能并非不可克服。例如，适应它们的一种方法是，市场化后发生的不是数据转让，而是某些归还隐私的主张被暂时中止。尽管如此，数据仍然是一种具有鲜明特征的不同寻常的商品。

这些批评瞄准可交易性与隐私直觉不一致，且与数据特征不符，进而认为数据所有权是不受欢迎的。但辩论的另一论点采取了不同的路径。如果理解得当，它同意数据所有权应被承认，但基于上述理由强烈反对数据应该是可交易的想法。它的出发点是数据对人的构成和完整性的重要性。

卢西亚诺·弗洛里迪对人格的描述建立在"'对自我的信息解释'之上。自我是一个复杂的信息系统，由意识活动、记忆和叙述组成。从这个角度看，你就是你自己的信息"③。他继续捍卫这样一种观点，即隐私的首要重要性源于我们作为"信息有机体（inforgs）、相互连接并嵌入信息环境（信息圈）"的地位。因信息对信息有机体的自我构成具有重要意义，隐私泄露侵犯了信息有机体的身份。然而，该图景导致卢西亚诺·弗洛里迪拒绝基于所有权的隐私解释。根据该解释，"人拥有他或她的信息［……］，因此有权控制其整个生命周期，亦可在生成到删除的过程中使用数据"④。个体不仅拥有信息；他们是由信息构成的。因此，卢西亚诺·弗洛里迪呼吁"将侵害个人信息隐私的

---

① Prainsack, B., Logged Out: Ownership, Exclusion and Public Value in the Digital Data and Information Commons, *Big Data & Society*, 2019, 6 (1).

② Floridi, L., *The Fourth Revolution: How the Infosphere Is Reshaping Human Reality*, Oxford: Oxford University Press, 2014, p. 118.

③ Floridi, L., *The Fourth Revolution: How the Infosphere Is Reshaping Human Reality*, Oxford: Oxford University Press, 2014, p. 69.

④ Floridi, L., *The Fourth Revolution: How the Infosphere Is Reshaping Human Reality*, Oxford: Oxford University Press, 2014, p. 116.

行为理解为,侵犯个人身份的一种形式"①。因此,

> 人们可能仍然会争辩说,个人"拥有"他或她的信息,但不再是刚刚看到的隐喻意义上的,而是个人是她或他信息的确切意义。"你的信息"中的"你的",与"你的车"中的"你的"不同,但与"你的身体""你的感受""你的记忆""你的想法""你的选择"等中的"你的"相同。它表达了一种构成性的归属感,而不是外部所有权。这种感觉是,你的身体、你的感觉和你的信息是你的一部分,但不是你的(合法)财产。②

换句话说,卢西亚诺·弗洛里迪批评数据所有权的话语,只是为了强调它实际上涉及最字面意义上的自我拥有。由于信息与其所构成的信息有机体之间的这种密切关联,他要求对信息的保护应直接建立在后者的规范地位之上。对我们来说,这意味着:

> 保护隐私应直接建立在保护人类尊严的基础上,而不是间接地通过财产或言论自由等其他权利保护。换句话说,隐私应作为第一级的分支嫁接到人类尊严的主干上,而不是嫁接到其他分支上,就好像它是第二级的权利一样。③

其结果之一是数据变得不适合市场交易。事实上,卢西亚诺·弗洛里迪怀疑,如果"个人信息是[……]某人个人身份和个性的组成

---

① Floridi, L., *The Fourth Revolution: How the Infosphere Is Reshaping Human Reality*, Oxford: Oxford University Press, 2014, p.119.
② Floridi, L., *The Fourth Revolution: How the Infosphere Is Reshaping Human Reality*, Oxford: Oxford University Press, 2014, p.121.
③ Floridi, L., On Human Dignity as a Foundation for the Right to Privacy, *Philosophy & Technology*, 2016, 29 (7), p.308.

部分，那么有一天交易某些类型的个人信息可能会是绝对非法的"①。

总体而言，数据所有权和可交易性之间的关系是复杂的。一方面，有些人呼吁拥有数据所有权，以允许个人交易他们的数据。另一方面，其他人担心数据所有权会为剥夺个人不能转让的东西打开大门，而且数据与个人身份间的关系如此根深蒂固，以至于所有权过于外在而无法捕捉到这种关系。从个人的角度来看，资源是不可或缺的。因此，正确理解数据所有权会排除，而不是激励可交易性和市场化。

（三）保护 vs. 参与

数据所有权的其他主张都认为，个人需要获得某些基本资源以进行自我塑造、制定和实施生活计划，以及参与公共生活。他们还赞同数据所有权对阐明获得这些基本资源的要求是至关重要的。但他们对需要哪种资源的理解，是不同的。

一方面，数据所有权可能只是一种防御性、保护性的概念。个人需要一个私密领域，而获取和使用他们数据的权限，使他们能够保护这个领域免受国家、公司和其他人的侵害。例如，考虑一下劳伦斯·莱斯格的立场，即财产权及其论调具有工具价值，因为它们促进和加强了隐私：如果我的数据是我的财产，直觉上将会清晰地认识到，在未经我同意的情况下获取、使用或出售我的数据是错误的。"如果人们将资源视为财产，则需要大量的转换才能让他们相信像亚马逊这样的公司应该可以自由地获取数据。同样，像亚马逊这样的公司也很难摆脱小偷的标签。"② 财产权可用于界定他人不得干涉的个人领域。"财产话语经常被抵制，因为它被认为是孤立个人的。它可能是好的。但在隐私背景下，隔离（isolation）是目的。隐私就是赋予个人选择被隔

---

① Floridi, L., *The Fourth Revolution: How the Infosphere Is Reshaping Human Reality*, Oxford: Oxford University Press, 2014, p. 122.

② Lessig, L., Privacy as Property, *Social Research: An International Quarterly*, 2002, 69 (1), p. 255.

离的权利。"① 同样，艾伦·维斯廷（Alan Westin）的"个人信息被认为是对个人人格的决定权，应被定义为财产权"② 主张，似乎是一种工具性的论调：财产化是一种有效的手段，而不是目的本身。它的价值源于其促进和实现个人控制的功能，以及保护隐私的能力。

除了这些工具性主张，我们还可进一步考虑一个解释性建议：因为所有权，侵犯隐私是错误的。如朱迪斯·贾维斯·汤姆逊（Judith Jarvis Thomson）认为隐私权包含在一组更具体的权利中，③ 例如：

> 每一次侵犯隐私权的行为都是错误的，可以被解释得一目了然。[……]有人在你的壁挂式保险箱中查看你的色情图片？他侵犯了你不让查看你财物的权利，而你拥有这项权利是因为你拥有所有权——正是因为你拥有所有权，所以他的所作所为是错误的。④

沿着这些思路，我们可以想象：至少对劳伦斯·莱斯格所指的某些隐私泄露而言，数据所有权是解释它们是错误的原因。诚然，一个最初的挑战是汤姆逊谈到有形物体，如墙上保险箱中的图片。正如前文所述那般（第二部分），数据与此类物体存在显著不同。但假设我们愿意接受数据可以被拥有的建议，并且这种所有权可以作为隐私主张的依据。然后，汤姆逊的讨论引出了第二个挑战：我们可以考虑用替代性规范资源来激励隐私。是否是所有权解释了侵犯隐私的错误性，这似乎值得争论。例如，采用汤姆逊自己的提示，我们可以转而关注个人权利：

---

① Lessig, L., Privacy as Property, *Social Research: An International Quarterly*, 2002, 69 (1), p. 257.
② Westin, A., *Privacy and Freedom*, New York: Atheneum, 1967, p. 324.
③ Thomson, J. J., The Right to Privacy, *Philosophy & Public Affairs*, 1975, pp. 295-314.
④ Thomson, J. J., The Right to Privacy, *Philosophy & Public Affairs*, 1975, p. 313.

有人用 X 光设备隔着你家的墙壁看你？他侵犯了你不被窥视的权利，而你拥有这项权利是因为你对自己这个人拥有权利，就像你对财产拥有的权利一样——正因为你拥有这些权利，他的行为是错误的。①

侵犯隐私权的错误还可能在于人们有权不受到伤害，或不被仅仅视为一种手段。一旦这一点变得清晰，问题就出现了：数据所有权对隐私的规范基础是否必要和适当。托马斯·斯坎伦（Thomas Scanlon）提出了一个相关的反对意见，他认为所有权的相关性实际上只是偶然的。② 数据所有权恰好传达了有关我们隐私区域的常规边界信息。但是，即使没有任何所有权涉及墙式安全案例，也存在决定和激发正当隐私主张的权利和利益——这表明数据所有权是可有可无的。为了我们的目的，我们不需要在这场辩论中表明立场。我们只是注意到，原则上可以采取所有权来催化将他人排除在个人信息领域之外的保护性权利。

即便如此，第三个挑战也迫在眉睫：如果有的话，哪些数据所有权主张是合理的？回想一下，洛克的劳动标准表明：不是劳伦斯·莱斯格所想的那般。如果劳动是任何迹象，则不清楚是否应将数据主体而非数据处理者视为数据所有者。在这里，我们想提出对这一挑战的可能回应，据我们所知，这在文献中尚未提及。有趣的是，在将洛克与数据所有权联系起来讨论时，评论者似乎假设劳动是洛克式所有权的唯一标准。然而，洛克在讨论原始取得的背景下提出了劳动标准，即获取以前不被拥有的资源。这对援引劳动标准主张数据主体没有（或不应该）拥有数据所有权的作者，提出了两个问题。

首先，原始取得的洛克标准与原始取得后的其他标准相一致，例如，继承、损害赔偿、通过赠与、出售或交易而转让，特别是如果这

---

① Thomson, J. J., The Right to Privacy, *Philosophy & Public Affairs*, 1975, p. 313.
② Scanlon, T., Thomson on Privacy, *Philosophy & Public Affairs*, 1975, pp. 315-322.

是满足其基本需要所必需的，个人有权获得他人剩余的财产。①

> 正如正义赋予每个人对其诚实勤劳的成果享有权利，而他祖先的财产则由他公平继承；因此，慈善给每个人从他人的丰裕中获得某物的权利，以使他免于极度匮乏而无法生存；一个人没有充分的理由利用他人的必需品，强迫他人负担他兄弟的需求，就像一个有更大力量可以抓住一个弱者的人，（没有正当理由）让弱者服从，或用匕首抵在弱者喉咙上强制奴役或杀死弱者。②

对需求的重要性和财产权的慈善，洛克的解释者之间存在一些争论。例如，是否必须通过财产来保证生存，或者洛克实际上是否对如何保障生存持中立态度。③ 对我们的目的而言，重要的是除劳动之外还有其他洛克标准。不是个人，而是公司、州或医院投入劳动和资源来生成和处理数据，这一见解不足以确定数据所有权。特别是，如果我们倾向于通过所有权来证明隐私的合理性，并注意到某些程度的隐私可以被视为基本需求，是过上充实生活的基本前提，那么相关的所有权形式可能不依赖于劳动。

其次，强调劳动标准涉及原始取得，以及洛克的观点与他那个时代的殖民政策之间的相互塑造，④ 这提醒我们在现状中谁拥有什么的重要性。事实上，肖莎娜·祖博夫（Shoshana Zuboff）在她最近对数字化社会和经济后果的丰富分析中，将当代大型私营部门数据处理者和数据主体之间的关系，与16世纪征服者和土著居民之间的关系进行了比较。就像那些声称代表上帝、教皇和他们国王的权威并以此为由夺取

---

① Simmons, A. J., *The Lockean Theory of Rights*, Princeton: Princeton University Press, 1992, pp. 224-225, 327-328.
② Locke, J., *Locke: Two Treatises of Government*, Cambridge: Cambridge University Press, 1988, p. 42.
③ Waldron, J., *The Right to Private Property*, Oxford: Clarendon Press, 1988, p. 139.
④ Arneil, B., The Wild Indian's Venison: Locke's Theory of Property and English Colonialism in America, *Political Studies*, 1996, 44 (1), pp. 60-74.

土著生命和土地的征服者一样，监视资本主义的大型参与者"主张人类经验是可以免费获取的原材料"，并声称享有"拥有源自人类经验行为数据的权利"——这些宣言有效地将监视资本主义时代变为"征服时代"。① 这个类比是肖莎娜·祖博夫的，不是我们的，我们没有评估它的充分性或可能的局限性。对我们的目的而言，重要的是，建议将消费者数据视为未被占据的领域，可能会被误导。与征服者一样，大型私营部门组织声称，他们错误地认为资源是无人拥有的，而忽视了在获取之前的主张。因此，为了澄清数据处理者投入数据生成中的劳动是否应被赋予所有权，我们必须更多地了解构成这一过程的在先主张。在数据生成之前，它们可能不为任何人所有，因为它们不存在。然而，真实存在的是数据主体的生活、行为和特征，包括他们要求保护这些过程，以及以他们自主塑造的方式允许自己参与社会活动的主张。如何将这些主张与数据处理者的后续诉求进行权衡，是一个洛克劳动标准未解决的问题。

上述内容主要涉及消极的保护性主张，这些主张将他人排除在个人信息空间之外。然而，关于数据所有权角色的立场可以通过人的自我理论来进一步阐释，即什么构成了数据所有权，以及我们是否将数据所有权主要视为公民或特定社区成员的社会角色。我们可以从卢西亚诺·弗洛里迪那得到双重提示。一方面，他的自我概念强调了保护与个人领域有关的信息和个人完整性的重要性；另一方面，他也认为屏蔽（shielding）很重要，但还不够。作为信息有机体的个人同他们的个人信息及其在信息领域的嵌入深度且紧紧地交织在一起。由于信息有机体在整个信息领域编织信息联系，我们可能会认为，信息屏蔽的可控、本地化存储是个人与他人互动并参与社区和社会活动的基础。

这意味着数据所有权并不总是与限制数据流动的假定权利和机制挂钩。有时，个人会对其数据主张诉求，并试图以某种方式共享这些

---

① Zuboff, S., *The Age of Surveillance Capitalism*, London: Profile, 2019, chapter 6.

数据。① 对信息有机体而言，数据所有权作为隔离层是不够的。它还必须容许通过信息领域参与社会的努力。如上所述，认为数据所有权具有可交易性的支持者（第三部分第二节）认为，相关的参与形式是，在处理个人数据驱动的经济价值产生中获得个人份额。但除了寻求经济回报，个人的塑造还归因于对他人和来自他人的认可。为公共利益做出贡献的意图，会导致他们通过提供和捐赠数据重新分配部分信息资源。② 这是一种陈词滥调：我只能将我合法拥有的东西给别人。因此，捐赠和共享数据的一个潜在障碍是，这些态度似乎预设了某种形式的数据所有权，而法律框架可能不承认这种所有权（第二部分）。但根据我们先前的建议（第三部分第一节），陈词滥调中的"矿"不一定意味着真正的所有权，而是可以采取准所有权的形式。因此，坚持以保护性和参与性的方式利用个人数据，不必从法律角度审视那些缺乏吸引力或毫无根据的假设。

（四）个人 vs. 集体利益诉求

区分财产的种类有不同的框架。如根据杰里米·沃尔德伦的定义：③ 在私有财产中，资源处于特定个人（或家庭或公司）的决策权之下。在集体财产中，管理"参照整个社会的集体利益"进行，④ 这些利益是通过集体决策机制确定的。公共财产是指由规则管理的资源，其目的是使其可供社会的所有或任何成员使用。杰里米·沃尔德伦明确地将公共财产与正义概念联系起来："在资源有限的情况下，或者每个想要使用资源的人不能同时使用时，公共财产制度的运行需要确定

---

① Hummel, P., Braun, M., Augsberg, S., & Dabrock, P., Sovereignty and Data Sharing, *ITU Journal: ICT Discoveries*, 2018, p. 2.

② Hummel, P., Braun, M., & Dabrock, P., Data Donations as Exercises of Sovereignty, In J. Krutzinna & L. Floridi (Eds.), *The Ethics of Medical Data Donation*, Cham: Springer, 2019, pp. 23-54.

③ Waldron, J., *The Right to Private Property*, Oxford: Clarendon Press, 1988, pp. 38-42; Waldron, J., Property and Ownership, in E. N. Zalta (Ed.), *The Stanford Encyclopedia of Philosophy*, Metaphysics Research Lab, Stanford University, 2017, charter 1.

④ Waldron, J., *The Right to Private Property*, Oxford: Clarendon Press, 1988, p. 40.

公平分配个人需求的程序。这是正义理论的任务。"① 集体和公共财产通常都涉及国家管理。

正如这些区别所说明的那样,不同类型财产的概念化具有各种参数,它们可以在这些参数上编码实质性承诺。首先,它们要求说明谁是所有者。财产不必为个人所有。许多人可以拥有一个资源。此外,在某些情况下,被授权通过制定规则和限制访问来管理特定商品或资源的代理人,可能是事实上的所有者,但实际上仍然需要回应某些诉求。例如,一方面,国家对集体财产的管理是"主权当局决定的效果"②;另一方面,国家要对每个人都可获取的社会诉求进行回应。此外,不同类型的财产反映了不同的指导管理的目标和原则,如财产的目的是使每个人都能获取、保护财产,还是根据集体决策管理财产。最后但并非最不重要的是,在公共性和集体性概念中隐含着成员关系的假设。从所涉群体或社会的角度来看,那些不处于这些关系中的人是局外人。至关重要的是,这些成员关系与相应资源的使用权是关联在一起的。

除强调谁被合理地视为数据所有者的问题外,这些观点还表明了术语清晰的重要性,即设想了哪种财产。杰里米·沃尔德伦的定义当然不是概念化不同类型财产的唯一方法,但它们表明,仅仅要求数据所有权是一个未充分说明的需求。如果存在(或应该存在)数据所有权,那么问题就会立即出现,谁拥有哪些数据,以及这种所有权的意义何在。

如前所述,第一个反应是个人应将其数据作为私有财产。这种数据所有权的概念是在提出患者应对其健康数据拥有所有权时③,当个人

---

① Waldron, J., *The Right to Private Property*, Oxford: Clarendon Press, 1988, p. 41.
② Ibid.
③ Kish, L. J., & Topol, E. J., Unpatients—Why Patients Should Own Their Medical Data, *Nature Biotechnology*, 2015, 33 (9), p. 921; Mikk, K. A., Sleeper, H. A., & Topol, E. J., The Pathway to Patient Data Ownership and Better Health, *JAMA*, 2017, 318 (15), pp. 1433 - 1434.

能够交易他们的数据时①，以及当法律框架被视为向数据配置所有权时提出的（第二部分）。

然而，我们也看到，一种重要的替代性方案是肯定数据可以是财产，但否认个人数据主体是所有者。首先，正如洛克立场所表明的那样，私营部门组织也可以就其生成和处理的数据提出合理的所有权主张。② 其次，我们甚至可以质疑杰里米·沃尔德伦意义上的私有财产是否适用于数据。例如，乔纳森·蒙哥马利认为，如果我们真的想将遗传和基因组信息视为财产，则不应将其视为私有财产："将个体遗传信息视为同时属于一群人的共同财产形式也许更有说服力。但不包括外国人。"③ 他还支持"基因组信息的公共所有权"④，而私有财产权会让患者"将他人在生物学上共同的信息归于自己"，这是令人难以置信的。⑤

还有一些学者呼吁数据所有权，并将所有者设想为一个集体、社会或整个人类，如需要识别和保护数据公地时。对芭芭拉·普莱萨克（Barbara Prainsack）来说，数据公地可能是解决数据主体和数据处理者（通常是大型私营部门组织）之间权力不对称的关键，前提是仔细思考围绕该资源池的动态包容性和排斥性。包容性涉及能够将数据输入数字公地、使用公地信息、享受公地利益以及参与其治理。⑥ 在所有这些情况下，排斥不一定总是不公正的，而是促使进一步从个人或集体角度考虑排斥是如何造成影响的。最后，伤害减轻机制⑦对那些因被

---

① Lanier, J., *Who Owns the Future?* New York: Simon & Schuster, 2014.
② Ensthaler, J., & Haase, M. S., Industrie 4.0—Datenhoheit und Datenschutz, in H. C. Mayr & M. Pinzger (Eds.), *Informatik 2016. Lecture Notes in Informatics*, Bonn: Gesellschaft für Informatik, 2016, pp. 1460–1461.
③ Montgomery, J., Data Sharing and the Idea of Ownership, *The New Bioethics*, 2017, 23 (1), p. 85.
④ Ibid.
⑤ Ibid.
⑥ Prainsack, B., Logged Out: Ownership, Exclusion and Public Value in the Digital Data and Information Commons, *Big Data & Society*, 2019, 6 (1), p. 8.
⑦ McMahon, A., Buyx, A., & Prainsack, B., Big Data Governance Needs More Collective Agency: The Role of Harm Mitigation in the Governance of Data-rich Projects, 2020, 28 (1), pp. 155–182.

纳入或因被排除而遭受损害的人而言是必要的。

在这些提议中，人口、社会或人类拥有的数据所有权不必排除个人层面的进一步所有权或控制权。然而，个人和集体、地方和全球利益之间的紧张和竞争关系是可以想象的。例如，考虑格伦·科恩（Glenn Cohen）的观点，即在为公共利益的情况下，医疗保健数据可以在未经患者同意的情况下共享和处理，因为她的医疗保健数据不是她的财产。① 在这种情况下，拒绝数据所有权同拒绝控制和同意数据处理的权利相关，或者用格伦·科恩的话来说，是"共享医疗数据的义务"②。他似乎假设所有权是控制的必要条件，而在我们上面的观点（第三部分第一节）表明，可以独立地设想控制权，而不管它是否构成所有权。无论如何，他的推理表明个人和集体主张之间存在相互作用。如果它们处于紧张或对立状态，那么弱化其中一个可以视为加强另一个。促进公共利益的考虑无疑具有一定的规范性，特别是在自我与他人是相互依存关系的背景下。但是，当通知诉讼的算法被有关特定被告的信息喂养时，当特定个人的数据被用于定制营销内容以满足其需求、愿望和偏好时，当个人的信用申请是根据从不同领域收集的数据集得出的评级进行评估时，或者当健康数据由可穿戴设备跟踪并随后与保险公司、雇主和其他第三方共享，并决定个人各种生活方式时，我们应如何看待个人和集体利益的共存？关键不仅在于个人利益和集体利益之间可能会出现冲突，还在于两者的一致性是什么，哪些因素在特定冲突情况下应被优先考虑，哪些个人利益和自由的妥协算作对数据公地的足够有价值的补充，并增强公共价值和公共利益。

正如优先考虑公共利益可能会限制个人自决权，个人利益可能涉及界定他人权力并对其提出主张，这可能会导致马克·罗德温、豪尔

---

① Cohen, I. G., Is There a Duty to Share Healthcare Data? in I. G. Cohen, H. F. Lynch, E. Vayena, & U. Gasser (Eds.), *Big Data, Health Law, and Bioethics*, Cambridge: Cambridge University Press, 2018, pp. 212-216.

② Cohen, I. G., Is There a Duty to Share Healthcare Data? in I. G. Cohen, H. F. Lynch, E. Vayena, & U. Gasser (Eds.), *Big Data, Health Law, and Bioethics*, Cambridge: Cambridge University Press, 2018, p. 209.

赫·孔特雷拉斯和其他关注公共利益研究障碍的人所担心的后果。我们的建议并不是个人利益和集体利益之间存在零和博弈，即一方效益的提升以牺牲另一个方利益为代价。只是这两个领域之间存在相互依赖性，有时需要进行权衡。出于这个原因，认为我们可以将个人控制权与集体所有权完美地结合起来的观点，过于简单化了。将数据所有权归属于公众和维护数据公地，将不可避免地与个人自由互动，数据所有权的主张表明需要就如何协调这两极进行包容性的社会讨论。

我们建议数据所有权的主张应沿着四个维度并由四对极点确定：财产权与准财产权、可交易性与禁易性、保护与参与、个人与集体利益诉求，如表 1 所示。对这些维度上的各自位置，不同的主张被证明是相关的。第一个维度涉及（准）财产权问题。预计这些将使（准）所有者能够控制数据流动并影响数据处理的结果。第二个维度侧重于个人与数据的关系。它探究数据主体是否有或是否应该有权交易其数据。理想情况下，这可以让数据主体从其资源中受益。然而，这也意味着数据主体作为自我或主体的某些核心方面被转让和商业化。第三个维度论述了资源对个人构成、繁荣和完整性的重要性，并讨论了需要保护和参与的组合来推进这些目标。第四维度涉及个人和集体利益、需求和偏好之间的相互作用，并提出了如何协调和整合这些诉求的问题。提议的方案并非旨在提出一个预先确定的标准，说明全面呼吁或反对数据所有权应包括哪些内容；它也不打算穷尽所有可能的含义。相反，它是归纳性的，因为它是基于对数据所有权讨论的特定范例进行的推论。

表 1 数据所有权的极点

极点	主要观点	主张	期望
财产—准财产权	个人、权利和资源之间的相互作用	（准）财产事由	控制数据流动和数据处理结果
可交易性—禁易性	从个人到资源	决定交易我的东西的自由	从资源中获益，避免因交易自我核心方面造成伤害

（续表）

极点	主要观点	主张	期望
保护—参与	从资源到个人构成、繁荣和完整性	保护、参与和包容	保持一个保密范围，根据自己的判断编织信息联系
个人—集体利益诉求	个人、他人和资源之间的相互作用	考虑利益、需求和偏好	个人和共同利益之间的协调

四、数据所有权和数字化中信息自决的先决条件

由上分析可得出的结论是，数据所有权的概念充满了张力和困惑。它们的出现与支持或反对数据所有权的理由是否盛行无关，并且涉及承认数据所有权意味着什么的问题。

一些支持和拒绝数据所有权的观点涉及真正的产权，而另一些则涉及某些控制权，无论这些控制权是否属于财产权（第三部分第一节）。虽然有些人认为数据所有权的目的是让个人能够交易他们的数据（第三部分第二节），但其他人认为个人和他们的数据之间的关系实际上催化了完全相反的结果：禁易性。此外，根据某些理解，承认数据所有权涉及分配保护性权利，以及保障和行使这些权利的机制（第三部分第三节）。但就其他主张而言，这是不够的。数据所有权不仅限于保护性权利，还涉及更多内容：让数据所有者能够参与和融入社会活动。最后，对于数据是否由个人数据主体、数据处理者和/或整个社会等集体拥有，存在分歧（第三部分第四节）。

这些观察说明了当数据所有权被提倡和质疑时，什么是利害攸关的。到目前为止，我们的调查都是描述性的：它们关注的是讨论者对数据所有权的含义。但反思这些含义会引发一个额外的、实质性的主张：对信息自决而言，数据所有权的所有这些维度都至关重要。

为发展这个建议，我们转向阿克塞尔·霍耐特和南茜·弗雷泽之

间关于分配和认可关系的辩论。南茜·弗雷泽①区分了两种社会正义的民间范式。一方面，社会不公正可能植根于经济结构，表现为剥削、经济边缘化和剥夺；另一方面，它也可以被理解为一种文化现象，表现为文化统治、不承认和不尊重。② 她认为，片面的经济主义或文化主义是不充分的，并要求综合考虑并整合"分配的立场和认可的立场，而不是弱化其中任意一个"③。她的规范目标是"平等参与的概念。根据这一规范，正义需要社会性的安排，以允许社会所有（成年）成员作为同伴相互交流"④。

阿克塞尔·霍耐特同意南茜·弗雷泽的观点认为再分配和认可对社会正义都很重要，但他坚持主张认可是"基本的、首要的道德范畴"，而分配是衍生的范畴。⑤ 在他看来，认可的范式——他将其进一步分为爱、尊敬和尊重——特别适合经济边缘化主体的生活经历，他们不仅物质需求未得到满足，而且对社会认可的期望也令人失望。被视为成就和工作的相关目标是尊重，始终以文化承诺为指导。因此，经济分配和供应原则并不是没有价值的。"与卢曼和哈贝马斯一样，把资本主义说成是一种'无规范'的经济过程体系是错误的，因为物质

---

① Fraser, N., Social Justice in the Age of Identity Politics: Redistribution, Recognition, and Participation (J. Galb, J. Ingram, & C. Wilke, Trans.), in N. Fraser & A. Honneth (Eds.), *Redistribution or Recognition? A Political-Philosophical Exchange*, London and New York: Verso, 2003, pp. 7-109.

② Fraser, N., Social Justice in the Age of Identity Politics: Redistribution, Recognition, and Participation (J. Galb, J. Ingram, & C. Wilke, Trans.), in N. Fraser & A. Honneth (Eds.), *Redistribution or Recognition? A Political-Philosophical Exchange*, London and New York: Verso, 2003, pp. 12-13.

③ Fraser, N., Social Justice in the Age of Identity Politics: Redistribution, Recognition, and Participation (J. Galb, J. Ingram, & C. Wilke, Trans.), in N. Fraser & A. Honneth (Eds.), *Redistribution or Recognition? A Political-Philosophical Exchange*, London and New York: Verso, 2003, p. 63.

④ Fraser, N., Social Justice in the Age of Identity Politics: Redistribution, Recognition, and Participation (J. Galb, J. Ingram, & C. Wilke, Trans.), in N. Fraser & A. Honneth (Eds.), *Redistribution or Recognition? A Political-Philosophical Exchange*, London and New York: Verso, 2003, p. 36.

⑤ Fraser, N., & Honneth, A., *Redistribution or Recognition? A Political-Philosophical Exchange* (J. Galb, J. Ingram, & C. Wilke, Trans), London and New York: Verso, 2003, pp. 2-3.

分配是根据肯定有争议但总是暂时确立的价值原则进行的,这些原则与社会成员的社会尊重有关。"① 不是直接以平等参与为目标,阿克塞尔·霍耐特建议"首先从个人自主向尽可能形成完整身份的目标前进,然后将相互认可原则作为这一目标的必要前提。[……]这一表述相当于说,使个人自我实现成为可能,是我们社会中平等对待所有主体的真正目标"②。因此,"一个社会的正义或福祉与其确保相互认可条件的能力成正比,在这种条件下,个人身份的形成可以充分进行,进而促进自我实现"③。

为了我们的目的,我们不需要在南茜·弗雷泽和阿克塞尔·霍耐特的辩论中表明立场。相反,我们利用他们的概念工具来强调数据所有权的确定维度(第三部分第一至四节)如何强调再分配和认可范围内的不同方面。我们的建议是:通过数据所有权,数据主体要求满足物质需求和权利,从而阐明和协商关于资源再分配的主张。对那些充实的生活依赖于主体间先决条件④的社会人来说,数据所有权进一步编码了对认可数据所有者的期望和要求。这两个领域都需要考虑,以掌握与数据所有权相关的权利主张,并且有必要对其进行协商以促进数据主体的信息自决。

具体地说,当讨论财产权和准财产权时(例如将成就归功于数据处理者),会涉及以下问题:需要在多大程度上重新分配数据资源和权力,是否应采取分配真正所有权的形式,或者这种重新分配是否以及在哪些情况下与认可的承诺相冲突。当可交易性和禁易性被讨论时,

---

① Fraser, N., Social Justice in the Age of Identity Politics: Redistribution, Recognition, and Participation (J. Galb, J. Ingram, & C. Wilke, Trans.), in N. Fraser & A. Honneth (Eds.), *Redistribution or Recognition? A Political-Philosophical Exchange*, London and New York: Verso, 2003, p. 142.

② Honneth, A., Redistribution as Recognition: A Response to Nancy Fraser (J. Galb, J. Ingram, & C. Wilke, Trans.), in N. Fraser & A. Honneth (Eds.), *Redistribution or Recognition? A Political-Philosophical Exchange*, London and New York: Verso, 2003, p. 176.

③ Honneth, A., Redistribution as Recognition: A Response to Nancy Fraser (J. Galb, J. Ingram, & C. Wilke, Trans.), in N. Fraser & A. Honneth (Eds.), *Redistribution or Recognition? A Political-Philosophical Exchange*, London and New York: Verso, 2003, p. 174.

④ 此处的"先决条件"指(某种程度的)隐私。——译者

问题就变成了承认一个人作为人涉及和排除了什么。当论及保护和参与时，重点将转移到促进个人自我塑造的物质和社会性有利条件，问题变成封闭的私人领域是否足够，或者外部的联系和与他人的参与是否同样重要。当讨论个人和集体对数据的利益诉求时，重点将转移到认可和再分配如何将数据主体的个人利益与公共利益联系起来。总体而言，数据所有权的维度阐明了在分配正义和文化认可问题上的立场和转变。

尽管从概念上讲，认可先于再分配，但可以肯定的是认可和自我塑造不会在真空中展开。认可他人涉及承认他们行使自主权的权利。物质、分配、社会条件和结构，为自我塑造和自由的行使奠定了基础。在这种情况下，自治作为人的一个基本特征，通过利用自治的具体有利条件，可以与自决一样切实可行。在数字化和现实世界（onlife world）双重背景下，① 数据构成了自决的结构性有利条件的关键部分，但也可能阻碍自决。通过数据所有权，讨论者提及并阐明了各种目标和规范性目标概念。在讨论财产权和准财产权时，一个可能的关键问题是，构成经济过程的内在社会价值观，是否同数据资源和权利的实际分布、分配和控制方式匹配。数据所有权的支持者认为重新分配是必要的，而反对者则认为，从认可和成就的文化角度来看，现有分配状态是适当的。在讨论数据是可交易的还是不可交易的时候，规范参考点似乎是人身份的形成和完整性。在调适保护性和参与性主张时，我们似乎关心个人的能动性和参与（的平等性），反映了自决的物质和文化支持条件。最后，当个人和集体对数据的利益得到解决和调解时，目标似乎是根据社会正义来管理资源，以协调个人利益和公共利益，并得出协调两个领域之间潜在平衡的基本原理。

因此，数据所有权表达了在数据化和数据驱动的生活世界中，对物质资源的重新分配和数据主体的社会文化认可的立场。值得注意的是，即使被认为是先验的，认可的观点也与分配条件交织在一起，它

---

① Floridi, L., *The Onlife Manifesto*, Cham: Springer, 2014.

也可以在分配条件上编码承诺。据一些评论者的观点，市场化和财产化是这种辩证法以一种片面的方式倾向于一种经济化的例子，这种经济化可能会因其所在文化领域的限制而引发紧张局势。信息自决需要重新分配和认可，数据所有权的不同维度与这些领域重叠并贯穿于这些领域。

五、结论

我们提出了两项主张。首先，数据所有权包含了各种不同的关注点。我们的分析需要对概念进行澄清，这不仅是因为数据所有权的法律定位存在争议（第二部分），还因为对该主题的评论在先于法律或准法律问题的两极间摇摆不定：数据是否具有竞争性，财产权是否是表达和承认数据主体权利主张的正确类别，或者替代概念是否更合适（第三部分第一节）；个人是否应能交易其数据（第三部分第二节）；我们是否考虑以及如何考虑保护性和参与性主张（第三部分第三节）；以及个人数据主体的权利主张与集体利益诉求如何勾连（第三部分第四节）。

其次，我们提出了一种解释，说明是什么统一了这些不同的关注点：在日益数据化和数据驱动的生活世界中，他们就重新分配和认可之间的关系进行阐述和谈判。数据所有权标志着一个自决领域，涉及在数字化和大数据分析时代维护该领域完整性所需的全部先决条件。

我们的结果在实践中意味着什么？应该如何塑造数据治理？我们还没有就是否应该存在数据所有权以及以何种形式存在表明立场。本论文的一部分证明了对数据所有权这一概念的重大重建工作首先应是有序的，并且迄今为止进行的辩论没有明确关键的指导承诺和参考点。数据所有权可以有多种不同的形式，并且与各种规范目标和背景假设兼容。然而，可以明确地提出以下要求。

第一，对数据所有权的不同理解是统一的，需要多种模式来控制数据的使用方式。不同的概念和方法论角度（表1）决定了可控性的具体表述和实施方式，即拥有（准）财产意义上的数据、交易或避免转让隐私核心特征、保护数据但也保护参与数据驱动的努力，以及为自己或他人的利益使用数据的能力。但认真对待这些理解需要引导、约束和促进数据流动的机制。

第二，关于数据的市场化和商品化，所有权已成为一把双刃剑（第三部分第二节）。它可以用来激励市场化，利用数据的经济潜力，并使数据主体能够出售其数据，从而获得从中产生的价值份额。但与此同时，至少某些版本的数据所有权也对这项工作造成了重大限制。两个担忧是：隐私事项正在被转让；一旦数据进入市场，数据主体就会失去数据控制权。因此，应注意将市场化与可控性想法保持一致，而不是削弱可控性想法。

第三，与参与和公共利益相关的两个维度突出表明，数据所有权涉及我的、你的和我们的之间的辩证关系。个人作为一个关系体依赖于与他人的信息联系，其自身的利益不能从其所嵌入的社会结构中抽象地理解。因此，认真对待数据所有权并认识到这一概念的全部内涵，不仅涉及对数据主体如何保护其数据的反思，还涉及对他们以何种适当方式共享数据的反思（第三部分第三节）。

第四，如果我们的解读抓住了利害关系，那么严格来说，以法律框架不将数据中的财产分配给数据主体为理由否定数据所有权，是不正确的。如卡尔-海因茨·费泽等明确提出了拟议法（*de lege ferenda*）主张：法律框架应该被改变。但其他人似乎要求更少（第三部分第一节）。对他们来说，我们是否将被称为"财产"的机构命名为"财产"，并将个人视为其数据的"所有者"，可能是次要的。主张拥有数据所有权的数据主体，有时主要关注控制数据流动和对其的推断，以及数据处理对数据主体生活的影响。即使法律框架排除了真正的数据所有权，但它们是否能够以及是否应该容纳准所有权形式的权利，仍有讨论的空间。

总体而言，这些区别表明对数据所有权的主张并不像人们希望的那样统一。理由各不相同，有时所有权的术语似乎分散了论者们真正关心的问题。除了界定概念空间和强调数据所有权的维度是如何纠缠在一起的，我们还打算将当前的贡献作为一种邀请，将对数据所有权的呼吁和声讨更明确、系统地与在整个数据化和数据驱动的生活世界中认可数据主体和重新分配资源的提议参考点联系起来。

还有一些我们保持中立的重要问题。假设我可以并且应该拥有我的数据。哪些数据是我的？是什么保护了数据和所有者之间的联系？数据真的与该主体有关吗？如果是，又是在什么意义上？GDPR中的个人数据概念是否合适？我们是否应该参考其他概念，例如卡尔-海因茨·费泽的行为生成性？数据中是否明确表示或提及了相关主体，又有什么区别？明确性的差异（如匿名与个人数据）是否会对所有权产生影响？为什么（不）？虽然我们可以强调这些问题是数据所有权概念固有的潜在缺陷，但我们的建议并不是为了抢占实质性答案。如何确定数据及其所有者之间的关系，正是数据所有权需要回应的问题。

观察报告

数据治理年度观察报告（2022）

韩旭至[*]

摘要：2022年的数据治理热点事件蕴含了数据基础制度"向哪里去"这一重大问题的答案。一是基本范畴的继续厘清。最高人民法院第35批指导性案例展现了厘清个人信息概念的努力，IP属地显示之争又表明实践中仍客观存在概念混淆的现象。二是数据确权与流通的制度构建。"数据二十条"采用了有别于"整体确权"的"三权分置"路径，"NFT侵权第一案"反映了难以通过"技术确权"塑造数据流通规则。三是数字治理的法治化。储户被赋红码事件充分展示了数字化并不等于善治，"双码停扫"则体现了数据正义的应然复归。由此可见，我国数据基础制度的构建与完善必须立足中国实践，充分回应实践中的问题与挑战，以实现数字法治。

关键词：个人信息 数据权利 数据流通 数字治理 数据正义

随着2021年《数据安全法》《个人信息保护法》相继出台，我国数据基本法律制度已见雏形。如果说2021年是我国"数据立法元年"，那么2022年关于数据治理的进一步实践与探索则预示着数据基础制度的变革方向。当今，人类社会已经进入了数字时代，照搬照抄工商社会的规则体系已经无法解决现实的生产生活需要。数据权利的保护困境就是其中的突出表现。2022年6月22日中央全面深化改革委员会第二十六次会议审议通过，2022年12月19日中共中央、国务院印发的《关于构建数据基础制度更好发挥数据要素作用的意见》（以下简称

---

[*] 韩旭至，华东政法大学法律学院副教授。本文系2020年度国家社科基金重大项目"数字社会的法律治理体系与立法变革研究"（项目编号：20&ZD177）的阶段性研究成果。

"数据二十条")即指出,"数据作为新型生产要素,是数字化、网络化、智能化的基础,已快速融入生产、分配、流通、消费和社会服务管理等各环节,深刻改变着生产方式、生活方式和社会治理方式"。对此,"数据二十条"从数据产权制度、数据要素流通和交易制度、数据要素收益分配制度、数据要素治理制度等方面提出加快构建数据基础制度的总体要求。

当前,数据基础制度仍处于探索阶段,实践中必将不断涌现出新的问题。除"数据二十条"外,2022年引起广泛关注和讨论的数据治理事件还包括第35批指导性案例发布、用户IP属地显示之争、"NFT侵权第一案"、村镇银行赋红码事件、"双码停扫"等。本文结合上述热点事件,① 分别从数据制度基本范畴、数据确权与流通、数字治理三个视角,揭示我国数据基础制度的变革与挑战。

一、基本范畴的厘清与再混淆

数据制度基本范畴的模糊性使用问题已引起学界关注,并形成了一定的解决方案。② 在制度文本中,实际上已经认可了数据与信息属于形式与内容的关系。《数据安全法》第3条指出,数据是"任何以电子或者其他方式对信息的记录";《个人信息保护法》第4条第1款规定,个人信息在数据的形式之上还要求必须指向"与已识别或者可识别的自然人有关的各种信息"的内容。此外,数据制度基本范畴的区分也与网络空间分层有关。例如,网络安全审查制度聚焦设备层,数据安全审查制度针对数据层,个人信息保护制度属于信息层,APP治理面向应用层。然而,解决了数据与信息区分的问题,远未足以厘清数据

---

① 碍于篇幅,本文仅聚焦于与数据基础制度变革高度相关的数个典型事件,未涉及《反垄断法》修订中引入数据要素、个人信息保护的执法实践、公共数据授权运营机制的建立等内容。

② 参见韩旭至:《信息权利范畴的模糊性使用及其后果——基于对信息、数据混用的分析》,《华东政法大学学报》2020年第1期。

制度的基本范畴。个人信息作为一个核心概念，在实践中仍存在一定争议。《个人信息保护法》施行一周年以来，个人信息概念得到了进一步的厘清，但也存在再混淆的问题。

（一）个人信息概念的厘清：第 35 批指导性案例观察

2022 年 12 月 26 日，最高人民法院发布了第 35 批指导性案例，裁判要点均聚焦在刑法保护的公民个人信息范围、性质问题上。其中，指导性案例 192 号《李开祥侵犯公民个人信息刑事附带民事公益诉讼案》表明，人脸信息具有高度的可识别性，属于公民个人信息；指导性案例 193 号《闻巍等侵犯公民个人信息案》指出，"居民身份证信息包含自然人姓名、人脸识别信息、身份号码、户籍地址等多种个人信息"，属于敏感个人信息；指导性案例 194 号《闻巍等侵犯公民个人信息案》明确了改变范围、目的和用途利用已公开的公民个人信息构成非法利用行为，同时指出微信号系公民个人信息；指导性案例 195 号《罗文君、瞿小珍侵犯公民个人信息刑事附带民事公益诉讼案》表示，短信验证码是公民个人信息。

通过指导性案例进一步厘清个人信息的概念具有现实的必要性。一方面，《个人信息保护法》第 4 条第 1 款关于个人信息的定义与《民法典》第 1034 条第 2 款、《网络安全法》第 76 条第 5 款、《最高人民法院、最高人民检察院关于办理侵犯公民个人信息刑事案件适用法律若干问题的解释》（以下简称"法释〔2017〕10 号"）第 1 条的规定均存在一定差异。另一方面，《个人信息保护法》引入了敏感个人信息的概念，既与《民法典》第 1034 条第 3 款中私密信息的概念不同，又与法释〔2017〕10 号第 5 条第 1 款第 1—5 项的分类方法难以对应。若刑事案件、行政案件与民事案件分别适用不同的定义条款，将导致个人信息的范围不尽相同，引起法律适用的混乱。对此，上海市奉贤区人民法院在指导性案例 192 号中指出，认定公民个人信息应遵循法秩序统一性原理。①

---

① 参见最高人民法院指导性案例 192 号《李开祥侵犯公民个人信息刑事附带民事公益诉讼案》。

当前，应以《个人信息保护法》的规定出发，对个人概念进行解释。这不仅是因为与《民法典》《网络安全法》的相关规定相较，《个人信息保护法》属于新法，更是基于《个人信息保护法》的基本属性。《个人信息保护法》具有领域法的特征，属于数据领域的基本法律制度，在法律责任上也对应了刑事、民事与行政责任。司法实践中，必须引入《个人信息保护法》的相关规定，才能有效地对个人信息范围、性质作出分析。

首先，必须坚持"识别型"的个人信息定义。在指导性案例192号中，上海市奉贤区人民法院即从"可识别性"特征出发，认定人脸信息属于个人信息。① 《个人信息保护法》第4条第1款在"已识别或者可识别"后加入"有关"的表述，曾经引起一定争议。对于关联标准的引入是扩大还是限缩了个人信息的范围，存在不同的理解。② 关于如何解释"识别"也存在一定研究成果。有学者主张细化识别性标准中的识别对象和识别难度两个要素，③ 也有学者主张从特定社会关系类型出发确定识别对象的具体角色身份。④ 回到《个人信息保护法》定义的文本上，"有关"应解读为"已识别或者可识别的自然人"的限定。从个人信息定义的体系脉络来看，"识别型"定义也是一以贯之的。信息的相关性只是识别的要素之一，识别性是相关性的充分非必要条件。此外，识别更强调的是信息处理者或其他人在合理的成本下通过一个或多个特征认出特定个人的可能性。⑤ 尤其是对于需要与其他信息结合才能识别特定个人的间接个人信息，把握识别的判定标准非常重要。例如，指导性案例194号中，江西省丰城市人民法院注意到微

---

① 参见最高人民法院指导性案例192号《李开祥侵犯公民个人信息刑事附带民事公益诉讼案》。
② 参见彭诚信、史晓宇：《个人信息识别标准的域外考察和在我国的转进》，《河南社会科学》2020年第1期。
③ 参见赵精武：《个人信息"可识别"标准的适用困局与理论矫正》，《社会科学》2021年第12期。
④ 参见曹博：《个人信息可识别性解释路径的反思与重构》，《行政法学研究》2022年第4期。
⑤ 参见韩旭至：《个人信息概念的法教义学分析——以〈网络安全法〉第76条第5款为中心》，《重庆大学学报（社会科学版）》2018年第2期。

信的通信、社交、支付等功能，指出，"微信号和手机实名绑定，与银行卡绑定，和自然人一一对应"，由此判定微信号属于个人信息。①

其次，应引入敏感个人信息的概念对相关司法解释进行适用。指导性案例193号的争议焦点即在于居民身份证信息是否属于法释〔2017〕10号第5条第1款第4项中的其他公民个人信息。案件二审法院上海市第二中级人民法院引入了敏感信息的概念，对此进行了分析。②根据《个人信息保护法》第28条第1款，敏感个人信息指向"一旦泄露或者非法使用，容易导致自然人的人格尊严受到侵害或者人身、财产安全受到危害的个人信息"，其判定标准可提炼为"高概率的权益受侵害可能+一般的权益受影响程度"。③在指导性案例193号中，一审法院上海市虹口区人民法院从身份证信息"被非法曝光、泄露将对公民个人及其家人的人身安全、财产安全造成重大隐患"出发进行论证；二审法院上海市虹口区人民法院进一步指出，"居民身份证除包含户籍地址信息外，还是公民的姓名、人脸信息、唯一身份号码等信息的综合体，是公民重要的身份证件，在信息网络社会，居民身份证信息整体均系敏感信息……可诱发公民其他个人信息的进一步泄露，对公民个人信息权益侵害极大"。由此可见，两审法院均借用了权利受侵害的可能性标准来论证身份证信息的敏感性。

事实上，身份证信息本身即可为《个人信息保护法》第28条第1款敏感个人信息列举项中的"特定身份"所包含。不难发现，法释〔2017〕10号第5条第1款第1—5项的分类方法与敏感个人信息/一般个人信息的分类无法完全对应。包括生物识别信息、宗教信仰、特定身份、不满十四周岁未成年人的个人信息等在内的众多敏感个人信息未被明确列举。这些信息均应判定为法释〔2017〕10号第5条第1款第4项中的其他公民个人信息。在适当时候应进一步修改或重新制定

---

① 参见最高人民法院指导性案例194号《熊昌恒等侵犯公民个人信息案》。
② 参见最高人民法院指导性案例193号《闻巍等侵犯公民个人信息案》。
③ 参见韩旭至：《敏感个人信息的界定及其处理前提——以〈个人信息保护法〉第28条为中心》，《求是学刊》2022年第5期。

司法解释，使其与《个人信息保护法》的分类相协调。

（二）具体情境中的再混淆：IP 属地显示之争观察

2022 年 4 月 28 日，新浪微博发布了 IP 属地功能升级公告并上线了展示"发帖人""评论人"的 IP 属地功能。用户无法主动开启或关闭该功能，由此引起热议。① 此后，微信、小红书、知乎、抖音等各大平台陆续上线了类似功能。② 2022 年 6 月 27 日，国家互联网信息办公室正式发布《互联网用户账号信息管理规定》（以下简称"管理规定"），其中第 12 条明确指出："互联网信息服务提供者应当在互联网用户账号信息页面展示合理范围内的互联网用户账号的互联网协议（IP）地址归属地信息，便于公众为公共利益实施监督。"该规定的出台，为 IP 属地之争画上了句号。在这场讨论中，支持者表示显示 IP 属地信息有助于防范互联网恶意造谣的不良行为，实现"管理规定"第 1 条所载明的"弘扬社会主义核心价值观，维护国家安全和社会公共利益，保护公民、法人和其他组织的合法权益"的政策目标。质疑者主张，IP 地址是个人信息，强制显示 IP 地址缺乏合法性基础，与上位法相冲突。也有观点认为，显示 IP 属地信息不同于显示 IP 地址，属地信息属于匿名信息，不受个人信息保护制度约束。③ 上述争论表明数据制度基本范畴在具体适用中仍面临问题。

第一，信息处理是否有利于实现某种公共政策目标，并不能作为判定其是否属于个人信息的标准。有学者认为，将过多信息纳入绝对权保护框架将不利于信息自由流动。④ 基于这种原因，还有学者通过引

---

① 参见《新浪微博：全量开放评论展示 IP 属地功能，用户无法主动关闭》，https：//m. thepaper. cn/baijiahao_ 17846705，2023 年 1 月 1 日访问。
② 参见《微信、小红书、知乎、抖音等各大平台陆续上线了类似功能》，https：//t. ynet. cn/baijia/32618197. html，2023 年 1 月 1 日访问。
③ 程啸、彭錞等学者均在自媒体上公开发表过相关短评，由于互联网信息管理的原因，原文至今已不可查。
④ 参见王镭：《"拷问"数据财产权——以信息与数据的层面划分为视角》，《华中科技大学学报（社会科学版）》2019 年第 4 期。

入个人信息与个人数据的区分标准，提出二者应当指向不同的权能。①按照上述标准，似乎可以得出 IP 地址属于个人数据而非个人信息的结论。然而，数据与信息的区分恰恰指向的是个人数据与个人信息的等同。"个人"这一定语已经对数据内容作出了判断。这意味着，个人数据就是个人信息，而不仅仅是个人信息的载体或外在形式。不仅如此，国内外的制度文本与实践中均难以找到区分个人数据与个人信息的合理依据。

第二，从识别标准出发，IP 地址应判定为个人信息。从前述个人信息"识别型"定义的判定标准出发，可得出确定的结论：IP 地址是个人信息。在打击网络违法犯罪之时，IP 地址信息更是表明嫌疑人身份的重要证据。近年来，民事司法实践中对 IP 地址的认识也发生了转向。在 2014 年"朱烨诉百度案"中，南京市中级人民法院认为个性化推送功能所采集的数据不是个人信息。②但是，在 2019 年"凌某某诉抖音案"中，北京互联网法院并未采纳被告关于 IP 地址不是个人信息的抗辩，而是从位置信息与手机号码组合的角度，认定相关位置信息属于个人信息。③域外司法实践中，欧盟法院通过系列案件表明静态 IP 地址属于个人信息，并在 2016 年的"布雷耶案"中进一步指出：由于信息处理者可以运用法律手段从网络服务提供者处获得识别特定用户的附加信息，所以动态 IP 地址也属于个人信息。④事实上，IP 地址就是用户的网络住址。信息处理者可结合其他信息在合理的成本下识别出特定用户，在我国网络实名制下更是如此。正因为 IP 地址具有可识别性，信息处理者方可实现定向推送。

第三，IP 属地显示之争展现了去标识化与匿名化的混淆，相关信息的去标识处理未达匿名化标准。《个人信息保护法》第 73 条第 3 款与第 4 款分别规定了去标识化与匿名化，只有达到"经过处理无法识

---

① 参见刘练军：《个人信息与个人数据辨析》，《求索》2022 年第 5 期。
② 参见江苏省南京市中级人民法院（2014）宁民终字第 5028 号民事判决书。
③ 参见北京互联网法院（2019）京 0491 民初 6694 号民事判决书。
④ See Breyer v. Bundesrepublik Deutschland（Case C-582/14）19 October 2016.

别特定自然人且不能复原"的匿名化标准才不是个人信息，未及匿名化的去标识化只是将直接个人信息转化为间接个人信息。匿名化本质上是剥离出个人信息中的"识别性"，最大程度地避免个人再次被识别的风险。匿名化的标准应解读为，从信息处理者与积极侵权者的角度，在合理的技术成本下，已经无法直接或间接识别特定个人。为实现匿名化，必须经过处理识别符的去标识化处理，并在个案风险评估下作必要的设计降低再识别的风险。① 虽然 IP 属地信息仅显示了地域范围而未全部展现 IP 地址，但是其在社交媒体的应用场景中与用户头像、昵称等信息结合，能够轻易地识别特定个人。事实上，IP 属地信息的披露正是为了直接、清晰地展现特定用户在何处发帖。可见，相关信息的去标识处理远未实现匿名化。

第四，强制用户展示 IP 属地信息的行为缺乏合法性基础。《个人信息保护法》第 13 条第 1 款列举了个人信息处理的 7 项合法性基础。强制披露 IP 属地信息未经个人同意，与第 1 项不符。该行为并非基于合同或劳动关系，故与第 2 项不符，更与第 3 项的突发事件应对无关，亦非第 4 项的舆论监督需要。IP 属地信息也不属于第 5 项规定的公开信息。网络服务提供商或许会认为其应监管部门披露 IP 地址属于《个人信息保护法》第 13 条第 1 款第 3 项"为履行法定职责或者法定义务所必需"的范畴，而监管部门或许会认为这一要求属于第 7 项"法律、行政法规规定的其他情形"。这些理解并不正确。"管理规定"仅具有部门规章的效力，无法为个人信息处理创设例外的合法性基础或形成信息处理者披露信息的法定义务。此外，强制用户展示 IP 属地信息并非是对个人权益的最小侵害方案，很难满足必要原则和比例原则的要求。实现该规定的公共政策目标可以有加强内容监管、平台治理等多种手段，公开披露 IP 属地并非对个人权益最小侵害的方案。②

---

① 参见韩旭至：《大数据时代下匿名信息的法律规制》，《大连理工大学（社会科学报）》2018 年第 4 期。

② 参见王东方：《网络用户公开用户 IP 属地信息的适法性分析》，《新疆社会科学》2022 年第 5 期。

IP属地之争是数据制度基本范畴问题所引发的典型争议。实践中，相关问题还广泛存在于数据治理的实践之中。典型如"数据二十条"便多次提到"个人信息数据"的概念，体现了数据与信息的混淆。对此，必须进一步厘清数据制度的基本范畴，锚定数据基础制度的逻辑起点。

二、数据确权的模式转换与数据流通的实践挑战

数据确权是数据基础制度构建的重中之重。仅以财产性权益的形式保护部分数据，将对数据流通造成高昂的信息成本，也不利于数据要素市场的发展。然而，数据权利难以构建的问题是由多种客观因素导致的。由于数据之上的利益多元性、数据本身的非特定性、数据利用的场景性，试图在整体上对数据权利进行确定面临着现实的困难。从数据处理流程入手，分阶段地对数据权利进行构造，又需要在理论上进行突破。诚然，通过技术手段确实能实现对数据的控制。但这种控制无法直接生成权利，终须回归到对数据权利的判断之上。唯有充分回应数据权属问题，才能进一步逻辑自洽地构建数据流通与数据收益分配等基本制度。

（一）从"整体确权"到"三权分置"："数据二十条"确权路径观察

2022年12月19日发布的"数据二十条"首次提出"探索数据产权结构性分置制度"，"建立数据资源持有权、数据加工使用权、数据产品经营权等分置的产权运行机制"。长期以来，对数据产权的政策规划和学术研究倾向于在整体意义上描述数据权利。早在2016年国务院《"十三五"国家信息化规划》就提出了"建立数据产权保护、数据开放、隐私保护相关政策法规和标准体系"的要求。2017年习近平总书记在第十九届中共中央政治局第二次集体学习时强调"构建以数据为

关键要素的数字经济",并明确了数据的生产要素地位。2020年中共中央、国务院《关于构建更加完善的要素市场化配置体制机制的意见》与2021年《中华人民共和国国民经济和社会发展第十四个五年规划和2035年远景目标纲要》均提出,"建立健全数据产权交易和行业自律机制"。与上述文件相比,"数据二十条"对于数据产权的规划显然更为细致。"三权分置"的数据产权从"数据来源和数据生成特征"出发,界定各参与方在生产、流通、使用"全数据生命周期"中的权利。在公共数据确权授权机制中,表现为数据汇聚共享和开放开发、授权使用和管理的权利;在企业数据确权授权机制中,表现为对数据的持有、使用、获取收益的权利;在个人信息数据确权授权机制中,表现为持有、托管、使用数据的权利。

数据"整体确权"难以实现,具有多方面的原因。一方面,数据蕴含多重利益。整体上看,探讨数据权利需要回答的首要问题就是,谁对数据享有权利。即便将讨论的范围限于企业数据,数据生产仍离不开用户的使用,数据利用客观上又可能具有一定的社会公共利益。数据之上呈现出个人权益、企业利益、社会公共利益相互交织的复杂情况。另一方面,源于工商业时代的民事权利体系无法回应数据确权问题。数据无法与电子载体相分离,可被无限复制、任意删除,在支配上无法实现完全的排他性。这导致相同数据上可能存在数个权利。由此可见,数据不具有物的独立性、排他性、特定性。同时,数据既需要交易流通又需要作为资产被认可,而且还可能生产出非结构化、缺乏独创性的数据产品。因此,既有的合同规范、知识产权规范、反不正当竞争法规范均难以全面回应数据确权的现实需求。[①] 或许通过算法规制的方案,清晰地勾勒出数据利用的边界,可得出数据合法利用的范围,但这仍无法回避数据之上多重利益的平衡问题。

"三权分置"的数据产权方案具有一定的现实与理论基础。在数据生命周期中,从原始数据采集,到数据加工处理,再到形成数据产品

---

① 参见韩旭至:《数据确权的困境及破解之道》,《东方法学》2020年第1期。

并加以利用，数据权利的需求在不同阶段呈现出不同样态。近年来，为了缓解数据利用与个人信息保护之间的张力，兴起了"数据可用不可见""隐私计算"等技术，以强化对数据的有效利用，并淡化对数据"所有"的追求。更有观点认为，在数字经济中"所有"的概念并不重要，重要的是控制与利用的关系。例如，"分时共享"的经济模式中，消费者无须购买一辆自行车，只需要有权在特定时间段使用即可。通过许可协议与数据版权管理（DRM）技术，版权人更是可以直接对用户已下载的音乐作删除或禁止播放的处理。在这个意义上，数字经济"重新定义甚至消除财产的概念"，形成了"所有权的终结"。[①] "数据要素常常从一开始就未曾被某个单一主体完全'所有'过"[②]，因此可从"权利束"的视角对数据产权进行结构性分置，通过开放的结构，实现多元参与主体在不同参与环节之中的权利保护。[③]

然而，数据"三权分置"的模式仍存在必须回应的理论问题。虽然"三权分置"已在农村土地制度与理论上得到有效实施，但是农村土地所有权、承包权、经营权三权分置与数据"三权分置"的底层逻辑并不相同，难以直接借鉴参考。农村土地上的"三权分置"并未消解所有权的概念，而是基于集体经济组织农民集体所有的土地不得买卖的规定而提出的。数据"三权分置"则具有特殊性。例如，数据资源持有权、数据加工使用权、数据产品经营权之间是并列关系还是具有一定的层次结构？在持有权、加工使用权、经营权以外是否还存在其他数据权利？"三权分置"之上是否存在整体的数据权概念，三者是权利还是权能？"三权分置"是数据产权的具体内容抑或政策文件的描述性语言？这些"权利"能否同时存在于特定数据之上，又该如何登记？

[①] 参见亚伦·普赞诺斯基、杰森·舒尔茨：《所有权的终结：数字时代的财产保护》，赵静武译，北京大学出版社 2022 年版，第 282 页。
[②] 熊丙万：《数据产权制度的理论挑战与现代回应》，https://www.ndrc.gov.cn/xxgk/jd/jd/202212/t20221219_1343666.html，2022 年 1 月 15 日访问。
[③] 参见丁晓东：《分类分场景保护 探索数据产权新方案》，https://www.ndrc.gov.cn/xxgk/jd/jd/202212/t20221220_1343701_ext.html，2022 年 1 月 15 日访问。

对此，数据产权制度的设计中应注意到，"整体确权"与"三权分置"两种模式之间并不互斥。"所有权的终结"并不值得庆贺，因为"所有权的丧失使我们所有人都有被剥削的风险"①。数据要素市场越活越，数据产权的确立需求就越大。分类型、分场景地厘清数据权利关系，确认公共数据、企业数据、个人信息在持有、加工、利用中的权益，本身就有助于在整体上构建数据权利。以企业数据为例，对于作为数据控制者的企业而言，企业数据权应被认可为一项整体性的权利。在内部关系上，可分为持有、使用、获取收益等各项权能。其中，持有是使用与获取收益的起点。"三权分置"则有助于理解不同主体在同一数据之上享有的不同权利。当数据由有权持有人通过授权许可给第三方时，便产生了第三方的数据加工使用权、数据产品经营权等权利。随着数据要素市场的不断发展，也可能产生新的数据利用形式并孕育出新的权利。此外，经确认的数据权利必须转化为数据资产才能充分激活其价值。2022 年财政部《企业数据资源相关会计处理暂行规定（征求意见稿）》即对数据资产"入表"进行了规定。

（二）"技术确权"的失效："NFT 侵权第一案"观察

2022 年 4 月 20 日，杭州互联网法院对"奇策公司与某科技公司侵害作品信息网络传播权纠纷案"（该案又被称为"NFT 侵权第一案"）作出宣判。NFT（Non-Fungible Token）即非同质化通证，是通过区块链技术实现的对特定数字文件的映射，由此形成具有唯一关联性的数字权益凭证。该案中，某用户在未经版权人授权的情况下，擅自将作品"胖虎打疫苗"在某科技公司平台铸造为 NFT 并发售，遂成诉。杭州互联网法院判决被告某科技公司立即删除涉案平台上的"胖虎打疫苗"NFT 作品，同时赔偿奇策公司经济损失及合理费用合计 4000 元。② 某科技公司不服，提起上诉。2022 年 12 月 30 日，杭州市中级人民法院

---

① 亚伦·普赞诺斯基、杰森·舒尔茨：《所有权的终结：数字时代的财产保护》，赵静武译，北京大学出版社 2022 年版，第 282 页。
② 参见杭州互联网法院（2022）浙 0192 民初 1008 号民事判决书。

作出维持原判的二审判决。① 值得注意的是，二级法院对NFT数字作品交易的法律性质作出了分析。杭州互联网法院主张，"NFT交易实质上是'数字商品'所有权转移"，同时"数字商品""具有虚拟性、依附性、行使方式的特殊性，但也具备一定的独立性、特定性和支配性……NFT数字作品持有人对其所享有的权利包括排他性占有、使用、处分、收益等。NFT交易模式本质上属于以数字化内容为交易内容的买卖关系"。② 杭州市中级人民法院进一步指出，NFT数字藏品具有虚拟性、稀缺性、可交换性、可支配性和排他性，"符合网络虚拟财产的特征，具有财产利益的属性"；原审判决中的所有权不是物权意义上的所有权，而是数字作品之上的财产性权益在不同"持有者"之间发生转移。③

由此可见，在区块链技术加持下，NFT数字作品的权利属性仍不清晰，难以真正实现"技术确权"。正所谓"代码可以巩固产权，它可以使财产更容易转移且易于追踪，但是它无法创建财产权"④。NFT从技术上实现了数据的独立性、特定性和支配性，似属最有可能确权的数据，却仍无法直接形成法律所认可的所有权。"NFT侵权第一案"中，二审法院也仅能从网络虚拟财产的角度对其蕴含的财产性权益作出评判。基于技术形成的往往只是一种事实上的控制，甚至是一种控制的假象，难以直接作用于数据流通。例如，美国"领英案"即表明，爬虫技术并不必然赋予主体爬取数据的权利，"robots协议"也并不必然导致第三方不能爬取数据。⑤ "技术确权"之外还必须从法律上对数据的权利属性进行分析。

---

① 参见浙江省杭州市中级人民法院（2022）浙01民终5272号民事判决书。
② 杭州互联网法院（2022）浙0192民初1008号民事判决书。
③ 参见浙江省杭州市中级人民法院（2022）浙01民终5272号民事判决书。
④ 亚伦·普赞诺斯基、杰森·舒尔茨：《所有权的终结：数字时代的财产保护》，赵静武译，北京大学出版社2022年版，第282页。
⑤ Alex Reese, Raven Quesenberry, "What Recent Rulings in 'hiQ v. LinkedIn' and Other Cases Say About the Legality of Data Scraping", https：//www.law.com/therecorder/2022/12/22/what-recent-rulings-in-hiq-v-linkedin-and-other-cases-say-about-the-legality-of-data-scraping/? slreturn=20230119022244, accessed December 29, 2022.

在性质上，NFT应属债权凭证。所谓"万物皆可NFT"，NFT实质上只是特定数字文件的映射，需要在平台上"铸造"。运营平台的经营状况决定了持有人能否有效地主张NFT之上的权益。2022年，腾讯宣布关闭当时国内最大NFT交易平台之一的"幻核"。这一行为不仅宣告了"NFT神话的破灭"，而且更表明了"持有人"在NFT之上的权益不具有绝对性。"持有人"从来没有真正持有NFT之上的数据，其数据存储与价值均实现完全依托于运营平台。诚如王迁教授所言，"NFT数字作品的首次'出售'形成了购买者对'铸造者'的债权，后续'转售'应被定性为债权转让"①。不能采取结果导向的论证，因适用货物买卖合同规范的需要就将NFT认定无物的交易。从NFT实际具有的金融属性来看，NFT转让也更类似于金融产品的转让，应认定为是债的让与，提供服务的平台依据《数据安全法》第33条需要尽到一定的审查义务。

当前，数据流通制度供给存在一定错位。在官方的数据交易所外进行的大量NFT"场外"交易往往缺乏有效的制度指引，法律与政策往往更聚焦"场内"交易。"数据二十条"即专门对"统筹构建规范高效的数据交易场所"进行了规范。然而，由于立法者对数据资产金融属性的立场暧昧不明，很长一段时间以来场内交易处于不温不火的状态。甚至有些数据交易所为了迎合潮流，也上线了部分NFT产品，但往往是以"限量+免费+不可转让"的形式"发售"。实际上，很多企业并不了解数据交易所交易什么，以至于有些数据交易所在作为中介服务机构的同时还需要"找业务""拉客户"，甚至需要参与相关数据产品的生产。近年来推行的"所商分离"，正是为了应对上述问题。"所商分离"下，"数商"的概念被提出，2022年11月期间更在上海举行了"全球数商大会"。面对数据流通制度的供给错位，必须尊重市场自身的运行规律，重视对场外交易进行规范，从数据流通的实践出发，推动数据基础制度的进一步完善。

---

① 王迁：《论NFT数字作品交易的法律定性》，《东方法学》2023年第1期。

三、数字治理的运行偏离与法治化复归

数字治理并不等于治理能力提升。缺乏约束的权力极有可能借助数字化的外衣侵害公民权利。以"码治理"为例,其有自身的运行逻辑,通过赋码与扫码的技术,国家权力得以渗透到生活的每一个毛孔。其迅速推广具有两方面的现实原因,一是基层治理者所面临的防疫工作"一票否决"的压力,二是政绩考核下"锦标赛式"的建设动力。通过码进行治理更被视为国家治理体系与治理能力现代化的表现。然而,"码治理"的实际运行却产生了严重偏离治理目标的个案。对此,必须以数据正义的要求,将数字治理纳入法治轨道。

(一)技治主义的危险偏离:"红码事件"观察

2022年4月18日起,禹州新民生村镇银行、上蔡惠民村镇银行、柘城黄淮村镇银行、开封新东方村镇银行4家河南村镇银行以"系统升级维护"为由关闭网上银行、手机银行服务,导致储户无法线上取款、转账。6月13日,多名前往郑州沟通村镇银行"取款难"的储户发现自身被赋红码。部分储户甚至从未抵达郑州,仅填报了相关维权信息,健康码随即变红。据统计,共有1317名村镇银行储户被赋红码。郑州市12345政务服务热线对此回应称,"经过查证是因大数据信息库出现了一些问题"。郑州12320卫生健康热线则表示不清楚赋码的具体部门。[1] 6月16日,郑州市纪委监委启动了调查问责程序。6月22日郑州市纪委监委通报调查问责情况,对5名涉案官员分别给予了撤销党内职务、政务撤职、党内严重警告、政务降级处分,记大过处分,记过处分。[2]

---

[1] 参见《必须维护健康码的科学性严肃性》,《环球时报》2022年6月15日,第15版。
[2] 参见瞿芃:《郑州通报部分村镇银行储户被赋红码问题调查问责情况》,https://www.ccdi.gov.cn/toutiaon/202206/t20220622_200825.html,2023年1月1日访问。

"红码事件"表明了数字治理中技治主义的重大危险。"技治主义"认为"科学技术是文明的决定性力量",强调以科技手段和数量方法来进行治理决策。① 近年来,大数据、区块链、云计算、人工智能、元宇宙、ChatGPT 等新技术概念如潮水般涌入了官方视野,先后出现在众多对社会治理起决策作用的政策文件之中。然而,运用先进的技术进行治理并不能等同于先进的治理技术。大量专业技术、行业术语的应用将会造成信息垄断,并可能由此形成"一种欺骗性的意识形态,用谎言掩盖和曲解真实情况,为维护权力和等级制度服务"②。"红码事件"之初,被赋红码的储户完全无从确证其被赋码的真实原因。官方热线的首次回应则把问题抛给"大数据信息库"。此举实际上是通过运用具有神秘化色彩的技术话语,试图让"技术要求""技术缺陷"为一种不合理的权利运作需求"背锅"。

从功能与目的来看,赋码的技术本身就是为了高效地实现自上而下的社会控制。法律可能被违反,但是代码不行。在计算机的世界中,代码具有高度的强制性、自动执行性。在这个意义上,"代码即法律"的命题被多次重申。法律只是社会控制的一种工具,借助莱斯格所提出的"法律—社群规范—市场—架构"的经典网络规制框架,③ 可以重新认识"码治理"的规制结构。扫码与赋码的基本技术架构不仅具有直接的执行力,而且形塑了社群规范。由于担心被认定为"次密接""次次密接"或"时空伴随者",社会上普遍对"红码人士"避之不及。同时,疫情管理的制度规范作出了进入任何公共场所都必须扫码的规定,使得"红码人士"寸步难行,难以参与市场活动。也就是说,红码不仅在一定程度上构成被污名化的社会身份,而且通过限制个人的行动自由,完成对个人身体的控制;此外,在同侪压力下,赋码也将影响个人的精神状态。至此,"码"的技术实现了对人的全方位控制。

---

① 参见刘永谋:《论技治主义:以凡勃伦为例》,《哲学研究》2012 年第 3 期。
② 刘永谋:《安德鲁·芬伯格论技治主义》,《自然辩证法通讯》2017 年第 1 期。
③ 参见劳伦斯·莱斯格:《代码 2.0:网络空间中的法律》,李旭、沈伟伟译,清华大学出版社 2018 年版,第 135—136 页。

虽然为有效防止疫情传播而进行高效的社会控制是必要的，但绝不应以侵害公民基本权利为代价。"码"成为权力恣意运行的工具、违法限制自由的手段，是数据治理运行偏离的典型体现。事实上，公众对"码治理"的运行偏离危险并不陌生。早在 2020 年 9 月，苏州推出"文明码"，确定了文明交通指数和文明志愿指数两个维度采取的计分规则。文明积分的高低与享受公共服务的优先和便利挂钩。① 由于产生了极大争议，"文明码"仅上线三天便被喊停。公民平等地享受公共服务既是基本人权也是《宪法》平等权的要求，是否"文明"不是适当的权利克减理由。对公民权利的限制必须在法律的框架中实现，由有权机关在比例原则的约束下作出。"红码事件"中，通过赋码的手段实现限制储户到郑州进行维权活动的目的，这不仅涉及违法处理个人信息，而且属于侵害公民的行动自由。"文明码事件"和"红码事件"均是数字异化的表现，表明了技术"在服务于我们的同时也与我们形成疏离乃至对立的关系"。②

归根结底，数字治理的目的是通过数据处理技术实现权利保障而非侵害权利，是利用大数据等手段解决社会治理中的疑难问题而非解决提出疑难问题的人。在公权力与数据权力的深入融合下，必须充分尊重以个人信息权益、隐私权、人格平等权为代表的私权利，③ 将技术的利用限于治理的特定目的，警惕技治主义的危险偏离。

（二）数据正义的应然复归："双码停扫"观察

2022 年 12 月 7 日，国务院联防联控机制发布的《关于进一步优化落实新冠肺炎疫情防控措施的通知》提出，"除养老院、福利院、医疗机构、托幼机构、中小学等特殊场所外，不要求提供核酸检测阴性证明，不查验健康码。重要机关、大型企业及一些特定场所可由属地自

---

① 参见《"苏城码" App2.0Pro 版上线 同步推出全国首创的"苏城文明码"》，http://www.szweitang.cn/dujia/zixun/20200904/14818.html，2023 年 1 月 1 日访问。
② 参见郭春镇：《对"数据治理"的治理——从"文明码"治理现象谈起》，《法律科学（西北政法大学学报）》2021 年第 1 期。
③ 参见宁园：《健康码运用中的个人信息保护规制》，《法学评论》2020 年第 6 期。

行确定防控措施。不再对跨地区流动人员查验核酸检测阴性证明和健康码，不再开展落地检"。2022 年 12 月 13 日，"通信行程卡"服务正式下线的同时，中国信息通信研究院、三大电信运营商均表示同步删除用户行程相关数据，并承诺依法保障个人信息安全。①"双码停扫"是数据正义的必然要求。为了在"数据的公平占有与合理使用"意义上实现数据正义，②"码治理"的实践应尽快在法治轨道上实现转型。

一是通过"扫码"收集的涉疫数据应予以删除。在已得到删除处理的行程码数据外，还存在海量的为了防疫采集的核酸信息、健康码、场所码等数据。首先，处理这些数据的合法性基础源于《个人信息保护法》第 13 条第 1 款第 4 项应对突发公共卫生事件所必须，但随着新冠肺炎更名、降级，这一合法性基础已经丧失。在没有重新取得合法性基础之前，相关主体应该及时删除相关数据，否则构成违法处理个人信息。其次，基于个人信息保护的目的限制与数据最小化原则，行程码、场所码的采集目的一般是为了流行病学调查，此类信息往往具有时效性，相关数据在特定时间段经过后应当予以删除。再次，《突发事件应对法》第 58 条规定，在突发事件的威胁和危害得到控制或者消除后，应急处置措施应当停止执行。"双码停扫"之后，相关数据依法删除也是停止应急处置措施的要求。最后，应遵循"谁存储谁删除谁销毁"原则，③根据《个人信息保护法》第 47 条的规定删除相关数据；技术上难以实现删除的，应当依法停止除存储和采取必要的安全保护措施之外的处理。

二是若处理者希望继续处理相关数据，则应满足敏感个人信息保护的法定要求或作匿名化处理。一方面，为防疫处理个人的生物识别信息（人脸识别认证）、特定身份信息（是否重点岗位人员）、医疗健

---

① 参见《"通信行程卡"12 月 13 日下线！中国信通院、三大运营商同步删除用户数据》，https://baijiahao.baidu.com/s?id=1752097978109538578&wfr=spider&for=pc，2023 年 1 月 1 日访问。

② 参见马长山：《智能互联网时代的法律变革》，《法学研究》2018 年第 4 期。

③ 参见张新宝：《"两码"退出后相关个人信息的处置》，《上海法治报》2022 年 12 月 28 日，第 5 版。

康信息（核酸信息与寻医问药信息、确诊人员/密接人员身份信息）、行踪轨迹信息（包括疫情期间个人高铁、飞机、自驾、公交以及出入公共场所等出行信息）等均属于《个人信息保护法》明确列举的敏感个人信息。《个人信息保护法》第 28 条第 2 款规定了敏感个人信息处理的特定的目的、充分的必要性、严格保护措施要求，是目的限制、最小必要、安全保护原则的体现与强化，只有三个条件同时达成时，方可处理敏感个人信息。对涉疫数据的利用必须首先确保敏感个人信息安全。当基于应对突发公共卫生事件的合法性处理基础不再能被充分证成之时，处理敏感个人信息需另行取得单独同意，并提供便捷的撤回同意方式。另一方面，脱敏数据应达到匿名化的法律标准后方可转化为可利用的公共数据。根据《个人信息保护法》，匿名化不同于去标识化。仅仅删除或隐匿部分标识符尚不足以达成。匿名化的数据必须达到经过处理后，在合理的成本下无法识别特定自然人且不能复原的法律标准，同时数据处理者也不允许尝试通过匿名化数据重新识别特定个人。匿名化的公共卫生数据不再是个人信息，可以进行共享利用。例如，这类数据可以采取公共数据授权运营的方式，分级分类授权，供各种需求主体依法依规使用，充分分析挖掘数据价值。结合大数据分析手段，匿名化的公共卫生数据也可继续为科学研究、智慧医疗平台建设、医疗行业数据标准制定等提供支撑。

三是政策因素不应成为"码治理"退出的障碍。虽然国家"十四五"规划并未明确提及"码"的使用，但在部分地方的政策文件中，"码治理"确实占据了一席之地。例如，《上海市全面推进城市数字化转型"十四五"规划》明确提出"完善随申码功能和标准"的要求。值得注意的是，这些政策文件从未指出要坚持强制扫码或继续疫情防控期间特殊的政策，不应解读为"码治理"退出的障碍。如前所述，基于个人信息利用的"码治理"必须符合法律的基本要求。党的二十大报告明确指出"加强个人信息保护"是"提高公共安全治理水平"的重要环节之一。国务院《"十四五"数字经济发展规划》也要求进一步强化个人信息保护，规范身份信息、隐私信息、生物特征信息的采集、传输和使用，加强对收集使用个人信息的安全监管能力。"双码停扫"后，"码治理"已经完成其阶段性使命，应逐步退出历史舞台。

四是实现从强制性"码治理"到自愿性"码服务"的转化。"码治理"的退出不意味着"码"消失。"双码"背后的技术原理和制度框架可以进行再利用。① 从域外的经验来看，欧盟地区的防疫工作中虽然不强制扫码，但通过软性的社会规范，可以在一定程度是发挥码的功能。从自愿扫码的角度出发，"码"应在服务型政府的构建中发挥作用，转变为"码服务"。通过码的利用，继续推动数字化服务普惠应用、持续提升群众获得感，是数字法治政府的必然要求。对此，健康码不应再通过任何方式强制使用，而是在取得个人同意后，回归到数字化服务之中。例如，继续推动"多卡并一码"，融合医疗健康、交通出行、特殊药品监管等场景，实现信息的互联互通互认。

四、结语

数据基础制度划定了数字社会的核心运行规则，是数字时代最为重要的制度体系之一。正如美国《儿童疫苗法案》促进了疫苗行业的发展、《华沙公约》奠定了国际民航业高速发展的制度基础，数据基础制度正是数字社会健康运行的必要前提。在一定程度上，数据基础制度"向哪里去"不仅决定了数字法学的前途，而且影响了中国法学的方向。对2022年数字治理热点事件的分析，展现了数据基础制度的变与不变。其中，数据确权模式与流通实践朝着更加灵活多样的方向变化，基本范畴的厘清努力与数据正义的理念坚持保持不变，共同致力于实现"激活数据要素潜能"的目标。同时，这些事件亦表明：在数据基础制度的构建与完善中必须立足于中国实践。诚如马克思所言，

---

① 参见高艳东:《"行程卡"退出，数字化防疫开启下半场》，《环球日报》2022年12月14日，第15版。

"立法者应该把自己看作一个自然科学家。他不是在创造法律,不是在发明法律,而仅仅是在表述法律"①。数字基础制度既不能照搬照抄西方的制度,也不能凭空想象和创造出与市场需求所不相容的制度,而必须与数据要素市场的实践相契合,充分回应实践中的问题与挑战,以实现数字法治。

---

① 《马克思恩格斯全集》(第1卷),人民出版社1972年版,第132页。

平台治理年度观察报告（2022）

肖梦黎*

摘要： 2022年度，互联网平台一方面经历着直播平台、短视频平台等新业态的蓬勃发展，另一方面滴滴天价罚单事件彰显出平台正接受着越来越强的政府监管。不被约束的平台权力是新时代的"利维坦"，平台权力与政府权力呈现出复杂互动的关系。传统的治理范式亟待更新，个人信息保护、网络安全、数据安全审查等机制正成为平台治理的重要抓手。监管理念方面需要平衡数据安全与自由流动的价值冲突，借助比例原则均衡公共利益、个人利益与商业利益的潜在矛盾。规范适用领域存在着解释不能的情况：某些新型平台并不符合现有的标准定义，需要对互联网平台的概念范围进行补充解释。平台治理领域呈现出逐步加责的趋势，守门人理论正替代避风港原则成为新的基础规范，我国关于平台主体责任的阐释也给这一领域提供了新的镜鉴。

关键词： 平台　平台治理　守门人　主体责任　数据安全

信息技术的高速发展和经济模式的转型升级，催生了为交易双方提供虚拟经营场所和交易撮合等服务的第三方电子商务平台。① 在信息资源高度资产化的时代，平台为"产销消费者"与互联网商家搭建了一个快速交易通道。大型互联网平台凭借规模效应逐渐获得了主导性地位，控制着信息传播和交互的枢纽地位，使得网络空间进一步中心

---

* 肖梦黎，华东理工大学法学院讲师，华东理工大学法律社会学研究中心副主任。本文系司法部法治建设与法学理论研究青年项目"公共算法决策的法律责任体系研究"（22SFB4001）的阶段性研究成果。

① 参见杨立新、韩煦：《网络交易平台提供者的法律地位与民事责任》，《江汉论坛》2014年第5期。

化。平台也从单一的交易通道发展为系统的自我规制体系，前置的基础信息环境建设、中期的平台运营、后期的用户数据处理集成一套完整的"生态系统"①。囿于法律的滞后性以及平台"触角"探索的迅速性，权力不断膨胀的平台催生了主体间的利益冲突以及侵权行为，不断试探政府提供的高权监管领域，引发了国家权力对平台进行型塑与收编等在内的诸多回应。

互联网平台正经历着迅速崛起与超速发展，以席卷之势侵入每个个体的日常生活场景。平台企业通过直接网络效应与间接网络效应来吸引交易量，以高效的搜索匹配能力降低交易成本，兼具企业与市场双重属性等特点。互联网平台是平台企业演进过程的最新阶段，既具有平台企业的共同属性，也有互联网环境下的新特点。一方面，互联网平台不受物理疆域的限制并具有技术上的架构优势，给传统意义上政府主导的规制带来了巨大难题。另一方面，互联网平台自我建构了一个规范闭环，对于进入平台交易的主体均有规制效力。平台企业的自我规制意味着"被规制主体自己设计规制规则，并且自己执行这些规则"②。在法律真空或市场需要的情况下，自我规制是一种"执行私人权威的手段，一种自我设计并执行规则的努力"③。平台企业的自我规制可能产生技术与系统风险、算法操控风险以及权力外溢风险。这时对平台企业自我规制的规制就显得尤为重要，需要择机进行政府的适时监管与司法介入。

一、平台被处天价罚单背后的治理逻辑

习近平总书记指出："我国平台经济发展正处在关键时期，要着眼

---

① 戴昕、申欣旺：《规范如何"落地"——法律实施的未来与互联网平台治理的现实》，《中国法律评论》2016年第4期。
② V. A. Haufler, *Public Role for the Private Sector: Industry Self-Regulation in a Global Economy Carnegie Endowment for International Peace*, Washington, D. C., 2001, p. 9.
③ Renée de Nevers, "(Self) Regulating War? Voluntary Regulation and the Private Security Industry", *Security Studies*, Vol. 18, 2009, p. 3.

长远、兼顾当前，补齐短板、强化弱项，营造创新环境，解决突出矛盾和问题，推动平台经济规范健康持续发展。"近年来，我国平台经济在经济社会发展全局中的地位和作用日益凸显，发展的总体态势良好、作用积极，但也存在经济发展不充分、危害数据安全等相关问题。

（一）滴滴被处天价罚款始末

不被约束的平台权力是新时代的"利维坦"。纵观 2022 年，互联网平台领域最吸睛的一定是滴滴被处罚 80.26 亿元罚款并身陷国家安全审查的案件。这既展现出"平台—数据—算法"三驾马车的深度勾连与密不可分，更呈现出平台数据不仅会体现用户行为，也会体现平台摄入的深度，直至影响国家安全。习近平总书记指出："网络安全对国家安全牵一发而动全身，同许多其他方面的安全都有着密切关系。"

滴滴的处罚结果及处罚事由

国家网信办正式宣布：对滴滴公司处以 80.26 亿人民币罚款，同时对滴滴董事长程维、总裁柳青各罚 100 万人民币。

滴滴存在 16 项违法事实，主要涉及以下八大方面：

1. 违法收集用户手机相册中的截图信息 1196.39 万条；

2. 过度收集用户剪切板信息、应用列表信息 83.23 亿条；

3. 过度收集乘客人脸识别信息 1.07 亿条、年龄段信息 5350.92 万条、职业信息 1633.56 万条、亲情关系信息 138.29 万条、"家"和"公司"打车地址信息 1.53 亿条；

4. 过度收集乘客评价代驾服务时、APP 后台运行时、手机连接桔视记录仪设备时的精准位置（经纬度）信息 1.67 亿条；

5. 过度收集司机学历信息 14.29 万条，以明文形式存储司机身份证号信息 5780.26 万条；

6. 在未明确告知乘客情况下分析乘客出行意图信息 539.76 亿条、常驻城市信息 15.38 亿条、异地商务/异地旅游信息 3.04 亿条；

7. 在乘客使用顺风车服务时频繁索取无关的"电话权限"；

8. 未准确、清晰说明用户设备信息等 19 项个人信息处理目的。

我们首先需要回溯滴滴天价罚单事件，这要从《中华人民共和国数据安全法》（以下简称《数据安全法》）的出台与滴滴赴美"光速上市"说起。2021 年 6 月 10 日，我国刚刚公布了《数据安全法》。2021 年 6 月 30 日，滴滴在美国纽约证券交易所悄然上市。用媒体语言形容，滴滴的上市没有敲钟，没有新闻通稿，也没有铺天盖地的宣传。美国纽约时间 6 月 10 日，滴滴公司向美国证券交易委员会（SEC）递交了招股书，申请于纽交所上市。白天国家颁布了《数据安全法》，晚上滴滴连夜向 SEC 纳了"投名状"——招股书。从 10 日递交招股书，到 30 日成功上市，中间仅相隔短短的 20 天，滴滴实现了"光速上市"。

接下来，国家监管部门重拳出击，对滴滴进行了一系列的快速审查举措。7 月 2 日，网络安全审查办公室依据《国家安全法》和《网络安全法》对滴滴实施网络安全审查，为防范风险扩大，暂停新用户注册；7 月 4 日，国家网信办再发通报：审查结果为，"滴滴出行"APP 存在严重违法违规收集使用个人信息问题，要求下架"滴滴出行"APP；7 月 9 日，国家网信办要求下架"滴滴企业版"等 25 款 APP，滴滴旗下软件"一锅端"；7 月 10 日，国家网信办就修订的《网络安全审查办法》，向社会公开征求意见。要求掌握超过 100 万用户个人信息的运营者赴国外上市，必须向网络安全审查办公室申报网络安全审查；7 月 16 日，国家网信办会同公安部、国家安全部、自然资源部、交通运输部、税务总局、市场监管总部，7 部门联合进驻滴滴出行科技公司，开展网络安全审查。

(二）滴滴事件中的权力图景

滴滴的这一赴美光速上市的行为自然与其经营情况必不可分，也显示出平台权力与国家权力间的微妙关系，以及不同国家争取数据主权与平台发展间的自身角力。滴滴 2018 年、2019 年、2020 年这三年的净利润分别为：-105 亿、-97 亿、-106 亿。不论是港股还是 A 股，都不可能给它开出上市的"通行证"。自 2012 年起，美国证券交易委员会（SEC）要求四大会计事务所提交所有在美上市的中国公司的审计底稿（包括所有用户数据、所有员工情况、所有会议记录、所有通信记录以及所有程序表格等）。与此相对应，我国证监会强势回击：决不允许 SEC 拿走任何一家中国企业的任何一份审计底稿。

通过抽丝剥茧可以发现，滴滴赴美上市事件中存在着多重权力角逐。首先是平台自我规制权力与政府正式监管权力间的冲突。一般认为，上市选择是平台自治的范畴，而数据监管也在平台日常的管理领域内。平台的自我规制可视为对知识与控制权的分散进行高效回应，实现自组织下的低成本治理。① 就像德里达所说，当今社会的问题，更多地反映为一种"毛细管权力"的现象，其产生依赖于科学技术的发展，弥散在社会机体之中。针对这种权力系统可能的过度扩张以至失控，存在着由国家直接进行干预或是使之内部宪治化两种截然不同的回应方法。② 正如滴滴事件展示的那样，平台企业的自我规制还可能触犯或者抵达传统的政府规制领域，引发新的治理风险。滴滴执意赴美上市可能潜在暴露了自己的审计底稿而非单纯的审计结论，从而触发国家安全问题。这时平台行使自治权力的行为可能对基础法律和规制框架的稳定性造成破坏。③

---

① 参见彭兰：《自组织与网络治理理论视角下的互联网治理》，《社会科学战线》2017 年第 4 期。
② 参见贡塔·托依布纳：《宪法的碎片》，陆宇峰译，中央编译出版社 2016 年版，第 99—100 页。
③ Vanessa Katz, "Regulating the Sharing Economy", *Berkeley Technology Law Journal*, Vol. 30, 2015, p. 1067.

平台企业的二维权力形成了一幅明暗交汇的图景：如果说平台规则的处罚权是平台企业权力表达的一种"显学"，那么"数据权"就更像是一种柔性的"隐微术"。这种建构出的新型"数据权力"多数时候并不表现为一种传统意义上的"压制"与"审查"。平台企业的数据权力既是控制，也是影响；既是诱导，也是激发。在此可以回顾那五个关于民主的小问题："你拥有什么权力？你从哪里获得了这些权力？你出于谁的权益在行使这些权力？你需要向谁负责？我们如何摆脱你的影响？"①

平台运营商推动并观察着用户们的互动，从中提供信息服务，以帮助一方用户匹配另一方用户。在这一过程中，平台企业逐渐具备了数据的搜集、使用与控制的相关优势。就像福柯所说，重要之处在于"权力是在什么形式下，通过什么渠道、顺着什么话语最终渗透到最微妙和最个体化的行为中去，它沿着什么道路直达罕见的或几乎觉察不到的欲望形式，还有，它又怎样穿透和控制日常的快感"②。互联网的初始设计是基于分散开放结构以及匿名的互动活动。然而随着科技的进步，平台企业已经可以在消费者不了解或者没有明确同意的基础上追踪各个网站上数以十亿计用户的行为，并将这些行为关联起来。

平台私权力可能与国家公权力产生冲突，这一点在数据跨境的权力冲突中较为常见。一方面，平台私权力与国家公权力有多种共存方式：可能出现平台权力对政府传统权力作用范围的侵蚀，也可能出现政府权力对平台权力的妥协与主动嵌入，还可能出现国家权力对平台权力的收编等类型。③ 另一方面，网络空间的虚拟性再造了主权国家的概念，数据主权应运而生。有学者认为可将其划分为硬数据主权与软数据主权，前者涉及传统主权独立权、平等权与管辖权的范畴；后者

---

① 贾森·萨多夫斯基：《过度智能》，徐琦译，中译出版社2022年版，第20页。
② 米歇尔·福柯：《性经验史》，佘碧平译，上海人民出版社2002年版，第9页。
③ 参见肖梦黎：《交易平台自我规制的风险与问责分析》，上海交通大学博士学位论文，2019年。

则涉及技术标准、数据控制与多边协商治理权。① 滴滴一案中也可以看到 CSRC（中国证监会）与 SEC（美国证券交易委员会）之间的角力。

无独有偶，域外 Meta 或因数据共享纠纷被迫退出欧洲。据国外媒体报道，Meta 因与欧盟隐私规则谈判受阻，2 月 Facebook 母公司 Meta 再次发出威胁要将 Facebook 和 Instagram 同时撤出欧盟。欧盟的担忧包括，在现行数据传输条约下，美国国家安全局等机构可以要求这些跨国互联网公司提供欧洲用户数据。Meta 的声明被认为是一种公开"威胁"，欧盟则称不会放松标准，也提到正加紧与美国谈判以更新条约。②

（三）天价罚款背后与平台数据安全的勾连

滴滴事件中更为敏感的是地图数据的特殊性：我们日常使用的地图方位数据，都经过了加密处理，同真实的经纬度之间存在一定偏差③，但并不影响使用，这也是世界各国的通用做法。2015 年，滴滴媒体研究院联合新华网新媒体中心发布了一份《大数据揭秘：高温天部委加班大比拼》。对于掌握此类数据的滴滴平台而言，数据安全就是国家安全。平台企业与范围经济密切相关：范围经济可以更加妥善地将平台不同侧的用户匹配起来。平台企业的范围经济至少包括两种含义：一是规模较大的数据库效率远高于规模较小的数据库；二是相互联通的数据库可以能提供更多深度信息，且处理成本低于独立的数据库，这就意味着掌握更多个人数据的平台才能够给用户提供更好更便利的体验。范围经济支撑了"数据整合程度越高，效果越好"的观点。这时就产生了一个悖论：在数据产生、收集、分析、交易以及使用的长链条中，究竟是否应该鼓励平台公司进行秘密的、持续的数据交易

---

① 参见冉从敬、刘妍：《数据主权的理论谱系》，《武汉大学学报（哲学社会科学版）》2022 年第 75 卷第 6 期。

② 参见《Meta 威胁退出欧洲背后折射的数据主权之争》，https://finance.sina.com.cn/tech/2022-03-04/doc-imcwipih6495452.shtml。

③ 比如高德地图、腾讯地图以及谷歌中国使用的是 GCJ-02 坐标系，百度地图用的是 BD-09 坐标系，不同坐标系之间可能有几十到几百米的偏移。

以获得对特定用户群体最完备的"画像",从而提供更有针对性的服务?还是应该限制平台企业通过合并进一步扩展自己的数据库,并且严格遵守关于数据二手使用的规定?

《数据安全法》的立场选择是以国家安全为重心,主张公益优先理念。《数据安全法》立法宗旨主要在于两方面:一是规范数据安全处理活动,加强数据安全法律保护;二是促进数据的自由流动,以创造更多的经济价值,其中尤其要关注特别数据安全(未公开的政府信息、大面积人口、基因健康、地理、矿产资源等)和一般数据安全这一分类。《数据安全法》遵循两项原则:一是平衡原则下要协调数据安全价值与自由价值的冲突;二是比例原则下要均衡公共利益与个人利益的冲突。

数据跨境是数据安全中异常重要的一环,学理上主要涉及数据无国界、数据主权、数据自由贸易与数据跨境的人权保护四种学说。但在实践中这四种学说各有软肋,网络无国界不能推出数据无国界,"绝对化的数据无国界被证明并不现实,附着在数据上的个人权益保护、财产属性与国家安全,不可避免会引发各国的监管"。绝对化的数据主权面临数据特殊性时也不可能实现,数据有天然的流动性和非竞争性。数据自由贸易的理论有其合理性,但必然受到主权国家及其人民的法律约束。因此,有学者主张在数据主权理论存在争议的基础上,以数字安全主权作为替代理论,以风险规制路径为依归,以平衡原则为指引。[①]

2022年5月23日,滴滴正式发布公告,宣布从纽约证券交易所退市;6月2日,滴滴正式递交了退市申请。2022年9月1日,国家互联网信息办公室公布的《数据出境安全评估办法》(以下简称《评估办法》)正式生效。这一《评估办法》与《中华人民共和国网络安全法》《中华人民共和国数据安全法》《中华人民共和国个人信息保护

[①] 参见丁晓东:《数据跨境流动的法理反思与制度重构——兼评〈数据出境安全评估办法〉》,《行政法学研究》2023年第1期。

法》的若干原则性规定形成呼应,与《网络安全审查办法》《个人信息出境标准合同规定(征求意见稿)》从不同的角度细化了数据出境的相关具体规定。该《评估办法》明确指出,随着数字经济的蓬勃发展,数据跨境活动日益频繁,数据处理者的数据出境需求快速增长。明确数据出境安全评估的具体规定,是促进数字经济健康发展、防范化解数据跨境安全风险的需要,是维护国家安全和社会公共利益的需要,是保护个人信息权益的需要。《评估办法》规定了数据出境安全评估的范围、条件和程序,为数据出境安全评估工作提供了具体指引。数据出境安全评估坚持事前评估和持续监督相结合、风险自评估与安全评估相结合等原则。①《评估办法》规定了应当申报数据出境安全评估的情形:一是数据处理者向境外提供重要数据;二是关键信息基础设施运营者和处理 100 万人以上个人信息的数据处理者向境外提供个人信息;三是自上年 1 月 1 日起累计向境外提供 10 万人个人信息或者 1 万人敏感个人信息的数据处理者向境外提供个人信息;四是国家网信部门规定的其他需要申报数据出境安全评估的情形。《评估办法》正是在数据安全主权的背景下制定的,采取综合风险防范进路,对重要数据进行界定。② 正如习近平总书记指出:"网络安全是开放的而不是封闭的。只有立足开放环境,加强对外交流、合作、互动、博弈,吸收先进技术,网络安全水平才会不断提高。"

(四)更多平台身陷数据安全审查

网络安全审查办公室有关负责人表示,为防范国家数据安全风险,维护国家安全,保障公共利益,依据《国家安全法》《网络安全法》《数据安全法》,按照《网络安全审查办法》,2022 年 6 月 23 日,网络安全审查办公室约谈同方知网(北京)技术有限公司负责人,宣布对

---

① 参见《国家网信办公布数据出境安全评估办法》,2022 年 7 月 8 日,http://www.szzg.gov.cn/2021/xwzx/qwfb/202207/t20220708_5950113.htm。

② 《评估办法》进一步从风险的角度对重要数据进行了规定,第 19 条规定:"本办法所称重要数据,是指一旦遭到篡改、破坏、泄露或者非法获取、非法利用等,可能危害国家安全、经济运行、社会稳定、公共健康和安全等的数据。"

知网启动网络安全审查。据悉，知网掌握着大量个人信息和涉及国防、工业、电信、交通运输、自然资源、卫生健康、金融等重点行业领域重要数据，以及我重大项目、重要科技成果和关键技术动态等敏感信息。

《"十四五"国家信息化规划》（以下简称《信息化规划》）专门设置"加快数字化发展 建设数字中国"章节，并对加快建设数字经济、数字社会、数字政府，营造良好数字生态作出明确部署。习近平总书记指出："网络安全对国家安全牵一发而动全身，同许多其他方面的安全都有着密切关系。"《信息化规划》强调强化平台治理体系，包括"完善违法内容举报与处理披露机制，引导平台企业及时主动公开违法违规内容自查处置情况，及时预警排查重大风险隐患"，这为平台企业超前排查风险隐患提供了指南。

习近平总书记指出："网络安全的本质在对抗，对抗的本质在攻防两端能力较量。"我国一方面不断发展新型网络安全防护技术，持续加强网络安全保障体系建设；另一方面积极开展网络安全法律法规和规章制度建设，《中华人民共和国数据安全法》《中华人民共和国个人信息保护法》《关键信息基础设施安全保护条例》《网络安全审查办法》等多项网络安全领域法律法规已陆续出台。为进一步加强网络安全保障，《信息化规划》提出"加强网络安全核心技术联合攻关，开展高级威胁防护、态势感知、监测预警等关键技术研究，建立安全可控的网络安全软硬件防护体系"。

二、平台责任的范式变更与传统规制之不敷

（一）直播平台、短视频等新样态平台的治理困局

直播带货是始于 2016 年的一种全新销售运营渠道。淘宝将 2019 年定义为"中国电商直播元年"，2021 年直播电商规模用户规模为 4.64 亿，行业市场规模达 1844.42 亿元，数据来源于中国演出行业协会于 8

月 10 日发布的《中国网络表演（直播）行业发展报告（2021—2022）》。

"直播电商""社交电商""跨境电商"已成为双循环经济新的"三驾马车"。① 直播行业实现了"人、货、场"的重新建构、经济交换与社会交换的双重耦合、沉浸式的社群临场。② 万物皆可直播，人人都能带货的背后问题频发，虚假宣传、伪劣产品、数据掺假、退货率高、维权难等一系列问题层出不穷。在这些侵权行为中，究竟是罚主播个人还是罚企业？比如 2020 年的"辛选公司直播带货假燕窝事件"就选择性适用了《反不正当竞争法》。重点处罚企业而非主播个人。更为重要的是，直播平台应该承担何种责任，是否严格符合《电子商务法》第 9 条第 2 款关于电子商务平台的相关定义？

短视频领域则是平台发展的另一个爆点，中国互联网络信息中心（CNNIC）发布的第 50 次《中国互联网络发展状况统计报告》显示，截至 2022 年 6 月，我国短视频的用户规模达 9.62 亿人，较 2021 年 12 月增长 2805 万人，占网民整体规模的 91.5%。一边是用户的爆炸性增长，另一边短视频逐渐成为侵权行为的"高发地"。一旦有热门影视剧集出现，大量未经许可剪辑影视剧的"剪刀手""搬运工"便应运而生。《扫黑风暴》《延禧攻略》等热播剧先后受到各种短视频剪辑，平台方采取的"暧昧不明"的态度与现有"通知—删除"原则是否产生抵牾尚需要进一步解释。比如当大热剧集开播后，短视频平台出现的大量剪辑片段多在标题或 tag 中直接带有该电视剧的名称，是否属于红旗原则标识的范围？短视频平台采取何种措施、才应被认为是采取了"必要措施"？"避风港原则"有无过时？短视频平台是否可以秉承技术中立的立场，认为自己没有能力对数以亿计的视频片段进行审核？究竟又应该如何平衡权利人的利益与短视频平台的利益？

---

① 参见《规划纲要草案：形成强大国内市场 构建新发展格局》，载新华网，http://www.xinhuanet.com/politics/2021-03/05/c_1127172953.htmbaike。

② 参见韩新远：《直播带货的学理审视与治理研究》，《科技与法律》2022 年第 1 期。

（二）新型平台治理与电子商务平台治理的归并与兼容

在较长一段时间里，仅有被定性为电商平台才需要承担相关法律责任，电商平台需要严格满足"在电子商务中为交易双方或者多方提供网络经营场所、交易撮合、信息发布等服务，供交易双方或者多方独立开展交易活动的法人或非法人组织"这一定义。这一状况使得直播平台、短视频平台都期待"逃避（电子商务）平台"定性的趋势。就像有资深学者坚称的那样，"《电子商务法》是一种实质上的'电商平台责任法'"①。

在实际运营中，理论和实践常会出现背离，新型平台上的销售行为往往不会那么"标准"。比如当主播只是进行宣传、介绍或者评测时，仅提供了可跳转的链接，就可能因缺乏交易闭环而不能被认定为电商平台。这种情况下，消费者在直播中购买到不符合描述的商品，直播平台并非消费者的相对人，是否就无须承担相关责任。与此相对应，抖音上提供的购物链接与微信平台上搭载的购物小程序也面临着认定为电商平台的困难。短视频平台侵权案件亦呈多发态势。需要引申思考的是，平台责任的内涵究竟是什么，是需要另起炉灶还是在原有规制体系上小修小补？此前在互联网内部迭代的 web 3.0 时代的平台治理方式，是否还能有效运行？

这时需要考虑是采用功能等同还是个案裁决的方式来审视平台责任的变迁。根据《网络交易监督管理办法》第 7 条第 2 款的表述，主管部门采取了"功能等同"的认定思路，即同时满足《电子商务法》中明确的四个要素，就可以认为提供了实质上的电商平台服务。

---

① 薛军：《〈电子商务法〉平台责任的内涵及其适用模式》，《法律科学（西北政法大学学报）》2023 年第 1 期。

小视频平台的重复侵权如何适用
"通知—删除"原则?

杭州互联网法院公开开庭审理并宣判原告北京字节跳动网络技术有限公司（以下简称"字节跳动公司"）、原告浙江今日头条科技有限公司（以下简称"今日头条公司"）与被告某技术服务公司侵害作品信息网络传播权纠纷一案。

法院经审理认为，被告运营的某视频平台（以下简称"A平台"），在应知用户利用其所提供信息存储空间，实施侵害两原告视听作品信息网络传播权行为的情况下，虽然采取了"通知—删除"措施，但未能"有效制止侵权"，应对A平台用户提供38条被控侵权视频的行为承担立即停止侵权、赔偿经济损失及维权合理开支共计30万元的民事责任。

案情概览

▶ 两原告诉称：

其经权利人授权，依法享有今日头条和西瓜视频"农村四哥"账号下原创视频作品的信息网络传播权及维权权利。

A平台"农村四哥"账号与西瓜视频"农村四哥"账号的昵称和头像相同，且大量传播上述原创视频作品，吸引众多用户在A平台在线观看、下载、分享侵权视频。

2021年7月以来，两原告持续向被告发函40余次，要求被告删除侵权视频，并采取"能够有效制止侵权"的必要措施以制止持续侵权行为。但被告既未及时删除侵权视频，也未采取任何必要措施，导致侵权账号仍在持续发布侵权视频。

被告长期、持续地实施上述侵权行为，严重影响短视频收益及流量，给两原告造成巨大的经济损失，侵害了两原告对其视听作品所享有的信息网络传播权。

▶ 被告辩称：

一是涉案视频内容系视听作品还是录音录像制品尚不能明确；

二是被告系网络服务提供商，仅提供信息存储空间服务，对网络用户上传被诉侵权作品的行为不存在过错，不构成侵权，且已及时采取"通知—删除"的必要措施，无须承担赔偿责任。

▶ 裁判要点：

一、不同类型作品以及同一作品类型中各个分类作品之间均可能存在不同的独创性判断角度，应从对素材的选择、拍摄、画面编排等方面考虑纪实类视听作品的独创性①。

二、判断网络服务提供者是否需要承担间接侵权责任，关键在于对客观侵权事实的主观认知。关于网络服务提供者主观上是否明知或应知，可根据"明显感知"标准和"重复侵权"标准两个层次进行判断。

三、必要措施最终需达到"能够有效制止侵权"的实际效果。

四、针对不同侵权形式，应当根据侵权行为程度从"轻—重"逐步递进。对于单一侵权行为，可能采取"通知+删除"的必要措施就能够有效制止侵权。但是对于重复侵权，网络服务提供者负有更高的注意义务，应当采取预防性措施。

上述短视频平台重复侵权案件有一定典型意义，有助于厘清短视频平台对"重复侵权"之注意义务的边界，以类型化方式明确短视频平台"明知或应知"的主观过错的范围，同时对"必要措施"的内涵进行解释。

---

① 其一，对素材的选择。纪实类视听作品的内容均源于现实生活中的具体人物、事件等，制作者的独创性劳动主要体现在如何在各种现实素材中进行选择并加以运用。

其二，对素材的拍摄。视听作品的共性在于画面的上下衔接体现出的独创性，在实际拍摄过程中，采用何种角度、手法进行拍摄，带给观众何种视觉感受，存在个性化差异。

其三，对拍摄画面的选择及编排。视听作品的最终表现形式为连续画面，即便是相同素材及相同拍摄画面，制作者采用不同方式进行选择、编排，也可能形成不同的视听作品。

（三）避风港原则过时了吗？

北京互联网法院自 2018 年 9 月 9 日建院至 2022 年 11 月 30 日，共受理网络音乐著作权纠纷案件 4560 件，审结 4046 件。被诉案件量居前十位的主体均为平台运营商，占收案总数半数以上。侵权模式主要包括：网络主播在直播过程中未经授权翻唱歌曲；将歌曲作为背景音乐播放；短视频中未经授权翻唱歌曲；或未经授权使用他人歌曲作为背景音乐等。直播、短视频领域侵权案件的审理更容易引发社会关注：音著协诉斗鱼直播案的庭审引发 1.5 亿话题量；音未公司诉春雨公司广告短视频案被媒体称为 MCN 商用音乐侵权第一案，引发了各界对短视频背景音乐侵权乱象的关注。①

"避风港"原则源自美国的规制理念，以红旗原则为表征。核心是"通知—删除"原则②与技术中立的规制立场。彼时，平台作为"单纯通道"，仅扮演交易撮合者和场所提供者的角色，基于平台的中立性，要求平台经营者承担监督控制潜在危险的义务，不仅面临平台经营者对危险的控制能力不足的现实因素，还会对平台施加过于严苛的负担，以至于阻碍平台经济的发展。如果网络服务提供商被告知侵权，则有删除的义务，否则就被视为侵权。"红旗"原则是"避风港"原则的例外适用，红旗原则是指如果侵犯信息网络传播权的事实是显而易见的，网络服务商就不能忽视，或以"不知道侵权"的理由来推脱责任，如果在这样的情况下，不进行删除、屏蔽、断开连接等必要措施，尽管权利人没有发出过通知，也应该视为网络服务商知道第三方侵权。"通

---

① 参见《北京互联网法院：短视频平台对用户相关侵权行为应承担连带责任》，2022 年 12 月 15 日，https://baijiahao.baidu.com/s?id=1752266211766586838&wfr=spider&for=pc。

② "通知—删除"原则最早确立于 1998 年美国《千年数字版权法》（以下简称"DMCA"）。DMCA 第 512 条（c）款第 1 项（A）规定，网络服务提供者满足以上情形之一可以主张免责：（1）不构成知道在其网站或系统上存在侵权内容或侵权行为；（2）在不构成知道的情况下，侵权内容或行为的存在并不十分明显；（3）在构成知道侵权事实存在或侵权事实十分明显的情况下，及时删除、断开侵权内容的链接。彼时的美国，网络信息技术高速发展，DMCA 旨在适应时代背景。

知—删除"原则诞生之初有其时代背景，既能够保护知识产权权利人不被侵犯，又不至于过分苛责网络服务提供者，可以有效促进文化传播和互联网行业的发展。① 我国依据"通知—删除"原则建构了相应的法律规定。其中《中华人民共和国民法典》第1194条至第1197条对"通知—删除"规则和网络侵权责任进行了规定。相关条款涉及通知内容、网络服务提供者接到通知后的义务、错误通知与反通知制度等。②

在用户生成内容（UGC）模式盛行的当下，"通知—删除"规则所预期的利益平衡已发生了倾斜，在实践中极易沦为平台规避责任的工具。在既往的侵权案例中，短视频平台通常以"内容是用户上传的，自己只是网络存储空间提供者"作为抗辩理由，这些平台称应保持"技术中立"原则，并已尽到"通知—删除"义务，从而期望凭借"避风港原则"规避侵权责任。滞后于技术发展的"避风港"原则也会让平台默许大规模的用户侵权，一方面享受用户提供内容所带来的流量，另一方面通过"通知—删除"原则规避对非法内容所应承担的责任，致使网络提供商与内容提供用户之间形成了极大的"价值差"③。从成本—收益的角度来分析，数字服务提供商既无须支付相关费用，也无须对平台上非法内容或虚假信息的传播承担责任，却可以享受其所带来的收益，难谓符合分配正义。司法判赔额小于侵权获益是另一个重要原因。从现实案例来看，相关网络平台一边喊着赔偿高，另一边仍在持续侵权，短视频平台付出的侵权成本远没有获得的收益高。

---

① 参见马更新：《"通知—删除"规则的检视与完善》，《政治与法律》2022年第10期。

② 第1195条第1款规定"通知应当包括构成侵权的初步证据及权利人的真实身份信息"；第2款明确了网络服务提供者接到通知后的义务，即将通知转送相关网络用户，并根据通知内容采取必要措施，未及时采取必要措施的，对损害的扩大部分承担连带责任；第3款规定了权利人错误通知的情形，"权利人因错误通知造成网络用户或者网络服务提供者损害的，应当承担侵权责任"。第1196条规定了反通知制度，接到转通知的网络用户可以向网络服务提供者提交不存在侵权行为的声明，与通知内容的要求相同，"声明中应当包括不存在侵权行为的初步证据及网络用户的真实身份信息"。第1197条将原《侵权责任法》第36条第3款中网络服务提供者承担连带责任的情形扩大至其"知道或者应当知道"。

③ 顾晨昊、臧佳兴：《用户生成内容时代媒介平台的版权治理模式转变——欧美经验与中国路径》，《中国编辑》2021年第12期。

随着人工智能技术迅猛发展，平台内容识别及过滤技术得到了极大提升。原有"避风港"原则中的利益平衡也应该进行迭代，从被动的"通知—删除"逐步过渡到增加平台主体责任。既然权利人追究上传者责任很困难，那么让平台承担相应侵权责任，则更有利于保护权利人合法权利，也更符合激励创作和鼓励作品传播的目的。相较于侵权后的事后监管，事先的内容审查可以用相对低的成本，更有效地避免因非法内容或虚假信息传播可能带来的损害。短视频平台应利用技术，将形式与内容审查相结合，承担更高的注意义务，并采取多种措施防止侵权。具体可以考虑将内容审查和过滤义务有限度地纳入平台的责任范围，借此实现内容提供者与网络服务提供商之间权利义务的平衡以及利益的合理再分配，同时也应考虑如何把握好用户基本权利保护与平台非法内容控制二者之间的衡平。① 另外，针对侵权违法成本过低的困境，新修订的著作权法加大了对侵犯著作权行为的惩处和追责力度，明确对于侵权行为情节严重的，可以适用惩罚性赔偿。② 最高人民法院工作报告也提出，着力破解知识产权维权"举证难、周期长、赔偿低、成本高"等难题。③ "司法定价是知识产权客体市场价值的最终体现和保障，高价值的知识产权应获得高判赔额，才能减少侵权，侵权现象才能得到有效制止。"④

（四）平台责任的范式变迁与内在动力

互联网时代的权力是分散的，政府、平台企业、大众之间权力与权利的博弈塑造着社会话语及其转向。平台责任的变迁有其内在动力，核心在于如何权衡国家权力与平台权利间的有效分配、如何在包容审慎理念的主导下尽可能限缩平台发展带来的负面效应。短短数十年间，

---

① 参见陈珍妮：《欧盟〈数字服务法案〉探析及对我国的启示》，《知识产权》2022年第6期。

② 参见《中华人民共和国著作权法》第53、54条。

③ 参见周强：《最高人民法院工作报告》，《人民法院报》2022年3月16日第1、4版。

④ 陈兵等：《影视剧频遭短视频侵权 平台以"技术中立"推卸责任》，《法治日报》2022年11月17日。

治理模式从传统规制手段扩张到平台独有的治理方案；从认为互联网是去中心化的"美丽新世界"到发觉其可能是新时代不受约束的"利维坦"；从反垄断法与电商平台责任的单一规制方案拓展到数字守门人、新公用事业①等理论范式。学界对平台治理对象的研究可以划分为两个阶段，由此可以体现新旧治理范式的变更。旧治理范式注重信息、内容、行为等显性对象，新治理范式注重数据、算法等隐性对象，平台治理进入更深层次。② 新旧之分不是单纯的时间划分，而是认知深入程度的划分。学界对平台治理对象的认识不断深入，平台治理、算法治理、数据治理渐有交叉之势。

治理平台的思路总体遵循维护创新、逐步加责的方案。最开始的"避风港"原则更多是将平台放置在"技术中立"的位置上，除非侵权行为像"红旗"一样明显，否则允许其日常经营驶入避风港。甚至在较长一段时间内，比如2017—2018年，避风港原则有滥用的倾向，法官对平台的注意义务要求较低。

从避风港到守门人的规制转变则意味着对平台角色、平台责任的认定发生了迭代。看门人或守门人（gatekeeper）一词初见于信息传播学，1947年，美国社会心理学家库尔特·卢因首提"信息传播的顺利与否取决于看门人的意见"③，互联网时代的守门人则意味着网络服务提供商具有网络空间"看门人"的角色。④ "看门人"被界定为"在国家能力有限的情况下有能力修正他人行为的非国家机构，其通过流通渠道控制和内容审查等形式防止或尽量减少非法信息的传播"⑤。平台

---

① 高薇：《平台监管的新公用事业理论》，《法学研究》2021年第3期。
② 方兴东、何可、钟祥铭：《数据崛起：互联网发展与治理的范式转变——滴滴事件背后技术演进、社会变革和制度建构的内在逻辑》，《传媒观察》2022年第10期。
③ Kurt Lewin, "Frontiers in Group Dynamics II: Channels of Group Life: Social Planning and Action Research", *Human Relations*, Vol. 1, 1947, pp. 143-153.
④ Jonathan Zittrain, "A History of Online Gatekeeping", *Harvard Journal of Law & Technology*, Vol. 19, 2006, pp. 253-256; K. Barzilai-Nahon, "Toward a Theory of Network Gatekeeping: A Framework for Exploring Information Control", *Journal of the American Society for Information Science & Technology*, Vol. 59, 2008, pp. 1493-1512.
⑤ E. Laidlaw, "A Framework for Identifying Internet Information Gatekeeper", *International Review of Law, Computers & Technology*, Vol. 24, 2010, pp. 263-276, 264.

企业成为新的看门人①，不仅拥有对上下游用户的行为进行有效监管的权力，还能通过流通渠道及时控制并消除非法行为产生的社会负面效应。

欧盟首次在《数字市场法案》中提出守门人的理念，这一理念被美国、法国、德国等多国采纳。平台企业一旦被认定为守门人，则承担较多义务，尤其是特别事前规制义务。该法案一是以清单方式明确列出"核心平台服务类别"，从市场影响力、重要门户、市场地位三个定性标准，结合年营业额、市值、活跃用户数量、市场范围等因素对数字守门人进行认定，明确市场预期。二是对守门人滥用行为进行了事前限制。例如，从预装软件管理、操作系统使用、服务切换、数据可移植性等方面要求守门人不得进行生态封闭，从数据整合和使用、服务比较等方面要求守门人不得进行自我优待，还规定了数字守门人不得实施独占交易、干预定价、捆绑产品和服务等限制、排除市场竞争的滥用行为。三是强化了经营者集中通知要求。要求数字守门人进行的并购行为均需通知欧盟委员会。

无独有偶，美国也开始对反托拉斯法和数字市场的深层改革，率先提出大型互联网平台综合性治理方案。2022年7月19日，众议院司法委员会正式发布了《数字市场竞争状况调查报告》（Investigation of Competition in Digital Markets），指出了美国数字市场竞争中存在的一些问题，并重点对四大科技巨头滥用市场势力、利用排他性协议、自我优待等手段排除、限制竞争的问题进行了分析。②

---

① Peter Bro and Filip Wallberg, "Gatekeeping in a Digital Era: Principles, Practices and Technological Platforms", *Journalism Practice*, Vol. 9, 2015, pp. 92-105.

② 美国众议院议员提出了《终止平台垄断法案》《美国选择与创新在线法案》《2021年平台竞争与机会法案》《通过支持服务切换增强兼容性和竞争性法案》《合并申报费现代化法案》等一系列与竞争法相关的法案，分别针对具备支配地位的互联网平台（dominant online platforms）的拆分、并购、自我优待、服务切换等问题进行规定。从"具备支配地位的互联网平台"的认定来看，各法案从平台月活跃用户、实际控制人的年净销售额或市值等因素出发，以简明的、契合互联网平台经济领域的方式避开了传统反托拉斯法中证明"市场势力"的困难，并将举证责任倒置，由受管辖平台证明"其行为不会损害竞争"，降低了反托拉斯法执法机构的执法难度。但截至撰稿时，这六项具有代表性的法案均在立法进程上陷入停滞。

与之相对应，也有学者提出应该将平台企业视为新公用事业，从而施加相应的责任。公用事业一般指具有基础性和公共性、网络外部性和规模经济等特征的事业。政府对此类行业采取较为严格的价格和准入限制。① 由于平台控制了信息，而信息社会中公共品的提供依赖于信息这一媒介，平台的服务对用户的正常生活具有必要性。② 这恰恰符合公用事业产品"对用户具有必要性，用户极易被利用"的特性。③ 如果将平台企业视为新公用事业，则首先应该符合非歧视（禁止自我优待）与消费者保护的原则，建立"防火墙"（使平台的基础设施类业务与其他业务相隔离）④，对外贯彻开放互联的要求⑤、建立数据互联的规范。但也有学者持相反意见，认为公用事业的规制逻辑无法应用到平台经济，新公用事业理论主张的规制举措自然也无法直接应用。⑥

总体来说，在数字市场竞争问题上，不同国家和地区采取了大体相同的规制思路。一是介入时间上采用事前监管，二是介入对象上进行非对称监管，三是主体认定上采用"推定+指定"结合的模式，四是关注执法案例中的行为问题和结构问题。

三、平台治理的中国模式：平台主体责任的逻辑与展望

党中央高度重视平台经济发展，本年度多次提出促进平台经济健康、规范、持续发展的目标规划。2022 年 1 月，国务院印发《"十四

---

① 参见郭锐欣：《公用事业改革与公共服务供给》，东方出版中心 2016 年版，第 22 页。
② 参见高薇：《平台监管公用事业理论的话语展开》，《比较法研究》2022 年第 4 期。
③ Julie E. Cohen, "Law for the Platform Economy", U.C.D.L.Rev., Vol.51, 2017, p.133.
④ Kevin Werbach, "Is Uber a Common Carrier?", ISJLP, Vol.12, 2015, p.148.
⑤ 不应以合约或技术的方式对用户施加过度的限制，阻止或使其须付出巨大成本转向其他与之竞争的平台。参见高薇：《平台监管公用事业理论的话语展开》，《比较法研究》2022 年第 4 期。
⑥ 参见侯利阳：《论互联网平台的法律主体地位》，《中外法学》2022 年第 2 期。

五"数字经济发展规划》，强调强化反垄断和防止资本无序扩张，推动平台经济规范健康持续发展，建立健全适应数字经济发展的市场监管、宏观调控、政策法规体系，牢牢守住安全底线。3月25日，中共中央、国务院印发《关于加快建设全国统一大市场的意见》，强调破除平台企业数据垄断等问题，防止利用数据、算法、技术手段等方式排除、限制竞争。4月29日，中共中央政治局召开会议，强调要促进平台经济健康发展，完成平台经济专项整改，实施常态化监管，出台支持平台经济规范健康发展的具体措施。10月16日，党的二十大报告发布，指出要加强反垄断和反不正当竞争，破除地方保护和行政性垄断，依法规范和引导资本健康发展。12月19日，中共中央、国务院发布《关于构建数据基础制度更好发挥数据要素作用的意见》。《意见》在"工作原则"中提到：坚持共享共用，释放价值红利。合理降低市场主体获取数据的门槛，增强数据要素共享性、普惠性，激励创新创业创造，强化反垄断和反不正当竞争，形成依法规范、共同参与、各取所需、共享红利的发展模式。12月20日，国务院总理李克强主持召开国务院常务会议，再次强调"支持平台经济健康持续发展"。2022年新修订的《中华人民共和国反垄断法》在完善规制数字经济领域的滥用行为，以及提升未依法申报经营者集中的罚则等多个层面进行了修正，健全了法律责任体系，预留了制度细化的接口。与此同时，中共中央政治局7月28日的会议也要求对平台经济实施常态化监管，推动平台经济规范健康持续发展，完成平台经济专项整改，集中推出一批"绿灯"投资案例。①

（一）从穿透式监管到不对称监管

我国的平台治理范式也在探索中不断前行。既然平台责任确有强化的必要，平台功能和角色的转变必然导致平台责任的变革，也催生了新的治理原则。首先，平台的"企业—市场二重说"有较大市场，

---

① 参见《中央要求对平台经济实施常态化监管》，2022年7月28日，载中国新闻网，https://www.chinanews.com.cn/cj/2022/07-28/9814591.shtml。

如何通过公权力处理平台这类新型机构显然需要创新规制。比如张凌寒等学者由互联网金融监管的理念出发逐渐延伸至穿透式监管的学说。穿透式监管说有两层内涵：在监管理念上，追求实质重于形式，穿透互联网商业模式直指互联网实际功能；在监管手段上，侵入性进行过程监管、要素监管与算法监管。① 也有学者认为在处理互联网世界的再中心化时，应该采取强监管的治理范式。在开放式互联网阶段，主导话语是限制政府干涉，支持创新和发展；在平台化互联网阶段，主导话语是网络的负外部性影响；在强监管互联网时代，主导话语是作为传统权威的国家在互联网治理中的角色回归。② 与此同时，也可以考虑将不对称规制的方案延续到平台治理中，也就是说对不同类型的平台施加不同的规制强度。核心是"锄强扶弱"：限制主导企业的竞争行为，使非主导企业能够茁壮成长。

其次，平台企业的双重属性也决定了自我规制与合作治理的重要性。从平台内部商业逻辑出发，有学者提出非中性定价机制、产品质量控制机制、惩戒机制、声誉机制等自我规制机制。③ 立足平台内部运行逻辑，有学者提出"平台公正"原则，主张平台公正地提供差异化服务、符合公共伦理规范的平台服务、受正当程序约束。④

最后，伴随平台性质由通道向生态系统的快速转变，仍一味坚守传统规则似乎难以再言"公平"。尤其是当平台经营者业已成为生态系统的主导者，并从中充分受益之时，客观上将消费者置于更为不利的地位，为消费者风险的升高创造了条件，平台经营者不应对此视而不见。相比于分散的受害者，由平台经营者承担控制风险的义务也是更

---

① 参见张凌寒：《平台"穿透式监管"的理据及限度》，《法律科学（西北政法大学学报）》2022年第1期。
② 由弗卢（Terry Flew）提出，反映了西方对国家进行互联网治理的重视。他指出全球互联网治理的历史进程分三个阶段：开放式互联网（1990—2005）、平台式互联网（2005—2020）、强监管互联网（2020年至今）。T. Flew, *Regulating Platforms*, John Wiley & Sons, 2021, Preface.
③ 参见程炼：《数字经济时代大型互联网平台的治理》，《社会科学战线》2021年第9期。
④ 参见赵鹏：《平台公正：互联网平台法律规制的基本原则》，《人民论坛·学术前沿》2021年第21期。

具有效率的。随着平台责任制度的发展,政府和相关利益主体更多地要求法律提前介入网络平台的商业运营和技术发展模式,强调对网络平台"守门人"角色的利用,甚至针对用户违法行为向平台施加严格责任①,以期提高网络执法的力度和水平。

(二)主体责任的内涵与逻辑

我国在平台治理领域博采各家众长,既借鉴欧盟的尝试和探索经验,同时立足于我国现实情况,构建了中国特色的平台治理体系。张新宝教授认为:"守门人是指控制移动互联网生态的关键环节、有资源或有能力影响其他个人信息处理者处理个人信息能力的互联网营运者。守门人包括应用程序分发平台、移动终端操作系统及平台型 APP。"②该界定将守门人标定为超大平台。这与《互联网平台分类分级指南(征求意见稿)》依据用户规模、业务种类及限制能力,提出了超级平台、大型平台和中小平台的平台分级方案不谋而合。在同时发布的《互联网平台落实主体责任指南(征求意见稿)》中的"超大型平台"亦明确指向"超级平台"和"大型平台"。我国《个人信息保护法》第 58 条确立了我国守门人制度的基本框架,"重要互联网平台服务"与数字市场法"核心平台服务"的表述异曲同工,蕴含着对平台服务进行分类的要求;"用户数量巨大、业务类型复杂"确立了对提供重要互联网平台服务的企业进行分级和识别的两项主要标准;4 项具体要求明确了守门人必须履行的特别义务。③《互联网平台落实主体责任指南(征求意见稿)》首次提出中国版守门人制度的基本设想,确立了先分类、再分级的超级平台识别程序,但法律规定与具体实施之间仍存在差距,创造性的法律实施和系统的解决方案还有待进一步

---

① 参见魏露露:《网络平台责任的理论与实践——兼议与我国电子商务平台责任制度的对接》,《北京航空航天大学学报(社会科学版)》2018 年第 6 期。
② 张新宝:《互联网生态"守门人"个人信息保护特别义务设置研究》,《比较法研究》2021 年第 3 期。
③ 参见周汉华:《〈个人信息保护法〉"守门人条款"解析》,《法律科学》2022 年第 5 期。

挖掘。

在分类分级的前置条件下，互联网平台企业承担了共同但有区别的合规义务。《互联网平台分类分级指南（征求意见稿）》在公平竞争示范、平等治理（不实施自我优待）、生态开放、数据管理、内部合规治理、服务风险评估和防控、安全审计、促进创新等方面对超大型互联网平台经营者提出要求，并在信息管理（核验、记录、公示）、平台内用户管理、平台内容管理、禁限售管控、服务协议与交易规则、信用评价、反垄断、反不正当竞争、数据获取、算法规制、价格行为规范、广告行为规范、知识产权保护、禁止传销、网络黑灰产治理、网络安全、数据安全、自然人隐私与个人信息保护、消费者保护、平台内经营者保护、劳动者保护、特殊群体保护、环境保护、纳税义务、配合执法等方面对所有互联网平台经营者提出要求。

（三）数字市场反垄断中的主体责任

平台企业自身存在的张力导致垄断认定存在较大问题。平台既是企业，又是匹配供需的市场。① 随着讨论的深入，"私权力和公共性属性说"出现。刘权指出，网络平台兼具私权力属性和公共性属性，平台塑造有组织的私人秩序，并且承担着维护网络市场秩序、保障用户权益的公共职能。② 在刘权之前，曾有学者主张平台是传统市场组织③，随着讨论的深入，"私权力和公共性属性说"和"市场—企业二重说"成为通说。在此基础上，赵鹏从"网络中立"原则得到启示，进一步主张平台自身的张力表现为一对矛盾：去中心化的服务和集中化的管理。一方面，平台需要保证各类用户都能平等接入平台并展开交互；另一方面，平台需要进行某种程度的集中化管理，达到维护公

---

① 参见陈永伟：《平台反垄断问题再思考："企业—市场二重性"视角的分析》，《竞争政策研究》2018 年第 5 期。
② 参见刘权：《网络平台的公共性及其实现——以电商平台的法律规制为视角》，《法学研究》2020 年第 2 期。
③ 参见吴仙桂：《网络交易平台的法律定位》，《重庆邮电大学学报（社会科学版）》2008 年第 6 期。

共利益和进行高效供需分配的目的。①

> ### 知网被处罚案件
>
> 2022年5月，国家市场监管总局依据《反垄断法》对知网涉嫌实施垄断行为立案调查。2022年12月26日，在历经7个月的调查后，国家市场监管总局对知网涉嫌实施滥用市场支配地位行为作出处罚决定。《处罚决定书》认定，知网在中国境内中文学术文献网络数据库服务市场具有支配地位，自2014年起的8年时间内，实施了"不公平高价"和"拒绝交易"两种滥用行为。处罚决定责令知网停止独家合作行为，并处以其2021年度中国境内销售额17.52亿元5%的罚款，共计8760万元。同时，坚持依法规范和促进发展并重，监督知网全面落实整改措施、消除违法行为后果，要求知网围绕解除独家合作、减轻用户负担、加强内部合规管理等方面进行全面整改，促进行业规范健康创新发展。
>
> 2022年7月10日，国家市场监管总局对28起未依法申报违法实施经营者集中案件作出行政处罚决定，多数涉及VIE架构的数字平台企业。

经过历时近两年的草案讨论和修改，《反垄断法修正草案》终于在2022年6月24日经十三届全国人大常委会第三十五次会议审议通过，并于8月1日开始实施。其中的一个亮点在于明确反垄断相关制度在平台经济领域的具体适用规则。由于平台企业天然具有跨行业的"赢者通吃"、复合形态的"多环状生态圈"等特点，在规模经济的加持下，平台企业扩张的边际成本几乎为零②，因此"相关市场"的界定就十分重要。新法针对未达申报标准但可能具有排除限制竞争影响的经营

---

① 参见赵鹏：《平台公正：互联网平台法律规制的基本原则》，《人民论坛·学术前沿》2021年第21期。

② 参见马平川：《平台反垄断的监管变革及其应对》，《法学评论》2022年第4期。

者集中加强审查,以避免和减少涉案交易未达申报标准但对市场竞争影响较大的情况,这一举措特别关系到平台经济领域不合理的生态扩张。此次《反垄断法》修订在国家法律层面对《国务院反垄断委员会关于平台经济领域的反垄断指南》所作出的反垄断合规指引给予了确认。特别地,互联网平台企业滥用市场支配地位的认定仍然是在现有的法律框架之下进行的,构成要件与传统企业滥用市场支配地位没有本质差别,需要基于企业市场力量和经营行为的竞争效果以判断是否存在滥用行为。《反垄断法修正草案》还将数字市场反垄断问题在总则予以明确,规定经营者不得利用数据和算法、技术、资本优势以及平台规则等从事本法禁止的垄断行为,对审理平台经济领域的垄断协议、滥用市场支配地位以及经营者集中等案件具有重要的指导意义;同时明确了数字市场中滥用市场支配地位行为的具体表现;强调具有市场支配地位的经营者不得利用数据和算法、技术以及平台规则等从事前款规定的滥用市场支配地位的行为,呼应总则第 9 条规定,与《国务院反垄断委员会关于平台经济领域的反垄断指南》等规定有机衔接,并且为未来的制度发展预留了必要的空间。

(四)元规制理念下的责任梯度

根据经济学的"制度边际收益理论"可以发现,平台规则和国家法律属于制度资源,两者的最优结合点是制度资源投入的边界点,因此应致力于减少监管者和监管对象的信息不对称、评估法律对平台经济的影响并吸收平台内部规则,实现国家法律和平台规则的合作。① 在元规制理论下,规制对象得到法律规范的授权,通过内部的管理机制或标准体系达成行政监管的基本目标。元规制理论是介于国家规制和自我规制之间的规制类型,其核心思想是对自我规制实施规制。② 具体

---

① 参见王裕根:《迈向合作治理:通过法律规制平台经济的制度边界及优化》,《河北法学》2021 年第 1 期。
② 参见赵精武:《"元宇宙"安全风险的法律规制路径:从假想式规制到过程风险预防》,《上海大学学报(社会科学版)》2022 年第 5 期。

实施过程中，可以通过政府的外力引导督促被规制主体的自我规制，建立内部规则的制定机制、外部督促机制、外部审查机制等对平台进行间接性规制。① 元规制理论的优势在于认识到实现规制目标的能力首要掌握在被规制者手中，因此采用了一种"保持距离式"的监督模式。通过发挥政府、市场、社群等多元规制力量，从正面和反面双向激励数据控制者发挥自身资源优势，展开自我治理。②

在元规制的理念和制度设计下，企业为符合法律规范，围绕其内部规范系统和自身活动设定更具有针对性和操作性的规制。相较于外部监管部门而言，平台掌握更多的内部信息和专业知识，更容易发现企业合规中存在的问题。就平台企业自身而言，法律应当明确平台在各个方面的主体责任，比如责任治理、公平运营、守法合规、消费者责任、员工责任等，还需要构建风险评估机制、数据全周期保护机制。这种治理是有梯度的、类型化的。对于不同类型的平台企业，其规制程度是大相径庭的。在治理平台时，需要采取阶梯式规制强度的原则，综合考虑平台类型、提供商品与服务的类型、技术架构的类型及控制力强弱以及涉及的公共性强弱等因素。在平台企业的自我规制失灵后，政府规制的强度叠加司法介入的强度大致为一个恒定的指标。如果政府对某种平台企业的规制处于较强的水平，那么司法机关应该保持谦抑，进行有限度的介入；而如果政府出于一些原因尚未对某种平台企业实施规制，那么就需要由司法机关提供更强的救济。

"在平台责任的适用上不应该存在一种全有/全无的二元化的状态，而是应该根据具体类型的平台与典型电商平台的相似性与差异性，来配置与之相适应的平台责任。"③《电子商务法》在对平台经营者责任

---

① 参见侯利阳：《论互联网平台的法律主体地位》，《中外法学》2022年第2期。
② 参见程莹：《元规制模式下的数据保护与算法规制——以欧盟〈通用数据保护条例〉为研究样本》，《法律科学》2019年第4期。
③ 薛军：《〈电子商务法〉平台责任的内涵及其适用模式》，《法律科学（西北政法大学学报）》2023年第1期。

界定的立法过程中，其一、二、三审稿件中规定的均是平台经营者承担连带责任，但是由于平台经营者强烈反对，在四审稿中改为相应的补充责任，然而，在征求意见期间发生了滴滴顺风车杀人案，引发了消费者的强烈反对，在双方僵持下立法者难以平衡，将立法作模糊化处理。① "相应的责任"首先应该明晰平台经营者的"资质审查义务"与"安全保障义务"，《电子商务法》中仅仅规定了平台经营者有"资质审查义务""安全保障义务"，并没有对其内涵与外延作出明确的界定。因此，为给司法义务履行提供可以参照的客观明确的标准，建议相关法律法规尽快对"资质审查义务""安全保障义务"的概念作出明确的规定，且应当明晰平台经营者对平台内经营者的审查范围、审查频率、审查方式和应急处理措施。其次，应对平台经营者设定"监控义务"。借鉴国外成功经验来看，国外法院认为平台经营者对平台内经营者的直接侵权行为有监督和控制的权力和能力，即负有"监控义务"，若平台经营者能从平台内经营者的侵权行为中获取直接利益，平台经营者就将承担侵权责任。

《电子商务法》第38条第2款规定的"相应的责任"，从责任性质上分析应当属于侵权法调整的范畴，但是由于平台经营者相比《民法典》侵权责任编第1198条第2款规定的场所管理人等承担更高的安全保障义务，因此不应直接类推适用。在具体归责时，"相应的责任"应当适用过错推定责任，即由平台经营者对尽职履行义务、不存在过错承担举证责任。

---

① 参见马更新:《平台经营者"相应的责任"认定标准及具体化——对电子商务法第38条第2款的分析》，《东方法学》2021年第2期。

算法治理年度观察报告（2022）

余圣琪[*]

摘要：2022年的算法治理，是备受关注的重要理论问题和实践难题。本文认为，2022年作为算法监管元年蕴藏着算法治理的新趋向，主要体现为算法治理法治化、算法边界明晰化、算法伦理制度化。面对新趋势，需增强平台版权治理责任，平衡公共利益与个人利益，坚持以人为本的理念，推动算法治理的法治化、制度化建设，从而促进数字正义和数字法治秩序。

关键词：算法治理 以人为本 数字人权 数字正义 数字法治

2023年《政府工作报告》明确指出，大力发展数字经济，提升常态化监管水平，支持平台经济发展。① 《中国共产党第二十次全国代表大会上的报告》指出，加快发展数字经济，促进数字经济和实体经济深度融合，打造具有国际竞争力的数字产业集群。② 数字经济成为新的经济形态，而算法则在数字经济中发挥着基础性作用，是数字经济的核心要素之一。国务院《"十四五"数字经济发展规划》指出推进云网协同和算网融合发展，加快构建算力、算法、数据、应用资源协同的

---

[*] 余圣琪，上海政法学院讲师，华东政法大学博士后。本文系2022年度上海政法学院青年科研基金项目"互联网平台落实主体责任机制研究"（2022XQN08）的阶段性研究成果。

① 参见《2023政府工作报告》，载中央政府网，http://www.gov.cn/zhuanti/2023lhzfgzbg/index.htm，2023年3月6日访问。

② 参见《习近平：高举中国特色社会主义伟大旗帜 为全面建设社会主义现代化国家而团结奋斗——在中国共产党第二十次全国代表大会上的报告》，载中央政府网，http://www.gov.cn/xinwen/2022-10/25/content_5721685.htm，2023年1月28日访问。

全国一体化大数据中心体系。① 算法不再只是数学和计算机科学中的计算指令，还是数字社会秩序的建构者。算法解决了数字社会中的很多问题，但也带来了诸多风险，例如算法黑箱、算法霸权、算法歧视、算法操纵等。因此，世界主要国家都在探索算法治理体系，以期在技术创新与算法安全之间找到平衡。

2022年的算法治理正处于探索阶段，本文将结合"全国首例算法推荐案""首例算法引发人身权益案"、算法风控系统引发网络服务合同纠纷案、Facebook利用算法解雇员工、美团外卖公开相关算法规则等热点事件，从平台算法版权治理、平台算法权利边界、算法伦理治理三个方面，阐释我国2022年算法治理体系的监管趋势和发展动向。

一、算法治理法治化

随着互联网技术的发展，平台越来越多地使用算法推荐技术。而对于平台的治理也从包容审慎走向了监管控制。按照传统的平台责任理论，网络平台责任的视野一直被动地停留在事后的严格责任或者间接责任式的归责模式。② 互联网平台不同于传统的平台，不仅是数字经济中的创造者、提供者，也是数字经济中的组织者、管理者，因而具有"公共基础设施"和"看门人"的角色。但是互联网平台基于自身利益或者竞争需求，会做出一些违法违规行为。"平台是技术中立的介质属性"③，以及《千禧年数字版权法案》提出的"避风港"通知—删除规则，都使得互联网平台归责效果不甚理想。通过全国首例算法推荐案以及《互联网信息服务算法推荐管理规定》施行可以看出，平台"技术中立"的面纱已被刺破，平台责任严格化，算法治理走向法

---

① 参见《"十四五"数字经济发展规划》，载中央政府网，http://www.gov.cn/zhengce/content/2022-01/12/content_ 5667817.htm，2023年2月20日访问。
② 参见张凌寒：《权力之治：人工智能时代的算法规制》，上海人民出版社2021年版，第189页。
③ 杨乐：《网络平台法律责任研究》，电子工业出版社2019年版，第146页。

治化。

（一）健全平台算法法治规则

北京爱奇艺科技有限公司诉北京字节跳动科技有限公司侵害《延禧攻略》信息网络传播权案被称为全国首例算法推荐案。《延禧攻略》这部清装宫廷电视剧受到了广大观众们的喜爱，紧跟热点的网络博主们将电视剧中的经典片段截取成短视频在今日头条 APP 中向公众传播并进行推荐。原告爱奇艺公司认为字节公司在应知或明知侵权内容的情况下，并没有尽到合理注意义务，存在主观过错，侵害了爱奇艺公司对《延禧攻略》所享有的信息网络传播权。字节公司认为：首先，爱奇艺公司无法证明对该电视剧享有独家信息网络传播权；其次，涉案短视频是由平台用户自行截取编辑上传，平台仅提供信息存储空间服务；最后，字节公司认为其作为网络服务提供者，已经尽到了合理注意义务，不存在任何侵权的主观过错，不构成侵权。北京市海淀区人民法院作出认定构成侵权的判决，对于平台明知或应知的判定、网络服务提供者的注意义务、算法推荐的侵权注意义务等相关方面作出了明确的规定。[1]

首先，平台运用算法推荐技术需要承担更多的注意义务。2022 年 3 月 1 日施行的《互联网信息服务算法推荐管理规定》对算法推荐技术进行了界定，将算法推荐技术分为五类：生成合成类、个性化推送类、排序精选类、检索过滤类、调度决策类。运用算法推荐技术能够提供更加高效和精准的服务，给消费者的日常生活带来便利。但算法推荐技术的不当使用也带来一些风险和问题，例如侵权的机制化、侵权的"客观"化、侵权的覆盖化。[2] 而平台企业的算法问题之所以重要，是因为其并不单纯是自动化服务的升级，还应考虑到其对数字市场的塑

---

[1] 参见北京市海淀区人民法院（2018）京 0180 民初 49421 号民事判决书。
[2] 参见马长山：《智慧社会背景下的"第四代人权"及其保障》，《中国法学》2019 年第 5 期。

造影响，以及对市场中其他参加者产生的外部性等问题。① 北京市海淀区人民法院在爱奇艺诉今日头条《延禧攻略》案的判决书中提到，字节公司相对于不采用算法推荐、仅提供信息存储空间服务的其他经营者而言，获取了更多的流量和市场竞争优势，理应承担更多的注意义务，例如算法推荐范围的界定、算法推荐的具体应用方式、侵权短视频的复审方式等。②

其次，平台应承担行为人与责任人相一致的主体责任。关于平台的主体责任问题一直备受关注，1998年美国通过的《千禧年数字版权法案》确立了"避风港规则"和"红旗规则"。我国在2006年7月1日实施的《信息网络传播权保护条例》中规定了网络服务提供者"通知—删除"义务，由于网络用户的抽象化和数量的无限性，侵权行为的类型越来越多元，使得平台难以全面履行注意义务。③ 为了给新兴互联网产业提供宽松的发展道路，平台责任呈现出行为人与责任人相分离的状态。但是，随着互联网技术的发展，平台企业的责任趋于严格化。平台应承担行为人与责任人相一致的主体责任。正如在爱奇艺诉今日头条《延禧攻略》案中，虽然法院认为今日头条与用户并不构成分工合作共同侵权，但其构成帮助侵权，应当与侵权用户承担连带责任。由此可见，平台虽然只是对信息进行存储，但其提供了算法推荐服务，其行为使得侵权视频传播更广，影响更大。平台应承担行为人与责任人相一致的主体责任。

最后，平台承担的合理措施从形式走向实质。平台承担的合理措施与"通知—删除"规则密切相关。"通知—删除"规则强调当网络服务者知道侵权事实或者侵权事实十分明显的情况下，其应当及时采取必要的措施阻止侵权行为。例如删除、断开链接、终止交易和服务等。

---

① 参见胡凌：《作为规则的推荐算法：演进与法律治理》，《图书情报知识》2023年第3期。
② 参见北京市海淀区人民法院（2018）京0180民初49421号民事判决书。
③ 参见梅夏英、刘明：《网络侵权规则的现实制约及价值考量——以〈侵权责任法〉第36条为切入点》，《法律科学（西北政法大学学报）》2013年第2期。

2006年5月18日公布的《信息网络传播保护条例》对著作权保护领域的"通知—删除"规则进行了相关的规定；2019年1月1日施行的《电子商务法》对"通知—删除"规则中的"反通知—恢复"的期限进行了具体规定。但大数据、人工智能、平台经济在对传统行业进行解构和颠覆时，将人类带入了虚实交错、无限延展的"双层立体"（物理—电子）空间之中。① 各大互联网平台为了维护秩序，规定了平台的纠纷解决机制、投诉机制以及惩罚机制等。平台在运营中进行自我赋权，有准立法权、准行政权、准司法权。② 我国通过引入"通知—删除"规则，在一段时间内，使电子商务平台经营者少承受诉讼的压力。但随着平台规模的扩张，头部企业需要承担更多的社会责任，但现行的"通知—删除"规则框架已无力应对。③

2021年1月1日施行的《民法典》将网络侵权责任认定领域的传统规则——"通知—删除"原则全面升级为"通知—必要措施"。④ 这个规则要求平台不仅需要完成"删除"的行为，更要关注"删除"所带来的实际效果。正如在爱奇艺诉今日头条《延禧攻略》案中，法院认为关于平台承担的合理措施要考虑两个方面，不仅要满足采取合理手段和方式的形式要件，还要实现应有效果和目的的实质要件。⑤ 如果仅仅只关注"删除"手段，并不考虑平台承担责任的实际效果，则无法真正保障权利人的合法权利。在腾讯科技（北京）有限公司等与北京微播视界科技有限公司等诉前停止侵害著作权纠纷案中，法院明确"必要措施"并不仅限于删除、屏蔽、断开链接等，根据当时的运营成本以及技术条件等情况，可以考虑将过滤、拦截等新技术

---

① 参见马长山：《智慧社会建设中的"众创"式制度变革——基于"网约车"合法化进程的法理学分析》，《中国社会科学》2019年第4期。

② 参见余圣琪：《数据权利保护的模式与机制研究》，华东政法大学博士学位论文，2021年。

③ 参见马更新：《"通知—删除"规则的检视与完善》，《政治与法律》2022年第10期。

④ 参见《AI时代的算法治理报告：构建法律、伦理、技术协同的算法治理格局》，https：//mp.weixin.qq.com/s/msw9dRYTKF9Ej20cU5GANQ，2023年3月7日访问。

⑤ 参见《全国首例算法推荐案：今日头条传播〈延禧攻略〉构成侵权》，https：//mp.weixin.qq.com/s/zd7WEvrc0xQUP-uCq9O_jA，2023年3月7日访问。

认定为必要措施，以确保"删除"的实际效果。① 由此可见，互联网平台承担合理措施的标准也从形式要件的判断走向了实质要件的判断。

（二）构建算法法律规范体系

2021年9月17日，《关于加强互联网信息服务算法综合治理的指导意见》发布，提出"利用三年左右时间，逐步建立治理机制健全、监管体系完善、算法生态规范的算法安全综合治理格局"②。为了完成目标，我国在积极探索算法治理体系。2022年被称为我国的算法监管元年。

一方面，算法领域的立法日趋体系化。2022年3月1日，《互联网信息服务算法推荐管理规定》施行。这是我国第一部对算法进行系统性规制的四部门联合发文的部门规章层级法规。该《规定》对算法推荐技术进行了概念界定，明确了算法推荐服务提供者的信息服务规范，旨在推进算法推荐服务规范健康发展。2022年6月17日，《互联网跟帖评论服务管理规定（修订草案征求意见稿）》发布，对公众账号进行了规制，增加了信息安全的要求。2022年6月27日，《互联网用户账号信息管理规定》发布，防止被依法依约关闭的互联网用户账号进行重新注册。2022年9月30日，《互联网弹窗信息推送服务管理规定》施行，首次正式规定不得利用算法针对未成年用户进行画像。2022年12月11日，《互联网信息服务深度合成管理规定》公布，这是我国首部关于深度合成服务治理的专门性部门规章，对深度合成技术提供指引和规范。

另一方面，"清朗·2022年算法综合治理"专项行动落地。为了落实《互联网信息服务算法推荐管理规定》，从2022年4月至2022年12月开展专项行动。此次专项行动主要包括五个方面：其一，互联网企

---

① 参见重庆自由贸易试验区人民法院（2019）渝0192行保1号民事裁定书。
② 参见《关于印发〈关于加强互联网信息服务算法综合治理的指导意见〉的通知》，载中华人民共和国教育部网，http://www.moe.gov.cn/jyb_xxgk/moe_1777/moe_1779/202109/t20210929_568182.html，2023年2月1日访问。

业根据要求整改算法相关的应用问题，进行自查自纠；其二，对互联网企业算法合规和算法安全等问题开展现场检查；其三，督促互联网企业开展算法备案等相关工作；其四，压实主体责任，整改滥用算法所导致的"算法歧视""大数据杀熟""信息茧房"等乱象；其五，对整改过程中发现违法违规的企业，督促限期整改。在专项行动中，落实算法推荐服务提供者对用户算法知情权、算法选择权的保障。

从《互联网信息服务算法推荐管理规定》的施行、"清朗·2022年算法综合治理"专项行动的落地执行、全国首例算法推荐案的一审判决，可以看出，从立法、执法、司法层面出发，对于平台的追责机制趋于严格化，算法治理趋于法治化。

二、算法边界明晰化

在数字时代，算法逐渐被用于确定重要社会物品的分配，包括工作、贷款、住房和保险等。与此同时，算法在对人的识别、排序、分类和管理方面的应用也越来越多。分配和承认作为社会正义的实质，将来会被逐渐托付给代码。① 算法成为今日生活背后的驱动力，支撑着私人、公共与商业领域。② 算法在很多领域给人们带来了便捷，如在社会领域，自动化推荐解决了很多人的选择困难；在公共领域，政府部门使用算法决策进行公共管理，提高了决策的效率；在司法领域，司法机关通过算法赋能监督，监督督促治理。算法在带来便利的同时也带来了危害和风险，最主要的风险是"各种形式的歧视、不公正、偏见、排斥，这些都是目前所有形式的监督、法律、人权和公民权利没有充分解决的"③。正如由于算法错误引发的首例人身权益案、算法乌

---

① 参见杰米·萨斯坎德：《算法的力量：人类如何共同生存？》，李大白译，北京日报出版社2022年版，第231页。
② 参见伊格纳斯·卡尔波斯卡：《算法治理：后人类时代的政治与法律》，邱遥堃译，上海人民出版社2022年版，第44页。
③ 凯伦·杨、马丁·洛奇主编：《驯服算法：数字歧视与算法规制》，林少伟等译，上海人民出版社2020年版，第232页。

龙导致的网络服务纠纷案中，平台是否应该承担责任，算法权利的边界在哪里？

（一）确立利益平衡原则

2022年年底，北京互联网法院审结了首例算法引发人身权益案：交友平台算法误判用户为"杀猪盘"骗子。原告李某是某金融公司的员工。在互联网时代，为了解决自己的终身大事，李某注册了某征婚交友平台。为了更加准确、高效地利用互联网平台找到自己心仪的另一半，李某提交了自己真实的照片作为头像以及实名认证手机号。李某在正常使用此征婚交友平台期间，突然被告知他的账号被封禁了。与此同时，平台向其他的网友发送提示短信称李某的"账号可能存在异常""不要与之发生金钱来往"等。原告认为平台的行为导致原告的多位朋友误认为他是骗子，其名誉权受到侵害。于是原告将某征婚交友平台诉至法院，认为被告运营的平台实施算法技术造成误判的行为侵犯了其名誉权。被告辩称，由于原告在与平台其他用户的聊天过程中，多次出现与"杀猪盘"诈骗案件的高频词汇，导致自动触发了被告平台风控系统的审核规则。在原告与被告平台客服反映相关情况之后，被告进行了人工核实，之后对原告账号进行了解封。被告认为其行为是为了公共利益依法履行主体监管责任，不构成侵权。法院认为被告实施算法进行风控，尽到了合理注意义务并采取了预防措施，并没有主观过错，因此不构成侵权。①

一方面，平台用户权益受到保护。进入数字时代以来，平台、数据和算法成为数字时代的核心。数据成为新型生产要素，算法渗透到平台运营管理的各个环节之中。由于大数据的快速发展，算法滥用、算法歧视、算法黑箱等问题在各大互联网平台企业中凸显，因此，关于平台用户的权益保护、公民个人信息安全等问题受到关注。

正如在首例算法引发人身权益案中，平台用户的算法解释权是首

---

① 参见《交友平台算法误判用户为"杀猪盘"骗子是否侵权?》，https://mp.weixin.qq.com/s/9wL1Bu1creXoxtHts7iEyg，2023年3月9日访问。

要保护的对象。北京互联网法官在审理该案中指出，被告对算法应用过程具有披露义务，应对算法运用的具体机理予以说明。① 2021年8月《个人信息保护法》颁布，《个人信息保护法》是我国关于数据保护最重要的法律之一，这部法律的颁布标志着我国在数据法治领域迈入了新阶段。这部法律体现出我国对于个人信息保护的重视。《个人信息保护法》第24条第3款规定，通过自动化决策方式作出对个人权益有重大影响的决定，个人有权要求个人信息处理者予以说明，并有权拒绝个人信息处理者仅通过自动化决策的方式作出决定。此条款对"算法解释权"进行了明确的定义，为保护用户权益打破"算法黑箱"具有积极作用。《互联网信息服务算法推荐管理规定》第16条规定，算法推荐服务提供者应当以显著方式告知用户其提供算法推荐服务的情况，并以适当方式公示算法推荐服务的基本原理、目的意图和主要运行机制。此条款针对"算法黑箱"问题明确了应遵循公开透明原则。

与此同时，平台用户获得救济的权利需要受到保护。在首例算法引发人身权益案中，法院对被告平台的预防侵权措施进行了审查。被告平台在原告李某致电客服反映情况后，按照其之前承诺的人工审核方式，在期限内进行了审核并对该账号进行了解封。法院认为这样的预防侵权措施尽到了合理的注意义务。被告平台对原告李某账号实施的封禁行为的依据多为双方签订的协议或者平台自己制定的规则等，但数字时代的互联网平台不仅是契约自由的私主体，互联网平台面对复杂的交易关系和巨大的交易数量，创建了各种处理规则、解纷机制，享有准"立法"权、准"司法"权、准"执法"权，具有"准公共"属性。对于互联网平台实施封禁行为，平台内经营者、平台内用户多是被动接受的一方，处于弱势地位。互联网平台实施封禁的依据、标准、准则都不尽相同，应畅通平台封禁行为的救济渠道。《互联网信息服务算法推荐管理规定》第22条规定，算法推荐服务提供者应当设置

---

① 参见《首例算法引发人身权益案：交友平台算法误判用户为"杀猪盘"骗子，是否侵权?》，https://mp.weixin.qq.com/s/0WrfBmGefTBlyOMPe2Iryg，2023年3月10日访问。

便捷有效的用户申诉和公众投诉、举报入口，明确处理流程和反馈时限，及时受理、处理并反馈处理结果。

另一方面，平台的治理义务具有合法性基础。在首例算法引发人身权益案中，北京互联网法院认为被告某征婚交友平台运营者不构成侵权，驳回了原告李某的诉讼请求。法院在审理的过程中首先对被告平台的行为目的和主观意图进行了正当性判断，认为被告平台运用算法技术是为了预防"杀猪盘"等电信网络诈骗，具有实现公共利益的正当性。其次，经审查，法院认为涉案"预防性风控系统"主要是基于用户聊天过程中使用了特定、敏感词汇，因而促发了审核规则，不存在算法歧视、算法滥用等情形。最后，法院认为由于涉案平台是婚恋网站，在"杀猪盘"层出不穷的社会背景下，使用算法辅助筛查具有合理性。因此，法院认为虽然涉案平台因为技术水平造成了算法误判，但涉案平台没有主观过错，不构成侵权。在整个案件中，法官不仅认可平台用户权益应该得到保护，也认可平台的治理义务具有合法性的机制。更重要的是该判决坚持了利益平衡原则，积极探索个人信息保护与社会公共利益之间的平衡点，为互联网平台治理的合法边界寻找标准。

（二）秉持公平合理原则

原告小李是某交易平台的卖家，小李在平台上出售了一张900余元的电子购物卡。在这笔交易完成之后，小李发现他这笔订单款项被冻结了，要等15天才能解冻。于是小李向平台申诉，平台客服接到申诉之后联系买家进行核实，但买家并没有帮助小李申诉解冻。小李认为他在正常使用平台期间账户资金被冻结，这是平台使用算法技术造成的误判，主张此行为构成违约，要求平台公开道歉。平台辩称，其是依法依规对平台用户的行为进行监管，履行平台的主体责任。原告的订单被算法认为存在虚假发货、诱导收货的风险，因此自动触发了风控系统审核规则，订单款项需要被冻结15天。平台认为其是为了维护资金安全所采取的必要措施，仅是为了公共利益依法履行主体监管职责，不构成违约。法院认为，网络交易平台运营者实施了算法风控，尽到了合理注意义务，并有相应的预防措施，不构成违约。①

首先，平台算法的正当合理。互联网平台的运转离不开各式各样的算法。在数字时代，"算法"被认为是"理智""中立"的代名词。但事实上，从数据清洗标注、绘制知识图谱、到算法建模、代码编写，都不可避免地嵌入了设计者、操作者的价值理念。② 因此，算法的正当合理使用就变得尤为重要。不论是算法的主流价值导向还是算法使用的目的都需要正当合理。在该案中，涉案平台提交了《关于涉案软件风控审核系统的情况说明》并就相关的算法进行了披露。从披露的交易类型和行为模式可以看出，这套算法系统的主要目的是预防网络诈骗。《互联网信息服务算法推荐管理规定》第 7 条规定，算法推荐服务提供者应当落实算法安全主体责任，建立健全算法机制机理审核、科技伦理审查、用户注册、信息发布核实、数据安全和个人信息保护、反电信网络诈骗、安全评估监测、安全事件应急处理等管理制度和技术措施，制定并公开算法推荐服务相关规则，配备与算法推荐服务规模相适应的专业人员和技术支撑。这些都是平台的监管义务，因此涉案平台的算法具有公共利益，具有正当合理性。

其次，平台算法的利益衡量。当下关于利益衡量方法主要有两种：一是由赫克所创立的利益法学所倡导的作为方法的利益衡量；二是在日本民法学界所创立的作为法学方法论的利益衡量论。③ 利益衡量是一种常见的法律方法，主要有以下几个特征：一是强调在个案裁判中进行价值判断的方法；二是一种以结果为取向的方法；三是具有明显的妥协性；四是判决合法、合理、合情是利益衡量追求的目标。④ 在该案中，涉案平台利用算法预防网络诈骗行为。然而由于现有技术的局限，

---

① 参见《发生算法乌龙，平台该担责吗？法院这样判》，https：//mp.weixin.qq.com/s/9J7gg8lOK0-CMxT8BTTE6g，2023 年 3 月 11 日访问。
② 参见马长山：《算法治理的正义尺度》，《学术前沿》2022 年第 5 期。
③ 参见张利春：《关于利益衡量的两种知识——兼行比较德国、日本的民法解释学》，《法制与社会发展》2006 年第 5 期。
④ 参见陈金钊：《法律方法论》，北京大学出版社 2013 年版，第 181—182 页。

造成了系统的误判。在这种情况下,当公共利益和个人利益产生冲突时,法官需要对各方的利益主张和利益冲突进行具体地分析,通过实质判断进行权衡和取舍,进而确定出需要保护的利益。① 在此案中,法官认为系统误判在所难免,也系小概率事件。因此,选择保护公共利益,个人利益适度让位。

最后,避免平台算法的误用滥用。算法在数字时代改变了我们的生活,带来了很多的便利。比如个性化推荐能让我们更高效地做出合适的选择,检索过滤类推荐技术能让风险扼杀在萌芽状态,算法推荐服务版面能丰富消费者的选择。但算法的运用也有其局限性,比如算法黑箱,它充斥着不稳定、不公平和不劳而获的因素。② 又如算法操控,脸书过滤我们的消息流,推特过滤我们的时间轴,谷歌过滤我们的搜索结果。③ 再如算法错误,很多算法错误是算法在执法过程中扮演的新角色所导致的,并不是所有的任务都可以通过自动化方式来完成。④ 这些算法问题都会导致严重的社会后果。正如在该案中,法院虽认可了平台使用算法进行资金监管的合理性,但在审理的过程中对于涉案平台运用算法的行为进行了全方位的审查。首先从行为的目的和主观意图进行正当性的判断,其次从行为手段和性质以及风险程度进行判断,复次从行为主体的身份、技术能力水平和社会责任的角度进行审核,最后对预防侵权的措施是否合理进行审查。这样全方位的系统审查也是为了避免平台算法的误用滥用导致不良的社会后果。只有避免平台算法的误用滥用,才能维护数字时代的公平合理原则。

从首例算法引发人身权益案、算法风控系统引发网络服务合同纠

---

① 参见余圣琪:《数据不正当竞争纠纷的司法裁判方法》,《法律方法》2021年第33卷。
② 参见弗兰克·帕斯奎尔:《黑箱社会:控制金钱和信息的数据法则》,赵亚男译,中信出版社2015年版,第294页。
③ 参见大卫·萨普特:《被算法操控的生活:重新定义精准广告、大数据和AI》,易文波译,湖南科学技术出版社2020年版,第75页。
④ 参见卢克·多梅尔:《算法时代》,胡小锐译,中信出版社2016年版,第137页。

纷案中可以看出，法院认可平台用户的权益需要受到保护，但与此同时，法院也认定了平台利用算法进行治理具有合法性基础。在这个过程中，坚持利益平衡原则、公平合理原则。平衡公共利益和个人利益之间的冲突，使得判断平台治理合理边界的法律适用标准更加的完善和细致，平台运用算法进行治理的边界也趋于明晰。

三、算法伦理制度化

随着数字社会的发展，算法融入了我们生活中的各方各面。算法不再只是工具，还成为一种权力。算法的普遍运用也带来了算法伦理问题。算法伦理问题获得了全球关注，2019年4月8日，欧盟发布了《可信赖人工智能伦理指南》，在指南中概述了四项伦理原则：（1）尊重人类的主体性；（2）避免伤害；（3）公平性；（4）可解释性。2021年11月25日，教科文组织通过了《人工智能伦理问题建议书》，这是全球首个规范性框架，具有重要意义。《建议书》就价值观、伦理原则等相关内容进行了规定。

我国在2019年6月17日发布了《新一代人工智能治理原则——发展负责任的人工智能》，提出了和谐友好、公平公正、包容共享、尊重隐私、安全可控、共担责任、开放协作、敏捷治理等八条原则。[①] 2021年9月25日，我国发布的《新一代人工智能伦理规范》提出了增进人类福祉、促进公平公正、保护隐私安全、确保可控可信、强化责任当担、提升伦理素养等基本伦理要求。[②] 2022年3月20日，我国印发了《关于加强科技伦理治理的意见》，对科技治理要求、科技伦理原则、科技伦理治理体制、科技伦理治理制度、科技伦理审查和监管等方面

[①] 参见《发展负责任的人工智能：我国新一代人工智能治理原则发布》，载中华人民共和国中央人民政府网，http://www.gov.cn/xinwen/2019-06/17/content_5401006.htm，2023年3月12日访问。

[②] 参见《〈新一代人工智能伦理规范〉发布》，载中华人民共和国科学技术部网，https://www.most.gov.cn/kjbgz/202109/t20210926_177063.html，2023年3月12日访问。

进行了相关规定。① 目前，我国政策和立法持续提出明确的算法伦理治理要求，算法伦理治理呈现出由伦理规范的"软法"向政策法律的"硬法"过渡。② 算法伦理的治理呈现出制度化的趋向。

（一）保护数字人权

2022年8月20日，Facebook母公司Meta使用算法"随机"解雇了60名劳务派遣员工。这些员工是Meta通过埃森哲奥斯汀分公司聘用，工作的内容主要是负责内容审核和商业诚信等业务。Meta仅仅通过视频电话会议的方式通知上述员工被解雇的消息。裁员将于9月2日生效，10月3日结算工资。被裁员工希望知道被解雇的理由，但等到的理由却是算法"随机"裁员，对理由和原因一概欠奉。据称，算法如果监测到员工的电脑超过8分钟的不活跃时间就被认定为"休息"状态，并记录到每日休息时间之中。如果总体统计的休息时间超过规定，会被系统自动警告并列入绩效改进计划。③ 随着互联网技术的发展，员工的线上办公需求与日俱增。公司运用算法管理员工的情况也日益增加。如南京建邺区的环卫工人在打扫的时候配备的智能手环，在环卫工人原地不动超过20分钟，手环就会自动发出"短暂的休息之后，继续努力工作吧，加油！"的语音播报。目前该功能已经取消。④ 平台运用算法管理员工，提高了工作效率，节省了人力成本。但劳动者面对冰冷的算法"决策者"，总是觉得缺乏温情的人文关怀。规范平台中的算法应用，应加强保障劳动者的权益。

保护数字人权，算法应用向上向善。数字时代，双重空间的出现、

---

① 参见《中共中央办公厅国务院办公厅印发〈关于加强科技伦理治理的意见〉》，载中华人民共和国中央人民政府网，http://www.gov.cn/zhengce/2022-03/20/content_5680105.htm，2023年3月12日访问。

② 参见《AI时代的算法治理报告：构建法律、伦理、技术协同的算法治理格局》，https://mp.weixin.qq.com/s/msw9dRYTKF9Ej20cU5GANQ，2023年3月12日访问。

③ 参见《Facebook母公司Meta用算法"随机"解雇60名劳务派遣人员》，载新浪财经网，https://finance.sina.com.cn/stock/usstock/c/2022-08-20/doc-imizmscv7011605.shtml，2023年3月13日访问。

④ 参见《环卫工停留20分钟手环就喊"加油"，最新回应来了》，载澎湃新闻，https://mp.weixin.qq.com/s/kHAMvsq9FNRCAvPQbR85cQ，2023年3月13日访问。

双重身份的存在、双重权力的挑战使得前三代人权保护遭遇困境。前三代人权建立在农业经济、工商业经济基础之上，数字人权建立在数字经济的基础上。前三代人权保护的是人们在物理时空中所享有的基本权利，数字人权保护的是人们在数字时代中所享有的生存权、人格权等基本权利。正如在算法伦理中，保持人的独特性是首要问题，即坚持以人为本的伦理观。①《人工智能伦理问题建议书》中指出，在人工智能系统的整个生命周期内，不应该将人物化，不应以其他方式损害人的尊严，也不应侵犯或践踏人权和基本自由。《中国关于加强人工智能伦理治理的立场文件》中指出，在伦理层面，如不加以规范，人工智能技术的误用滥用恐将损害人的尊严和平等、侵犯人权和基本自由、加剧歧视和偏见、冲击现有法律体系等。②

为了保护数字人权，一方面要增强数据信息隐私权的保护。在数字时代，人们的工作、学习、生活、娱乐、社交等方方面面都与平台相关，平台带来了便捷的智慧生活。大数据技术的发展正在改变着公共空间与私人空间的社会构型，使原有的公域与私域之分难以为继。③正如劳动者在公司工作，为了融入数字生活，别无选择地被平台算法收集了个人信息。但这并不意味着主观上劳动者希望被"监视"，正如南京建邺区的环卫工人们表示，佩戴了智能手环后感觉自己被监视了，没有了以前的自由。他们对于暴露在互联网平台上的数据依然有合理的隐私保护期待；客观上这种期待也是被大众所认可的。另一方面需要提升公民数字能力的意识。数字化抹平了某些不平等，但同时又造就了一些新的不平等，出现了数字鸿沟。④公民在数字时代不仅需要具备行为能力、权利能力，还需要具备数字能力。数字时代打破了传统

---

① 参见陈昌凤、吕宇翔：《算法伦理研究：视角、框架和原则》，《内蒙古社会科学》2022年第5期。

② 参见《中国关于加强人工智能伦理治理的立场文件》，载中华人民共和国外交部网，https://www.mfa.gov.cn/ziliao_674904/tytj_674911/zcwj_674915/202211/t20221117_10976728.shtml，2023年3月14日访问。

③ 参见郑戈：《在鼓励创新与保护人权之间——法律如何回应大数据技术革新的挑战》，《探索与争鸣》2016年第7期。

④ 参见马长山：《数字法学的理论表达》，《中国法学》2022年第3期。

物理时空的界限，扩大和丰富了人们的生活世界。虽然扩大了一部分权利，但另一部分权利也被减少了。劳动者应该有意识地增强自己的数字能力，在数字经济时代，每个公民都应该提高数字能力、提升数字素养、消除数字鸿沟、共享数字红利。

（二）重建算法治理正义

2021年9月，美团外卖公布了外卖配送的"预估送达时间"算法。对"订单分配"算法的运行逻辑及原则进行了公开。"订单分配"算法会选择时间更宽裕、更顺路的骑手进行订单配送，以便让骑手在合理的劳动强度下获得更多的收入。与此同时，美团启动了"出餐后调度"试点并推出"主动改派"等功能以保障骑手的权益。① 2022年，美团进一步公开"骑手劳动安全保障"相关规则，主要包括给骑手接单选择权以及更加合理宽松的配送时间。2022年2月14日，饿了么发布了《2022蓝骑士发展与保障报告》。在报告中，饿了么在保障篇中强调禁止最严算法，坚决落实"算法取中"要求，绝不以最严算法、最低时限为导向，安全与公平才是算法规则的持续优化方向。②

正义是人们一直追求的法律价值。关于正义是什么？苏格拉底、柏拉图、亚里士多德、斯宾塞、罗尔斯都给出了自己的答案，他们都持有不同的正义观。但正义有着一张普洛透斯似的脸，变幻无常、随时可呈不同形状并具有极不相同的面貌。③ 正义与理性、自由、平等、安全等息息相关。随着数字时代的到来，数据成为新的生产要素，算法生成新的生产关系。数字时代的经济基础、行为方式都发生了改变，正义理念也产生了新变化。平台按照流动性方式配置资源，平台利用掌控资源的优势进行自我赋权，平台利用算法对劳动者进行管理，由

---

① 参见《让更多声音参与改变，美团外卖"订单分配"算法公开》，https://mp.weixin.qq.com/s/qyegF_r_SPGnkEdZqkVjxA，2023年3月15日访问。
② 参见《饿了么发布〈2022蓝骑士发展与保障报告〉》，https://qishoubaogao.oss-cn-beijing.aliyuncs.com/2022蓝骑士发展与保障报告.pdf，2023年3月15日访问。
③ 参见E. 博登海默：《法理学：法律哲学与法律方法》，邓正来译，中国政法大学出版社2017年版，第266页。

于平台所掌握的"私权力"的力量愈来愈强大，为了保护劳动者的"私权利"，应确保劳动者有自由选择的权利，如美团给予骑手的接单选择权就是自由选择权的体现。与此同时，不论是美团还是饿了么公开平台相关算法规则是落实公开透明原则。

从算法随机解雇员工案件、平台公开相关算法规则事件中可以看出，在分享经济平台中，算法应用广泛，不仅用于管理员工的考评、绩效，甚至还依靠算法随机地解雇员工。平台在运用算法管理劳动者的过程中，算法伦理问题凸显，全球从关注算法伦理治理原则走向治理实践，算法伦理治理逐步制度化。应在保护数字人权、重建算法治理正义的基础上，坚持以人为本的理念，促进算法伦理治理的法治化。

四、结语

2022年之于算法治理是特殊的一年，被称为"算法监管元年"。中国的算法治理进入了2.0阶段。《互联网信息服务算法推荐管理规定》不仅是我国首部聚焦于算法治理的部门规章，也是全球第一部综合性、全面性、系统性规制算法的法律文件。① 算法治理呈现出新趋势，从治理理念走向治理实践，从宏观抽象走向微观具象。数字时代，平台"技术中立"的面纱已被刺破，平台责任严格化、算法治理法治化。而算法治理要遵循数字社会规律和平台运行逻辑，需界定平台运用算法治理的合法合理边界，为平台运用算法进行治理的权利义务给出明确的标准和清晰的指引。而合法合理的边界源于工具理性与价值理性的博弈，应坚持人类中心主义，保护数字人权，重建算法治理正义，解决我国算法治理中的理论问题和实践难题，从而打造数字法治的"中国模式"。

---

① 参见《中国算法治理升级2.0》，https://mp.weixin.qq.com/s/t_50ilRRTeZMY9nBtCBCSw，2023年3月16日访问。

元宇宙治理年度观察报告（2022）

冯艳艳*

摘要：继 2021 元宇宙元年人们对元宇宙概念的狂热追捧之后，2022 年迅速进入元宇宙政策布局竞赛中，元宇宙法律治理也随之提上日程。在元宇宙法律制度建设方面，地方元宇宙政策布局遍地开花，为元宇宙法律治理提供技术向导和经济基础支撑；国家在数据与网络方面的政策制定和法律实施，立足于元宇宙两大基础核心内容进行法律治理。从中央到地方，从产业到法律，体现了纵横交织互动、基础治理为先的元宇宙法律制度建设布局特点。在元宇宙法律治理应用方面，元宇宙仲裁的创新与元宇宙侵权案件的审判，从"小切口"为元宇宙司法改革提供了经验借鉴，也为如何破解以法治结束元宇宙"野蛮生长"这一难题提供了方向指引。但无论是制度建设还是司法改革，都必须遵循元宇宙法律治理的底层逻辑。一方面，人的本质问题作为元宇宙法律治理的"阿基米德点"，决定了人们如何确立元宇宙法律治理的终极目标，如何构建合乎人的本质需求的数字社会秩序和物理社会秩序。另一方面，数字生产力与数字化生产关系的发展变化，为元宇宙法律制度变革提供了根本动力。

关键词：元宇宙 法律治理 底层逻辑

一、引言

1990 年 11 月 27 日，钱学森在写给汪成为的信中首次将"Virtual

---

* 冯艳艳，山东科技大学文法学院副教授。

Reality"翻译为"人为景境"或者"灵境",并强调尤为喜欢中国味特浓的"灵境"一词。① 同年 12 月 19 日,钱学森在信中又说明了"灵境"即为"虚拟现实",因受外文中谈到法律可能会限制灵境技术这一说法的影响,他预见到灵境技术将会影响整个社会。② 1993 年 7 月 3 日,钱学森再次致信汪成为,感慨灵境技术能大大拓展人脑的知觉,人类将进入前所未有的新天地,新的历史时代要开始了!③

正如钱学森所预言的一样,30 年后,浪漫而又科技感十足的"灵境"以其第二个名字"元宇宙"迅速由科技界走向了社会公众视野,由概念走向了流行。④ 在"汉语盘点 2021"活动中,"元宇宙"当选为年度国际词。⑤ 人们把 2021 年誉为"元宇宙元年"的时候,就意味着元宇宙时代的来临,预示着人类社会将从物理世界迈向数字世界,继农业文明、工业文明、信息文明之后,走向数字文明,从现代法治走向数字法治。在元宇宙开启之年,《中华人民共和国国民经济和社会发展第十四个五年规划和 2035 年远景目标纲要》提出了加快建设数字经济、数字社会、数字政府的目标,为迎接数字时代的到来做好顶层设计。在数字法治方面,《民法典》⑥《数据安全法》《个人信息保护法》

---

① 参见《钱学森书信选》编辑组:《钱学森书信选》(上卷),国防工业出版社 2008 年版,第 549 页。

② 参见《钱学森书信选》编辑组:《钱学森书信选》(上卷),国防工业出版社 2008 年版,第 554 页。

③ 参见《钱学森书信选》编辑组:《钱学森书信选》(上卷),国防工业出版社 2008 年版,第 783 页。

④ 钱学森坚持使用"灵境",是因为他担心中国科技工作者总是跟着外国人跑,哪怕是科技名词的翻译,也会起到潜移默化的作用,久而久之,将失去创新,失去学术自信。1997 年,汪成为的《灵境(虚拟现实)技术的理论、实现及应用》出版。2022 年 6 月 30 日,张平院士在 2022 全球元宇宙大会"星火燎原"计划暨全球元宇宙大会产联盟新闻发布会上发表了《灵境计划:元宇宙发展之思考》的精彩演讲。张平院士曾说,"灵境"的"灵",代表着以实生虚;"境",代表着基虚利实。可见,我国科技界一直沿用"灵境"这一词汇。当然,中国当前大量的元宇宙研究中,一般将 1992 年尼尔·斯蒂芬森的《雪崩》作为"元宇宙"的首次亮相,着实有待商榷。因此,按照元宇宙出现的时间顺序,本文将"元宇宙"作为"灵境"的第二个名字。

⑤ 参见《"汉语盘点 2021"年度字词揭晓》,载光明网,https://m.gmw.cn/baijia/2021-12/20/35393599.html,2023 年 2 月 5 日访问。

⑥ 2021 年 1 月 1 日正式实施的《民法典》首次将数据、网络虚拟财产纳入保护范围,并增设了个人信息保护条款。

以及修订后的《科学技术进步法》①正式实施，《反电信网络诈骗法（草案）》提请审议，《关键信息基础设施安全保护条例》开始实施。这些制度虽未提及元宇宙，但其中所涉及的数据安全、网络虚拟财产、个人信息、科技伦理、关键信息基础设施建设和安全等内容都是元宇宙法律治理中必须解决的重要难题。当然，它们还不足以应对元宇宙未来的各种风险，但可以肯定的是，元宇宙元年也是元宇宙法律治理的开始之年。2021年年底，中央纪委国家监委网站发文《元宇宙如何改写人类社会生活》，提出要理性看待元宇宙带来的新一轮技术革命和对社会的影响，同时也开启了2022年元宇宙法律治理之路。

二、基建篇：以安全发展为主导的元宇宙法律治理制度建设

党的二十大报告首次明确提出"以新安全格局保障新发展格局"②。新发展格局要以现代化产业体系为基础，其中包括建设数字中国，打造具有国际竞争力的数字产业集群。③在新安全格局战略中，要强化金融、网络、数据等安全保障体系建设。④元宇宙作为数字化发展的高级阶段，是"人类运用数字技术构建的，由现实世界映射或超越现实世界，可与现实世界交互的虚拟世界"⑤，在2022年成为各省市区数字产业集群发展的重要抢夺领域。正是在这样的背景下，2022年元

---

① 新修订的《科学技术进步法》进一步细化增加了科技伦理治理的相关要求，强化了科技伦理治理的法律支撑。
② 《党的二十大报告学习辅导百问》编写组：《党的二十大报告学习辅导百问》，党建读物出版社、学习出版社2022年版，第40页。
③ 参见《党的二十大报告学习辅导百问》编写组：《党的二十大报告学习辅导百问》，党建读物出版社、学习出版社2022年版，第23页。
④ 参见《党的二十大报告学习辅导百问》编写组：《党的二十大报告学习辅导百问》，党建读物出版社、学习出版社2022年版，第177页。
⑤ 2022年9月13日，全国科学技术名词审定委员会对"元宇宙""化身""数字人"三个核心概念的名称、释义达成共识，这将有利于学术研究、明确产业发展方向、指出治理实践的合理边界。https://dxs.moe.gov.cn/zx/a/jj/220916/1816117.shtml，2023年2月6日访问。

宇宙法律制度建设以统筹数字产业集群发展与数字安全、元宇宙发展与元宇宙安全为基本目标，打造元宇宙法律治理的制度基础。

（一）地方元宇宙产业政策布局，元宇宙法律治理挑战与机遇并存

2022年1月12日，国务院印发了《"十四五"数字经济发展规划》，虽然在规划中并未提及元宇宙，但是在该规划的指导下，元宇宙出现在全国31个省市区的重点产业布局政策或者政府工作报告中。这些地区成为元宇宙创新发展的"试验田"，突破了传统意义上的"先中央，后地方"的思维模式，既可以结合地方优势产业，产生集聚效应，又可以在全国范围内降低元宇宙带来的风险。通过梳理这些省市区的元宇宙产业创新发展规划及其相关政策，我们可以看到，元宇宙法律治理面临着巨大挑战，同时也存在着更广阔的发展机遇。

第一，地方上对元宇宙关键前沿技术突破目标的确立，为元宇宙法律治理提供了技术导向。以上海市为例，2020年和2021年，本着革命性重塑的理念，展开了对城市数字化转型的布局，并提出数字化将重新定义生产力和生产关系。实际上，这已经为法律界释放了革命性信号，因为随着生产力和生产关系的变化，传统的法律治理体系必须做出变革。2022年，上海市在城市数字化转型基础上继续升级，发布了《上海市培育"元宇宙"新赛道行动方案（2022—2025年）》。该方案中明确提出"聚焦空间计算、全息光场、五感提升、脑机接口等方向，突破人机交互瓶颈"。除此之外，还包括芯片研发、算法创新和应用等内容。在基础设施方面，则会培育未来网络生态，推动分布式存储、可信认证、隐私计算、智能合约等融合应用。[①] 除上海以外，其他各地也都围绕着元宇宙核心技术的研发展开行动。这些前沿技术的开发和应用，对法律治理提出了巨大挑战。首先，新文科、新法学教

[①] 参见《上海市培育"元宇宙"新赛道行动方案（2022—2025年）》，https：//www.shanghai.gov.cn/202214bgtwj/20220720/90aa73b046464b9c8799ef2339026d7d.html，2023年2月7日访问。

育还处于探索阶段，真正掌握数字技术和法学知识的人才还非常稀缺。其次，面对元宇宙技术的快速发展，是打现有制度的"组合拳"，还是对元宇宙法律制度进行开创性立法，是一个必须面对的难题。最后，元宇宙技术对社会、经济、政治、法律、文化等都会产生深刻影响，元宇宙法律治理需要考虑的因素更复杂、更广泛。当然，机遇与挑战并存。元宇宙技术发展规划的提出，可以为元宇宙法律治理带来新的机遇。首先，以元宇宙技术为导向，快速学习和掌握其应用，有利于元宇宙法律人才培养的针对性，可以大大缩短法律变革的历程。其次，"借力打力"，以元宇宙技术发展为契机，深入挖掘算法、脑机接口等技术如何为法律治理提供技术支持，规避这些技术带来的风险。总之，面对元宇宙关键前沿技术的突破性发展，应该尽快转变传统的法律治理理念和路径，以保障元宇宙快速、健康、安全、有序的发展。

第二，根据以虚促实的发展思路，各地大力推动元宇宙技术与本地实体经济融合发展，这既有利于促进数字生产力的发展，也可以促进数字化生产关系的创造，进而为元宇宙法律上层建筑提供一定的经济基础。按照马克思恩格斯的理解："人们在自己生活的社会生产中发生一定的、必然的、不以他们的意志为转移的关系，即同他们的物质生产力的一定发展阶段相适合的生产关系。这些生产关系的总和构成社会的经济结构，即有法律的和政治的上层建筑竖立其上并有一定的社会意识形式与之相适应的现实基础。"① 元宇宙技术与实体经济融合发展，是数字经济发展的重要着力点。我国数字经济发展经历了"两化""三化"时代，现在已经步入由数字产业化、产业数字化、数字化治理和数据价值化四要素构成的"四化"时代。② 从当前各地元宇宙产业布局来看，不仅注重数字生产力的发展，也都不同程度地关注到

---

① 中共中央马克思恩格斯列宁斯大林著作编译局编：《马克思恩格斯选集》（第2版第2卷），人民出版社1995年版，第32页。
② 参见蒋昌俊：《数字经济发展的挑战与思考》，载澎湃新闻，https://m.thepaper.cn/baijiahao_21055555，2023年2月7日访问。现在有人提出以数智化治理实现对数字化治理的升级。

了数字化生产关系的变革，但仍存在很大的不足。因此，"从全社会、全产业、全供应链的角度，创造匹配'大智移云区'等数字生产力的数字化生产关系，已经势在必行。"① 总之，遵循经济基础决定上层建筑这一规律，我们需要不断地致力于为数字生产力发展创造条件，不断地理顺好、调整好数字化生产关系，积极主动地推进元宇宙法治实践。

第三，注重数据安全与数据流通，强调元宇宙安全有序发展。2021年的《数据安全法》为数据安全保护提供了基础性和纲领性的法律。在此基础上，多地在制定2022年的元宇宙产业政策中，对元宇宙相关数据安全的保护与利用做出了详细规划，其中以武汉市、上海市和山东省最具代表性。从这三个地区的元宇宙政策来看，主要呈现出以下特点：（1）数据安全保护体系化，包括对数据安全风险的研判、数据处理技术和数字基础设施内生安全的强化、数据安全监管机制的建设、数据安全主体责任的落实、数据出境的规范化处理等多项内容。（2）强调数据资产确权，促进数据流通共享和价值传输。（3）强调行业自律。当然，这些措施和规划，还未能形成足以抵御元宇宙数据风险的"铜墙铁壁"，但是，我们可以看到地方政府对数据安全和利用已经开始积极探索，为元宇宙建设先做好基础性工作，推动元宇宙安全有序发展。

第四，强化元宇宙领域地方法治建设。《武汉市促进元宇宙产业创新发展实施方案（2022—2025年）》提出了适时开展地方数据立法。《浙江省元宇宙产业发展行动计划（2023—2025年）》提出了完善"元空间"治理规则，建设元宇宙法治体系。《上海市培育"元宇宙"新赛道行动方案（2022—2025年）》提出了强化"元宇宙"领域法治建设，在数字成瘾、内容安全、个人隐私等方面推动研究相关法律法规。从这三个地区的政策来看，元宇宙地方立法将成为元宇宙法治建设的先行者。从我国地方立法经验来看，区域协同立法、流域共同立

---

① 朱岩：《破立结合，创造适应数字生产力的生产关系》，载网易，https://www.163.com/dy/article/F6OH0U2L0519DFFO.html，2023年2月7日访问。

法、小快灵小切口立法等形式都取得了非常好的效果。那么，这三种形式运用到元宇宙地方立法当中，也是可以借鉴的。比如共同立法，如果几个地方的元宇宙产业中有共性的问题，就可以形成一个内容上完全一致的共同文本，由这几个省的人大常委会按照法定程序审议通过后，同步实施。① 元宇宙领域的地方立法，还有很多内容值得我们深入研究。

（二）元宇宙的生命健康安全保障：数据要素制度

有人说元宇宙是大数据全球信息化，其框架主要源于数据，以后的空间信息和空间技术数据可能会成为元宇宙的支撑部分。② 还有人说数据是元宇宙核心资产，数据安全是元宇宙生命线价值。③ "元宇宙是基于数据而构建的数字经济新场景，只有围绕数据的生产、分配和价值利用，其价值才能得以实现。可见，数据作为元宇宙中基础性且占主导地位的生产要素，在元宇宙经济活动中产生根本性影响。"④ 因此，数据的价值化和流通是建构元宇宙的首要之举。鉴于此，元宇宙的生命能否健康发展，就要看数据制度供给是否及时和完善。从当前看，我国还没有出台专门的元宇宙法律制度，但是近几年来，关于数据的法律、法规、规章等规范性法律文件已经出台。比如 2015 年的《国家安全法》首次将数据安全纳入国家安全范畴中。2020 年实施的《出口管制法》首次将特定数据纳入出口管制物项范围。2021 年实施的《民法典》确定了数据在法律上的意义，《个人信息保护法》首次规定了数据可携带权，关于数据的首部法律《数据安全法》终于诞生，为建立

---

① 参见《地方立法的新探索新趋势》，载中国人大网，http：//www.npc.gov.cn/npc/kgfb/202112/eb8dd3a4c658437ba118261ce024a662.shtml，2023 年 2 月 7 日访问。
② 参见《专访王建宇：元宇宙是大数据全球信息化》，载中新经纬，https：//baijiahao.baidu.com/s?id=1720117907965276086&wfr=spider&for=pc，2023 年 2 月 8 日访问。
③ 参见许泽玮：《数据是元宇宙核心资产，数据安全是元宇宙生命线价值》，载数据猿，https：//baijiahao.baidu.com/s?id=1718124058191373242&wfr=spider&for=pc，2023 年 2 月 8 日访问。
④ 杨东、梁伟亮：《重塑数据流量入口：元宇宙的发展逻辑与规制路径》，《武汉大学学报（哲学社会科学版）》2023 年第 1 期。

健全数据安全治理体系指明了发展方向。

2022年，在前期立法基础上，数据方面的制度、政策向着具体化、详细化的方向发展，针对数据价值化和数据跨境流动方面加强了立法和规制。

第一，在数据价值化制度方面，国家顶层设计、地方积极立法从数据要素的交易、流通、确权等方面做了详细规定，以更好地发挥数据要素作用。在国家层面，主要法律、政策包括《"十四五"数字经济发展规划》、《要素市场化配置综合改革试点总体方案》、《关于加快建设全国统一大市场的意见》、《关于构建数据基础制度更好发挥数据要素作用的意见》（以下简称"数据二十条"）、《企业数据资源相关会计处理暂行规定（征求意见稿）》、《反垄断法》、《工业和信息化领域数据安全管理办法（试行）》等。在地方立法和政策制定方面，浙江、江苏、广东、山东、重庆、深圳、河北等地方政府积极围绕着公共数据开放共享机制和安全管理、数据交易活动、数据资产确权等方面做了相关规定。

在这些法律政策文件中，尤其值得注意的是"数据二十条"，该意见的出台旨在突破现有制度障碍，充分释放数据要素价值，加快数字经济发展，初步形成了我国数据基础制度的"四梁八柱"，创造性地提出了数据产权的"三权分置"，强调数据使用权，淡化所有权。"数据二十条"顺应了经济社会数字化发展到深层次后迫切要求从生产要素这一价值源泉处寻求发展新动能的客观规律，在数据要素价值释放历程中具有里程碑式的重大意义。[①] 为后期元宇宙数据价值化制度建设起到了基础性作用。

但是，目前的这些数据化价值制度还远远无法满足元宇宙所需的制度供给，因为元宇宙与现在的移动互联网语境下数据价值化存在很大差别。元宇宙的运作对数据的需求已经不再是二维数字信息，而是

---

① 参见《"数据二十条"：以基础制度破解数据要素价值释放难题》，载金台资讯，https://baijiahao.baidu.com/s?id=1752782931976441939&wfr=spider&for=pc，2023年2月8日访问。

三维数据。以个人信息数据采集为例，元宇宙除了采集目前我们认识到的指纹、面部轮廓、声纹等数据，还会通过智能技术深入人的身体内部，获取脑电波、肌电信号、基因构成等深度生物隐私数据，①这些深度数据的收集和计算，的确可以通过元宇宙技术获得数据价值的释放，比如元宇宙医学的使用，但是同时，这也为个人信息数据隐私风险的法律治理带来巨大挑战。另外，当前是"数据作为资源"，但是随着元宇宙的发展，会变成"数据作为劳动"。"数据作为劳动"的内涵是用户作为平台上的数据生产者，为数字经济运作贡献生产资料，作为一种数据工作，应该得到承认并获得相应劳动报酬。②此时，数据定价问题就会凸显出来，而当前的数据定价问题还仍在探索之中。因此，在数据评估、定价的法律制度中，应该适当考虑元宇宙"数据作为劳动"的定价机制。

第二，数据跨境流动制度建设。跨国性是元宇宙未来发展的必然趋势，因为元宇宙的高级形式就是世界数字大脑。世界数字大脑的作用是提高人类社会的运行效率，解决人类社会发展过程中面临的复杂问题，更好地为人类协同发展提供支撑。③从现有技术来看，加拿大科学家首次实现了国际双向全息传送。④这是元宇宙技术的新突破，意味着未来元宇宙全球旅游、元宇宙全球医疗等不再是梦想。那么，随之而来的问题就是数据跨境流动必然会带来风险，需要采取相应的法律治理措施。2022年，在《网络安全法》《数据安全法》《个人信息保护法》基础之上，对数据出境流程和要求进一步细化。国家互联网信息办公室先后公布了《个人信息出境标准合同规定（征求意见稿）》

---

① 参见陈辉、闫佳琦、陈瑞清、沈阳：《元宇宙中的用户数据隐私问题》，《新疆师范大学学报（哲学社会科学版）》2022年第5期。
② 参见陈辉、闫佳琦、陈瑞清、沈阳：《元宇宙中的用户数据隐私问题》，《新疆师范大学学报（哲学社会科学版）》2022年第5期。
③ 参见《从世界数字大脑形成看元宇宙未来趋势》，载澎湃新闻，https://m.thepaper.cn/baijiahao_15238087，2023年2月8日访问。
④ 参见《微软"黑科技"加持 跨国全息传送首次实现 不用出门也能"身"处异乡了?》，载科创板日报，https://baijiahao.baidu.com/s?id=1740395649213454383&wfr=spider&for=pc，2023年2月9日访问。

《数据出境安全评估办法》和《数据出境安全评估申报指南（第一版）》。11月4日，国家市场监督管理总局和网信办联合发布了《个人信息保护认证实施规则》。

今年出台的一系列数据出境政策主要呈现出三大亮点：首先，数据安全评估、认证和标准合同三种数据跨境流动机制都配套了相关的落地方案，也是为未来元宇宙数据跨境流动打基础和做准备。其次，尤为侧重对个人信息的出境保护。可以说，这些政策就是对《个人信息保护法》第38条的具体化，在一定程度上实现了可操作化。最后，体现了国家政策对数据出境的安全流动和自由流动的平衡，安全是底线。

元宇宙时代，数据跨境流动的自由度需求更强，数据流通体量更大，平台监管更难。因此，亟须按照元宇宙的发展趋势，进一步加强数据跨境流动立法，细化相关规则。从跨国元宇宙的未来应用场景来看，地球的数字孪生、"元宇宙地图"、军事元宇宙、医学元宇宙、跨境电商元宇宙等，都将会导致现在数据跨境流动方式的巨大变革，跨境数据分类分级管理机制需要做出重大调整，审查部门也将由单一变为多元。从全球来看，各国在元宇宙数据技术布局、开发、应用等方面的差距将越来越大，如何应对"数据霸权"对国家安全的威胁，如何维护"数据主权"，这些棘手的难题都需要依靠数据跨境流动法律制度加以解决。

（三）元宇宙"血液循环系统"的健康保障：网络安全法律制度体系建设

有人说网络是元宇宙的"血液循环系统"，而网络里传输的就是数据。[①] 网络与数据安全都关系到元宇宙的健康发展，也关系到国家安全、社会安全和个人安全。近年来，我国网络诈骗、未成年人数字成瘾、数字鸿沟、网络侵权等问题非常严重，如果这些问题不能得到很

[①] 参见《深入浅出元宇宙（十五）数据与元宇宙》，http://www.360doc.com/content/22/0626/23/1347382_1037540149.shtml，2023年2月10日访问。

好的治理，将来势必会给元宇宙的健康发展带来很大隐患。因此，为了强化网络安全法律治理，2022年，我国集中针对未成年人网络保护、电信网络诈骗、涉外信息网络侵权、关键信息基础设施供应链安全等内容做了相关规定。

第一，未成年人网络保护制度逐渐完善。为了更好地实施《个人信息保护法》和新修订的《未成年人保护法》，完善相关配套制度，2022年国家互联网信息办公室加快推动《未成年人网络保护条例》出台，并于3月14日就《未成年人网络保护条例（征求意见稿）》再次向全社会征求意见。征求意见稿主要从网络素养培育、网络信息内容规范、个人信息保护、网络沉迷防治四大块内容做了详细规定。5月，四部门联合发布了《关于规范网络直播打赏 加强未成年人保护的意见》，对禁止未成年人参与直播打赏，严控未成年人从事主播，优化升级"青少年模式"等内容做出了明确规定。从目前来看，这些制度对解决当前未成年人网络风险问题具有一定的积极意义，但是无法应对未来元宇宙对未成年人带来的安全隐患。未来元宇宙法律治理需要采取"技术+伦理+法律"范式，以技术限制未成年人进入元宇宙的时间、空间、资源获取范围、数字支付、个人信息公开范围等事项，强化伦理道德规范，避免元宇宙对未成年人心理造成严重的负面影响，加强相关法律法规的制定，尤其是严格限制元宇宙对未成年人生物信息的收集。同时，还要成立专门的元宇宙未成年人保护委员会，对元宇宙平台进行风险评估，作为未成年人进入元宇宙的第一保护层。

第二，《反电信网络诈骗法》以"小切口""深治理"为特色，推动网络安全法律治理向精准性、深入化、以点带面式发展。该法主要是按照完善预防性法律制度的要求，针对电信网络诈骗发生的信息链、资金链、技术链、人员链等各环节，加强防范性制度措施建设，变"亡羊补牢"为"未雨绸缪"，变"重打击"为"打防管控并重"。[1]

---

[1] 参见《反电信网络诈骗法12月1日起实施》，载光明网，https://m.gmw.cn/baijia/2022-11/25/1303205792.html，2023年2月10日访问。

当前犯罪分子主要是利用元宇宙、智能合约、DAO、DeFi、NFT等新技术、新概念进行诈骗，而在未来元宇宙世界，随着数字产品、数字资产、数字货币、数字人的出现，其犯罪工具和诈骗手法也将迭代升级，其隐蔽性和迷惑性会更强，危害范围会更广。因此，仍需坚持源头治理，加快技术发展，完善预防性法律制度建设。尤其是金融元宇宙的发展应该从建设之初，在资源的数字化重构、产品的数字化组装、银行与客户的数字化连接等建设过程中，应该充分考虑诈骗、洗钱等犯罪预防措施的布局和架构。

第三，为了顺应跨国网络消费时代的快速发展，涉外信息网络侵权管辖问题被提上日程。12月27日，民事诉讼法修正草案初次提请全国人大常委会会议审议，12月30日，《中华人民共和国民事诉讼法（修正草案）》向社会公布并征求意见。该草案将司法解释中的合理规则上升为法律，明确涉外信息网络侵权的管辖依据，筑牢营造清朗网络空间的法治基石。① 未来跨国元宇宙消费将会继续增长，涉外消费纠纷也会越来越多，这就要求我国民事诉讼法紧跟时代步伐，化解元宇宙网络侵权司法适用困境。

第四，面对网络安全这两年出现的新形势、新挑战，尤其是元宇宙产业政策开始布局，必须加快修订《网络安全审查办法》，以满足国家安全、网络安全、数据安全、关键信息基础社会供应链安全的需要。从本次修订来看，审查范围增加了网络平台开展数据处理活动，网络安全审查重点评估考虑因素增加了对上市网络平台、核心数据、重要数据、大量个人信息所带来的风险。本办法在一定程度上为元宇宙发展提供了法律保障，面对未来元宇宙的发展，网络安全审查重点评估范围和评估考虑因素还将继续完善。

第五，网络安全防护的核心是关键信息基础设施，而关键信息基础设施安全的一个重要方面就是供应链安全。早在2016年，习近平总

---

① 参见《我国拟修改民事诉讼法健全涉外民商事诉讼制度》，载中国人大网，http://www.npc.gov.cn/npc/c30834/202212/9c3d68be3d934b6dbccc62b498dab6a3.shtml，2023年2月4日访问。

书记就谈到供应链的"命门"掌握在别人手里，就好比在别人的墙基上砌房子，再大再漂亮也可能经不起风雨，甚至不堪一击。① 因此，为了控制好供应链风险，保障关键信息基础设施安全，2022年我国首部《信息安全技术 关键信息基础设施安全保护要求》（GB/T 39204—2022）国家标准出台，这项标准是关键信息基础设施安全标准体系中的基础标准，对于关键信息基础设施运营者提升保护能力、构建保障体系具有重要的基础性作用。② 也只有将关键信息基础设施构筑坚牢，我国元宇宙产业发展才能安全发展，否则一切都是"空中楼阁"。

三、应用篇：元宇宙的依法而治

（一）"元宇宙侵权第一案"：NFT从"野蛮生长"到"向法而生"

2022年4月20日，我国首例NFT数字艺术品侵权案在杭州互联网法院开庭审理，该案也被称为"元宇宙侵权第一案"，这表明"元宇宙""NFT"等并不是单纯的概念炒作，它已经进入现实生活，并引发了实际的问题和法律风险。③

2021年3月，漫画家马千里授权原告奇策公司享有"胖虎"系列作品在全球范围内独占的著作权、财产性权利及维权权利。之后，原告在被告某科技公司经营的自称为去中心化数字资产交易平台上发现了"胖虎打疫苗"NFT，售价899元。该NFT作品系某一用户在这家科技公司平台上，上传马千里的《胖虎打疫苗》作品，平台以此作品

---

① 这是2016年4月19日，习近平总书记在网络安全和信息化工作座谈会上的讲话内容，参见《习近平强调"命门"是什么》，载中国日报中文网，http://china.chinadaily.com.cn/2018-05/20/content_36235597.htm，2023年2月11日访问。
② 参见《〈信息安全技术 关键信息基础设施安全保护要求〉国家标准将于明年5月实施》，载中华人民共和国中央人民政府网，http://www.gov.cn/xinwen/2022-11/07/content_5725199.htm，2023年2月11日访问。
③ 参见程啸、王苑：《透视"元宇宙侵权第一案"数字艺术品法律风险如何规制》，载光明网，https://m.gmw.cn/baijia/2022-06/11/35802865.html，2023年2月12日访问。

为用户铸造而成。并且，用户在该平台上对"胖虎打疫苗"NFT进行零售、交易。为此，原告认为被告侵害了其作品信息网络传播权，故诉至法院。①

之所以说该案是"元宇宙侵权第一案"，是因为该案在一审中的争议焦点主要集中在NFT数字作品铸造、交易的法律性质，以及被控某科技公司平台的属性及责任认定上，NFT成为该案的核心关注点，而NFT在元宇宙经济搭建中又是一项至关重要的内容。NFT、NFT数字作品及其衍生出来的一系列问题都需要得到法律的回应。在没有专门立法的情况下，杭州互联网法院在一审判决书中，针对NFT、NFT数字作品、数字商品的内涵做了详细界定，认可了数字藏品的财产权益属性，但可惜的是没有讨论数字商品是否属于网络虚拟财产。在侵权定性方面，一审法院认为NFT数字作品交易符合信息网络传播行为的特征。在认定NFT交易平台责任方面，一审法院认为涉案平台属于一种新型网络服务者，但不属于《信息网络传播权保护条例》中的网络服务者。在责任承担方式方面，一审法院注意到NFT数字作品的特性，提出用打开地址黑洞的方法来停止侵权。在二审时，杭州市中级人民法院明确了NFT数字作品的网络虚拟财产属性，并从虚拟性、稀缺性、可交换性、可支配性和排他性这几个特征展开论证。这是国内第一个对NFT数字作品的网络虚拟财产属性进行详细释明的生效判决。②

NFT的火爆可以追溯到2021年，随着比特币等虚拟货币在全球遇冷后，NFT成为币圈的新风口，这一年以太坊区块链上的NFT价值总计达140亿美元，而在2020年还只有3.4亿美元，2025年NFT价值总计被看好将突破800亿美元。③随着NFT数字藏品的收藏价值逐渐提高，多种法律风险和问题也逐渐显现出来。就在2022年，河南商丘发

---

① 参见杭州互联网法院（2022）浙0192民初1008号民事判决书。
② 参见《回顾国内NFT侵权第一案中的法律细节》，PANews，https：//view.inews.qq.com/a/20230104A079KX00，2023年2月12日访问。
③ 参见《5分钟卖出3000个，周杰伦加持的NFT，到底有多火？》，载澎湃新闻，https：//m.thepaper.cn/baijiahao_16152514，2023年2月12日访问。

生了我国第一起"数字藏品 NFT"涉刑案件,犯罪嫌疑人利用 NFT 服务平台进行网络诈骗。然而,这两起案件中所暴露出的与 NFT 相关的法律问题只是"冰山一角",还有更多问题急需法律加以规制。

首先,需要加强对 NFT 数字作品内容的法律治理。一是规范 NFT 数字作品内容要求,二是规定 NFT 服务平台的审查义务,三是规定监管机构的监督职能,四是规定发行人上传作品及其内容的合法性义务,五是规定相关主体的法律责任。

其次,规范 NFT 数字作品的交易行为。随着 NFT 数字作品的火爆,其交易流通的形式也会出现多元化,因此要根据当前市场上出现的 NFT 数字作品交易行为,结合 NFT 技术的特点,制定相应的交易规范,确保促进 NFT 数字作品市场的健康有序发展。

再次,规范 NFT 变相开展代币发行融资,规避金融风险。当前已经有一些平台利用法律漏洞,非法集资,过度炒作,NFT 市场乱象丛生。为此,中国互联网金融协会、中国银行业协会、中国证券业协会在 4 月 13 日联合发布了《关于防范 NFT 相关金融风险的倡议》,在倡议中既对 NFT 在赋能实体经济方面的积极作用加以肯定,又强调了从严防范非法金融活动风险,坚决遏制 NFT 金融化证券化倾向。[①]

最后,探索信息产权视阈下依照新型网络虚拟财产权说构建"新兴"权利——NFT 映射权。[②] 这是马治国在《元宇宙 NFT 映射权之构建》中提出的一种新观点。他在文章中专门论证了 NFT 映射原理以及现有权利体系在 NFT 映射权益保护上的缺陷,并对映射权进行了体系化建构。根据他对 NFT 映射的界定,我们可以看到,NFT 映射就是元宇宙依赖 NFT,使虚拟财产在虚拟世界与现实世界之间得以来回流转,同时在相应的世界中生成对应的财产。可见,这里的 NFT 映射较之上

---

① 参见《刚刚,三大协会发声!坚决遏制 NFT 金融化证券化倾向,不直接或间接投资 NFT》,载人民资讯,https://baijiahao.baidu.com/s? id=1729998394802834993&wfr=spider&for=pc,2023 年 2 月 13 日访问。

② 参见马治国、王雪琪:《元宇宙 NFT 映射权之构建》,《西安交通大学学报(社会科学版)》2023 年第 2 期。

述两个案件中 NFT 数字作品而言，大大扩展了 NFT 的应用范围，远远超过了当下我们对 NFT 可能引起的金融风险、交易风险、损害知识产权风险等的认知。未来 NFT 映射场景的应用，是通证经济市场。如何推动数字资产在虚拟与现实世界之间的交易，如何实现数字资产全球化交易，都亟须通过法律来保障实现，只有这样才能促进未来虚拟现实互通互联的新网络社会秩序有序发展。

（二）全球首家元宇宙仲裁院与"元宇宙仲裁第一案"

元宇宙技术的发展，一方面促进了规制元宇宙风险的法律制度构建，另一方面又加速了元宇宙科技与法律纠纷解决的有效融合。2022年7月20日，全球首家"元宇宙仲裁院"入驻元邦"梦想之城"，之后，上线全球首个智能机器人"云小仲"，这是广州仲裁委在元宇宙科技与法律领域深度融合的一次重要探索，在仲裁服务的数字化变革过程中具有重要的划时代意义。元宇宙仲裁院的成立并非偶然，是互联网技术发展和首创精神推动的结果。从 2019 年广州仲裁委在国际商事仲裁案件中成为全球第一个跨国远程庭审开始，就不断探索。2020 年，制定了全球首个互联网仲裁推荐标准——"广州标准"。2021 年，上线全球首个亚太经合组织跨境商事争议在线解决（ODR）平台。2022 年，广州仲裁委"首创互联网仲裁推荐标准"入选国务院公布的全面深化服务贸易创新发展试点"最佳实践案例"。之后，联合国官网推介了广州仲裁委建立的国际统一的互联网仲裁"广州标准"，大大提升了我国仲裁国际话语权。广州仲裁委的 5 次全球首创，初步完成了互联网仲裁向着元宇宙仲裁的转型升级，为我国元宇宙仲裁事业的发展奠定了坚实基础，为虚拟世界提供必要的法律保障。

元宇宙仲裁院成立不久，就受理了"元宇宙仲裁第一案"——元宇宙数字藏品线下商用侵权案。在该案的审理过程中，所有人都进入元宇宙虚拟仲裁庭，每个人都有了自己的数字化身份，同时，通过技术加持，对举证、辩论都进行了高度保密。

此次元宇宙仲裁庭的审理，较之传统意义上的仲裁，不仅仅是形式上的变化，还显现出元宇宙仲裁的重塑效应。一是场景化重塑。一方面，元宇宙仲裁庭突破了三维世界的限制，将庭审内容和参与者数字化多维完美重现，实现了现实世界纠纷解决机制在虚拟世界的拓展。[1] 另一方面，由于技术发展的限制，元宇宙仲裁只是实现了对物理空间的"数字编织"，突破了物理场域的限制，还没有真正实现对物理世界的时间的"数字编织"，这是未来元宇宙仲裁发展的方向。实现元宇宙仲裁的"时空再造"，将会大大提升时间效率，降低成本。二是智能化重塑。借助于"虚拟仲裁员"的智能化法律搜集、判例检索、案例相似度比对、裁判依据的异同比较等功能，甚至进行建模化决策分析，大大提高了仲裁员的工作效率，扩展了人脑思维，提高了仲裁结果的客观性、科学性，更有利于"数字正义"的实现。三是规则性重塑。第一，元宇宙仲裁可以通过相关技术来设置虚拟房间密码，保护当事人隐私，较之传统仲裁保密性程度更高。但是，面对数字保密技术问题，必须尽快出台相关规则来强化规制，确保仲裁数据安全。第二，智能"虚拟仲裁员"依赖于算法，而算法背后的"算法黑箱"与"算法霸权"问题，亟须出台相关规则，控制"算法权力"。四是重塑仲裁服务。"云小仲"自8月上线以来，24小时不间断提供法律服务，短短3个月就接受逾千人次咨询。[2] 仲裁服务的智能化发展，将有效提升法治效能。

从"元宇宙仲裁第一案"和"元宇宙侵权第一案"的案情来看，两个案件都涉及元宇宙知识产权保护问题，对现有知识产权法律制度提出了巨大挑战。未来元宇宙可能出现的知识产权侵权类型、元宇宙数字成果在知识产权法中的定性与保护规则、数字孪生技术对现实世界作品的"复制"与"使用"、虚拟世界对现实世界商标的使用、跨国元宇宙的知识产权保护、知识产权侵权举证责任和证据认定规则等内

---

[1] 参见《广州仲裁委打造元宇宙仲裁院，受理虚拟世界财产纠纷仲裁首案》，载澎湃新闻，https://m.thepaper.cn/baijiahao_20805646，2023年2月15日访问。

[2] 参见《广州仲裁委打造元宇宙仲裁院，受理虚拟世界财产纠纷仲裁首案》，载澎湃新闻，https://m.thepaper.cn/baijiahao_20805646，2023年2月15日访问。

容,都是知识产权法律制度必须破解的难题。因此,我们需要真正站在时代的发展变革前沿,确立"中国问题"导向,进行法学理论的变革创新。①

从全国范围来看,广州仲裁委的一系列全球首创,其实只是中国迈向元宇宙的一个缩影。在司法领域,最高人民法院于12月9日发布了《关于规范和加强人工智能司法应用的意见》,关涉人工智能司法应用的五项基本原则、主要应用范围、系统建设要求等内容。该意见肯定了智慧法院、智慧法治的未来发展趋势,促进审判体系和审判能力现代化的创新发展。同时,该意见也关注到了智慧法院、智慧法治可能遇到的伦理风险、安全风险、规制风险等,因此,提出了安全合法原则、公平公正原则、辅助审判原则、透明可信原则、公序良俗原则,以防范化解各种可能风险。

总之,"元宇宙+仲裁""元宇宙+法院"是"科技+法律"深度融合的必然结果,也是数字时代法律变革的必然要求。如何走出一条中国自己的元宇宙法院、元宇宙仲裁之路,是中国智慧法治建设的重要内容。

四、思考篇:元宇宙法律治理的底层逻辑

前文着眼于元宇宙法律治理的法律制度建设和元宇宙在广义司法领域中的治理问题,这些内容都是元宇宙法律治理过程中所呈现出来的各种现象。那么,在这些现象的背后,元宇宙法律治理的底层逻辑是什么?或者说,透过现象看本质,元宇宙法律治理的根本动因在哪里?按照老子的说法:"道生一,一生二,二生三,三生万物。"② 道就是万物的底层逻辑、根本动因、基本规律。万物循道而生,因道而长,依道而盛,逆道而亡。理解了道,就理解了万物。同理,只有深入挖

---

① 参见马长山:《迈向数字社会的法律》,法律出版社2021年版,第21页。
② 汤漳平、王朝华译注:《老子》,中华书局2014年版,第165页。

掘元宇宙法律治理的底层逻辑，才能厘清元宇宙法律治理中的"变"与"不变"；只有懂得元宇宙法律治理之道，才能清楚元宇宙法律治理之术。因此，面对前所未有的科技、社会与法律大变革，探究元宇宙法律治理的底层逻辑势在必行。

（一）人的本质：元宇宙法律治理的"阿基米德点"

1. 马克思关于人的本质思想概说

从全景来看，马克思关于人的本质思想主要包括人的个体本质、人是人的最高本质、人的类本质、人的发展的本质、人的共同体本质、人的社会联系本质。① 人的这六大本质，是马克思在费尔巴哈和黑格尔思想基础之上，对德国高水准革命的期待和对宗教的批判中逐渐形成的。

人的类本质主要是将人与动物区别开来，而人的个体本质则是将人与人区分开来。人的发展的本质源于人们对新需求的不断增加，通过劳动扩大再生产来满足各种新需求。人的共同体本质是基于人的类本质和发展本质而衍生出来的，从人类诞生之日起就建构起了血缘共同体，之后，逐渐发展出了政治共同体、经济共同体等一系列基于某种共同利益而组建起来的共同体。人存在共同体中的另外一种表现就是人与人之间产生社会联系，即人的社会联系本质。通过这五个本质，我们可以看到，正是因为人具有意识，人才会主动地以主体身份来面对这个世界，而不会屈服于成为世界的客体。正是因为人具有欲望和需求，人才会懂得通过社会联系寻求发展，而不是"单兵作战"。

除了上述五个本质，马克思还总结出什么才是人的最高本质。他在《〈黑格尔法哲学批判〉导言》中提到"人的根本就是人本身"以及"人是人的最高本质"。② 这一命题将唯物主义与实践需求相结合，指

---

① 参见张奎良：《马克思人的本质思想的全景展示》，《天津社会科学》2014年第1期。
② 中共中央马克思恩格斯列宁斯大林著作编译局编译：《马克思恩格斯文集》（第1卷），人民出版社2009年版，第11页。

明了认识人的本质的正确方向,提供了科学的方法论。第一,确立了不可撼动的人的主体地位。首先,从人的行为动力来看,人自主地与现实世界发生联系,通过对现实世界的改造来满足自身需求。这种需求表现为人主动为自身设定目标,遵循一定规律自觉改造现实世界。其次,从人的行为手段来看,人的创造性活动或者说技术的研发,都是为了达到对现实世界更好的改造,进而实现人的一定目标。人的主体地位并非臆想出来的,而是源于人的实践。第二,指明了彻底革命走向胜利必须以实现人的解放为目标。在人类发展道路上,一方面要不断改革旧关系,破除阻碍人的解放的羁绊;另一方面,更为重要的是,在创建新制度的时候,一定要以人的解放为目标,这样的新制度才能够促进人的解放,才能为实现人的自由而全面发展打下基础。

2. 元宇宙对人的本质的丰富、拓展与挑战

元宇宙时代的到来,对人类社会产生了巨大的重塑效应,同时也丰富了人的本质,拓展了人的本质的限度和实现路径,当然,也给人的本质问题带来极大的挑战。元宇宙法律治理必然要以人类为中心,但又不得不面对元宇宙对人的全面改变这一事实。因此,为了使元宇宙法律治理能够更好地为人类服务,那么,关于元宇宙时代的人的本质研究就是一道绕不开的梁。

首先,自然宇宙中的自然人与元宇宙中的"原生数字人""数字分身",谁是主体?如果按照"数字人"的原型来分类的话,"原生数字人"就是在虚拟空间中依靠算法、深度学习等技术完全虚拟化出的全新数字人,在自然宇宙中并没有一个"他"或"她"与之相对应;而"数字分身",也称之为"真人数字人",是以自然宇宙中的"我"为原型,通过3D建模、动作捕捉、渲染等技术,在虚拟世界中的复刻出来的另外一个"我",二者身份具有同一性。如果将"原生数字人"看作是人的创造物,不具有主体的身份,似乎这种说法的说服力还不弱。但是,对于"数字分身"来说,如果将其列入客体范畴的话,那么自然宇宙中的"我"与"我"的"数字分身"之间的身份同一性将会遭

到质疑与挑战。尤其是随着脑机融合、人工智能技术的发展,"数字分身"的智能化会越来越高级。一方面,人工海马体和意识芯片已经开始能够帮助脑萎缩的人承载一部分意识,①也就意味着"我"的意识可以复刻到"数字分身",甚至在自然宇宙中的"我"不知情的情况下,"数字分身"做出的一些行为乃至犯罪行为,或者"我"的身体死亡,但是"数字分身"永生,那么在这种情况下,谁才是主体?另一方面,随着人工智能技术的发展,人工器官移植技术越来越发达,自然宇宙中"我"的器官被智能设施"义体化"越来越严重的时候,作为主体的"人"到底是谁?面对科技的发展,我们不得不继续思考人的本质是什么,人到底是不是人的最高本质。

其次,自然人与"数字人""数字分身",以及"数字人"与"数字分身"之间的交互行为所产生的关系,是社会关系吗?人的社会联系本质发展趋势是衰退还是加强?这两年,智能穿戴设备不断升级,智能体与沉浸式体验交互技术不断发展,未来的元宇宙将实现现实世界、心理世界和虚拟世界的融合,达到所有感官器官的充分满足。②在这种情况下,自然人之间的社会交往方式由线下转向线上,交往场域逐渐由现实转向虚拟。而"数字人""数字分身"与自然人之间的交往,或者"数字分身"之间的交往,是否构成社会关系呢?按照现在的观点,只有人与人之间的一切关系才是社会关系。那么,"数字分身"与"数字人"在不能确定为"人"的话,它们之间发生的关系就不是社会关系。但不可否认,现在元宇宙中发生的"性侵""性骚扰"和暴力等行为侵害的对象虽是"数字分身",但是对自然人来说,从体感、心理、生理上也都受到了打击和侵害。因此,有的专家提出有必要确定虚拟人的法律地位,赋予其独立的民事主体资格,并将其与自

---

① 参见《全球首个"数字人"将诞生,你愿意存储意识实现"永生"吗?》,载搜狐网,https://www.sohu.com/a/339563304_257199,2023年2月18日访问。

② 参见《拓展宇宙更多可能性:AI与元宇宙相融互促》,载金台资讯,https://baijiahao.baidu.com/s?id=1743299505024868259&wfr=spider&for=pc,2023年2月18日访问。

然人主体资格相区分。同时,虚拟人同样享有生命、健康、姓名、隐私、名誉等人格要素,赋予其新的内涵。① 还有学者提出可以通过承认虚拟人的准人格性来保护虚拟人。② 显然,元宇宙中发生的"性侵案"需要法律予以规范,但是法律调整的是社会关系,那么这就形成了一个悖论。

最后,元宇宙技术的发展,强化和丰富了人的发展本质与共同体本质。马克思说:"他们的需要即他们的本性。"③ 元宇宙技术的不断发展,正是源于人的需要,是人的发展本质的新确证。元宇宙的出现,可以实现自然人在现实世界中没有实现的梦想,可以通过"数字分身"实现"永生",可以实现时间的延展和时空的再造,等等。物理世界对实现人类解放的很多限制和不可能,在元宇宙中变成可能。在这种变化中,人的共同体本质在元宇宙中又格外地强化起来。元宇宙实现了人的交往不再受制于物理世界的束缚,可以实现跨国元宇宙旅游、商务谈判。另外,元宇宙背后的强大技术操控者与自然人、"数字人"和"数字分身"建立起一种独特的共同体,其相互依赖性更强。可以说,元宇宙技术的实现,将使人们更加清楚地认识到共同体的意义与价值所在。

总之,元宇宙技术改变了人类"分身无术"的现状,同时也对人的本质提出了挑战,引发了人们对元宇宙法律治理的哲学思考。元宇宙法律治理既需要警惕"数字人"取代自然人,还要注意虚拟与现实叠化问题所带来的矛盾;既要以实现人的解放为目标,还要预防技术对人的束缚和压迫;既要注意保护自然人的合法权益,还要考量"数字人""数字分身"的保护,否则"数字人"与"数字分身"受到的侵害也回归到自然人身上。马克思批判宗教的落脚点和逻辑非常简单,

---

① 参见杨延超:《网络时代论元宇宙中的民事权利》,《东南大学学报(哲学社会科学版)》2022年第4期。
② 参见李佳伦:《网络虚拟人格保护的困境与前路》,《比较法研究》2017年第3期。
③ 中共中央马克思恩格斯列宁斯大林著作编译局编译:《马克思恩格斯全集》(第3卷),人民出版社1960年版,第514页。

即"人创造了宗教,而不是宗教创造人"①。按照这样的逻辑推理,我们可以清楚地认识到,人创造了元宇宙,而不是元宇宙创造了人。"人的本质问题,人的人格,对于法的本质是决定性的。法的标准,即法的观念本身,是人。"② 人的本质问题就是元宇宙法律治理的"阿基米德点",是元宇宙法律制度的根本问题。它决定了人们如何确立元宇宙法律治理的终极目标、如何构建合乎人的本质需求的数字社会秩序和物理社会秩序。

(二)数字生产力与数字化生产关系:元宇宙法律治理的根本动力

"社会的物质生产力发展到一定阶段,便同它们一直在其中运动的现存生产关系或财产关系(这只是生产关系的法律用语)发生矛盾。于是这些关系便由生产力的发展形式变成生产力的桎梏。那时社会革命的时代就到来了。随着经济基础的变更,全部庞大的上层建筑也或慢或快地发生变革。"③ 马克思的这段话揭示了生产力与生产关系、经济基础与上层建筑之间的关系和变化规律。据此,如果要探讨元宇宙法律治理的相关问题,就必须要"深入到生产出它或使其产生的、作为其根源和基础、作为其内容和本质的起着制约、规定作用的经济基础"④。而经济基础实际上就是经济结构,也就是生产关系的总和。生产关系又随着生产力的发展不断变革。在这样的一套变化规律中,来探讨元宇宙法律治理的底层逻辑,必要且必须。

"马克思主义认为,物质生产力是全部社会生活的物质前提,同生产力发展一定阶段相适应的生产关系的总和构成社会经济基础。生

---

① 中共中央马克思恩格斯列宁斯大林著作编译局编译:《马克思恩格斯文集》(第1卷),人民出版社2009年版,第3页。
② 阿图尔·考夫曼、温弗里德·哈斯默尔:《当代法哲学和法律理论导论》,郑永流译,法律出版社2002年版,第490页。
③ 中共中央马克思恩格斯列宁斯大林著作编译局编:《马克思恩格斯选集》(第2版第2卷),人民出版社1995年版,第32—33页。
④ 陈培永:《"法律上层建筑"与"经济基础"关系的再思考》,《社会科学家》2021年第2期。

力是推动社会进步最活跃、最革命的要素。……生产力和生产关系、经济基础和上层建筑相互作用、相互制约,支配着整个社会发展进程。"① 根据马克思主义原理,生产力反映了人与自然的关系,是人生产劳动的创造能力,是生产关系的决定性力量。同时,生产力的发展也离不开生产关系。"各个人借以进行生产的社会关系,即社会生产关系,是随着物质生产资料、生产力的变化和发展而变化和改变的。生产关系总合起来就构成所谓社会关系,构成所谓社会,并且是构成一个处于一定历史发展阶段上的社会,具有独特的特征的社会。"②

据此,人类社会经历了自给自足的农耕社会和主要依靠资本与机器的工业社会之后,进入信息社会。信息社会是"以信息科技的发展和应用为核心的高科技社会,是信息、知识起主导作用的知识经济社会"③。在进入21世纪以后,随着数字化技术的迅速发展,人工智能、大数据的运用,人类生产和生活方式走向了智能化,生产力也大大提高,因此,有的学者提出信息社会已经无法涵盖新的社会特征,应该命名为"数字社会"。④ "数字社会是新一代信息技术同社会转型深度融合的产物,也是推动精细化社会管理的手段和方法创新。"⑤

数字社会的到来,是数字生产力出现和推动的结果。"数字生产力是现代信息科学发展的产物,数字技术是数字生产力的主要表现形式。数字生产力以大数据为基础,包括互联网、云计算、移动通信、区块链、3D打印、人工智能等数字技术及其相关硬件设备构成的体系。"⑥ 与以前的生产力相比较而言,数字生产力不仅提高了物质生产能力,而且在精神生产方面显现出极大优势。或者说,在数字社会之前,人

---

① 《习近平:在纪念马克思诞辰200周年大会上的讲话》,载中华人民共和国中央人民政府网,http://www.gov.cn/xinwen/2018-05/04/content_5288061.htm,2023年2月20日访问。
② 中共中央马克思恩格斯列宁斯大林著作编译局编:《马克思恩格斯选集》(第2版第1卷),人民出版社1995年版,第345页。
③ 孙伟平:《信息社会及其基本特征》,《哲学动态》2010年第9期。
④ 参见陈刚、谢佩宏:《信息社会还是数字社会》,《学术界》2020年第5期。
⑤ 《党的十九届五中全会〈建议〉学习辅导百问》编写组编著:《党的十九届五中全会〈建议〉学习辅导百问》,党建读物出版社、学习出版社2020年版,第67页。
⑥ 何玉长、王伟:《数字生产力的性质与应用》,《学术月刊》2021年第7期。

们更多地关注物质生产力的提高,物质生产力一直处于主导地位。但是在数字社会,精神生产力在形式、内容、功能等方面都发生了显著改变。数字技术、人工智能技术的发展和应用,导致人们逐渐解放双手,物质生产逐渐由智能机器人承担,而人类将走向创造性劳动、科学发展、娱乐服务等精神生产行业。这也就意味着人类直接参与物质生产时代的终结和人类专注于精神生产时代的来临。①

数字生产力的发展,在推动人类自由而全面发展、人类解放方面展现出巨大的能量,同时也给人类提出了挑战,那就是生产关系的重塑。当下,数字生产力与旧的生产关系不匹配,已经呈现出很多问题。比方说算法歧视、大数据杀熟、数据孤岛、信用缺失等,层级化和职能化的生产关系严重束缚了数字社会的发展。为此,建立与数字生产力相匹配的数字化生产关系是当前亟须解决的重要难题。首先,建立数字化生产关系的技术底座。我国新基建的发展既是数字生产力发展的基础设施,同时也为构建数字化生产关系提供了新机遇。"新基建并不只是'硬'设施建设,更包括了与之配套的大量'软'设施,也就是生产关系的变革。从政府的数字治理,到企业的数据资产管理,再到个人的虚拟生活方式,新基建都可以为建立一个更加透明、公平、民主的社会生产关系提供技术底座。"② 其次,打破传统生产关系中生产、交换、分配、消费的模式。数字生产将打破传统的刚性生产方式,走向柔性生产方式;打破集中生产,走向个性化定制生产;打破"企业—员工"的自上而下的科层管理模式,走向"平台—个人"的自组织模式;打破传统分工协作的束缚,走向巨型的规模化生产协作;打破利益垄断,走向共享数字红利;打破传统交易方式,建立新型的数据交易、数据流通模式;打破传统消费格局,走向数字消费与数字生产一体化模式。最后,注重数字时代精神生产关系的创新,以促进数

---

① 参见王赞新:《数据生产力:形成、属性与理论深化》,《海南大学学报(人文社会科学版)》2022年第5期。
② 《新基建为中国高质量发展提供强大支撑(专家解读)》,https://baijiahao.baidu.com/s?id=1732927848010282261&wfr=spider&for=pc,2023年2月22日访问。

字精神生产力的发展。精神生产是"人们在一定的物质生活的生产方式条件下为了满足自身的精神需要而进行的创造思想、观念和意识的实践活动"①。精神生产关系是指"精神生产主体在一定的社会结构下,在以物质生产为基础而进行的精神生产中所形成的客观的人与人之间的关系及其约束机制与规范系统"②。数字时代,智能化生产逐渐解放人们的体力劳动,人们用于物质生产的时间也逐渐缩短,进而有更多的时间用于精神生产。同时,数字技术的发展,使得精神生产者的数量和质量较之工业社会也大幅度提高,并且逐渐趋向于精神生产者与精神消费者的一体化。可见,数字时代精神生产关系较之以往已经发生质的变化,但是,如何更加促进数字时代精神生产力的发展,还需要进一步创新精神生产关系。

数字化生产关系的重塑,数字经济基础的变化,终将导致法律上层建筑的变革。明确这一规律,一方面说明了元宇宙法律是顺应数字生产力的变革、数字生产关系的重塑、数字经济基础的变化这一规律而产生的。另一方面,更重要的是,我们应该积极主动地、有意识地遵循这一规律创制元宇宙法律,完善法律治理体系,注重法律的主动变革,充分发挥法律上层建筑的主动性,校正数字化生产关系,促进数字生产力健康快速发展。

第一,元宇宙法律治理的价值变革。一是"数据正义观、代码正义观和算法正义观将逐渐走上前台"③。二是随着数字人、数字分身的出现,数字人权将成为现代人权的升级版。三是物理世界秩序的维护向着现实与虚拟双重空间秩序发展,区块链模式将成为元宇宙的最优秩序治理结构。四是元宇宙的最根本规律就是自由,它可以实现人类"随心所欲"的自由、"元自治自由",元宇宙法律需要保障这种自由,而且要避免失控。

---

① 汤荣光:《马克思精神生产理论导源》,《毛泽东邓小平理论研究》2013 年第 5 期。
② 王圆圆:《马克思政治经济学批判语境中的精神生产规律探析》,《江淮论坛》2021 年第 4 期。
③ 马长山:《迈向数字社会的法律》,法律出版社 2021 年版,第 48 页。

第二，元宇宙中新型的法律关系主体、客体的范围将发生变革。数字人、数字分身应该属于法律关系主体还是客体，这关系到法律责任承担和法律保护等一系列问题。数字分身遭到"性侵""侮辱"的事件已经多次发生，亟待元宇宙法律关系主体、客体范围的明确化，以保护相关者的权益。另外，元宇宙中独立于现实世界的组织以及现实世界的组织向元宇宙延伸而产生的组织，有可能确定为元宇宙法律关系主体。

第三，元宇宙伦理法治化亟须加强。从科技伦理层面看，我国于2022年3月公布了《关于加强科技伦理智力的意见》，明确提出"提高科技伦理治理法治化水平"。这意味着科技伦理只靠科技人员的自我制约具有很大的局限性，需要法治加以推动。随着人工智能、元宇宙技术的发展，科技伦理暴露出来的风险较之以往更为严峻，急需法律加以规制。从元宇宙给个体层面带来的伦理问题来看，自然人沉迷元宇宙将导致难以回归现实世界，个体主体意识、价值观念也将会因高度智能化而变得弱化，甚至可能出现数字人与自然人之间的恋爱、结婚等现象。从元宇宙对社会层面带来的伦理问题来看，一方面，元宇宙中的负能量、负引导将导致整个社会层面的"瘫痪"；另一方面，随着强智能化技术的发展，智能技术的"造假""作弊"现象已经显现，数字诚信问题更加突出。总之，元宇宙将人类引向何方，是"灭亡"还是"永生"，这不是元宇宙技术问题，归根结底是元宇宙的伦理问题。未来的元宇宙法律治理，需要强化伦理入法，因为在人类发展史上，伦理问题从未如此严峻过。

第四，元宇宙法律中的其他问题。一是国家主权受到极大挑战，比如元宇宙数字货币发行、使用问题，跨国元宇宙中国家主权的行使问题，等等。二是元宇宙算法权力的无限扩张，将会把人类带回到最初的"神秘法"时代，因此，算法权力需要法律加以规制。三是元宇宙数字遗产的法律规制。四是数字垃圾、数字污染问题严重，亟须构建元宇宙数字生态系统法律保护制度。当然，除了所列这四项内容，元宇宙实际上还涉及各个部门法中的很多问题。

  总而言之，2022年是元宇宙政策布局年，也是元宇宙司法创新年。元宇宙蓬勃发展的同时，也给人类带来无限挑战和深入思考。元宇宙法律治理并非无源之水，而是有着深厚的底层逻辑。只有把握好规律，从人的本质出发，构建元宇宙法律治理体系，才能够事半功倍，促进元宇宙为人类服务，推动人类向着自由而全面发展。

稿 约

本刊以弘扬学术探索精神、促进数字法学繁荣、服务国家发展战略为宗旨，积极推动跨界融合研究，探索数字社会发展规律，提炼数字法学理论命题，推动数字法学体系和数字法治体系的理论构建，进而为数字法治建设提供理论引领和智力支持。

本刊秉持"立足特色、追求创新、优势发展"的办刊理念，倡导理论探索和学术争鸣，注重学术水平，扶植学术新秀，努力打造数字法学研究共同体。

基于数字法学的"横断性"和学术研究规律，本刊拟设立如下栏目：

理论前沿。关注最新的数字法学热点，发表有关前沿问题的创见成果，促进学术争鸣。

专题研究。聚焦数字法治的重大理论和实践问题，推进深度的学术研究。

域外译评。翻译、评介域外的最新数字法学成果和理论动态，增进互动交流。

疑案解析。精选数字法治的典型或争议案例，进行学术分析和理论提炼。

观察报告。针对数字法学或数字法治的重点领域，进行学术分析、评论和展望。

本刊实行双向匿名、三审终审制。为提升本刊的质量和水平，诚邀社会各界予以支持和赐稿，具体说明如下：

1. 稿件应为尚未发表的原创作品，字数在 1.5 万字以上，不设上限。

2. 稿件应聚焦数字法学、数字法治领域的理论和实践问题，注重创新突破，鼓励学术争鸣。

3. 实行优稿优酬，尊重学术劳动。

4. 鼓励和扶持青年学者的研究成果。

5. 注释体例参照《法学引注手册》（2020年版）。

6. 稿约常年有效，收稿邮箱：digitallawecupl@163.com。

图书在版编目（CIP）数据

数字法学评论. 第 1 辑 / 马长山主编. — 北京：商务印书馆，2023
ISBN 978-7-100-22759-9

Ⅰ. ①数⋯ Ⅱ. ①马⋯ Ⅲ. ①科技法学—文集 Ⅳ. ① D912.17-53

中国国家版本馆 CIP 数据核字（2023）第 136558 号

权利保留，侵权必究。

数字法学评论
（第 1 辑）
马长山　主编

商　务　印　书　馆　出　版
（北京王府井大街 36 号　邮政编码 100710）
商　务　印　书　馆　发　行
江苏凤凰数码印务有限公司印刷
ISBN　978-7-100-22759-9

2023 年 9 月第 1 版　　开本 710×1000　1/16
2023 年 9 月第 1 次印刷　　印张 20

定价：120.00 元